21 世纪全国高职高专国际贸易类规划教材

国际贸易实务

杨 频　仇荣国　主　编

张　颖　袁雪松　副主编

申秀清　刘　青　高　佳　李艳燕　参　编

内 容 简 介

全书包括导论,国际贸易术语,商品的品名、品质、数量与包装,国际货物运输,国际货物运输保险,进出口商品的价格,国际贸易货款的收付,商品检验、索赔、不可抗力与仲裁,国际货物买卖合同的商订,国际货物买卖合同的履行,国际贸易方式等内容。每章配有案例索引、相关资料、本章小结、复习思考题、案例分析等,可以帮助学生更好地掌握相关知识。有关章节后还附有国际贸易的部分单证、合同、票据等资料,供使用者参考。

本教材的特色在于强调了高等职业教育的实用性,与国际贸易相关的资格认证考试相联系,在简洁明了地解释国际贸易操作流程的基础上,用大量的案例增强教材的可读性,并可通过教学中的模拟培训锻炼学生的动手能力。

本书可作为高等学校经济管理类专业教材,同时也可供广大经济管理工作者参考。

图书在版编目(CIP)数据

国际贸易实务/杨频,仇荣国主编. —北京:北京大学出版社,2006.8
(21 世纪全国高职高专国际贸易类规划教材)
ISBN 978-7-301-10034-9

Ⅰ. 国… Ⅱ. ①杨… ②仇… Ⅲ. 国际贸易－贸易实务－高等学校:技术学校－教材 Ⅳ. F740.4

中国版本图书馆 CIP 数据核字(2005)第 132728 号

书　　　名:	**国际贸易实务**
著作责任者:	杨频　仇荣国　主编
责任编辑:	胡伟晔　孙立会
标准书号:	ISBN 978-7-301-10034-9/F·1299
出版者:	北京大学出版社
地　　　址:	北京市海淀区成府路 205 号 100871
电　　　话:	邮购部 62752015　发行部 62750672　编辑部 62754962　出版部 62754962
网　　　址:	http://www.pup.cn
电子信箱:	xxjs@pup.pku.edu.cn
印刷者:	北京飞达印刷有限责任公司
发行者:	北京大学出版社
经销者:	新华书店
	787 毫米×980 毫米　16 开本　16 印张　350 千字
	2006 年 8 月第 1 版　2011 年 1 月第 7 次印刷
定　　价:	25.00 元

未经许可,不得以任何方式复制或抄袭本书之部分或全部内容。
版权所有,侵权必究
举报电话:010－62752024;电子邮箱:fd@pup.pku.edu.cn

总　　序

在世纪之初，我国成功地加入了世界贸易组织以后，全国的经济与贸易发生了翻天覆地的改变。对于我国外向经济型企业来说，急需一大批可与国际业务运作相接轨的应用型人才，以适应国际化的需要。对于高职高专的教育来说，主要是为国家培养各类战斗在第一线的人才，使他们拥有扎实的基础知识，了解WTO的规则，以便于有效地实施各种应对突发事件的方案。然而，事实上却存在着诸多问题，比如，有些老师只有理论知识，没有实践经验，不知外贸企业如何操作；很少有适合高职高专教育特点的教材，现有的教材也有诸多不尽如人意之处等；另外，在2004年9月，教育部等七部门又提出了高等职业教育基本学制逐步以两年制为主。由此可见，重新开发适合新世纪的高职高专教育需求的教材迫在眉睫。

在此情况下，北京大学出版社联合了全国三十多所学校的七十多位老师，一起承担了建设《21世纪全国高职高专国际贸易类规划教材》的任务，在编写教材的时候尽量体现出"适用、实用、够用"的特点。

根据实际情况，本次共编写了如下11册教材：

《国际贸易》

《国际贸易实务》

《国际贸易单证实务》

《WTO与中国对外贸易》

《国际金融》

《海关实务》

《商务谈判》

《国际货运与保险》

《国际商务函电》

《商务英语交际与写作》

《商务英语口语》

本系列教材有如下特点：

首先，与实践紧密结合，参与编写的老师基本上都是在教学一线的"双师型"教师，有些在企业担任过多年的总经理，对企业的运作非常熟悉，有着丰富的实践经验，同时拥有丰富的教学经验，他们愿意将自己的心血化为文字，以培养更多的有实战能力的学生。

其次，把握了"以学生为主体"的思想，牢牢站在学生的立场上来编写，并采用了多种方式，比如课件等多媒体工具，以达到"易教、易学、易懂、易上手"的目的。

再次，内容上力求创新，剔除了陈旧的内容，结合了资格考试内容，组合了新知识和新材料，体现了最新的发展动态。而且语言简洁凝练、概念明确、案例丰富、理论与实训安排得当，并采用富有弹性的模块式结构。

此外，还采用了适量的专栏或者案例，以帮助学生更好地在现实中理解和体会这些理论，更适合高职高专的学生使用。

在内容及版式的设计上还添加了一些新的元素，使整体风格活泼而不枯燥，且更具人性化。

本系列教材不仅可以供高职高专的学生使用，也可以供培训机构或学校采用，还可以供政府及企业相关人员和广大学习爱好者参考。

编委会
2006 年 1 月

前　言

国际贸易实务是我国高校国际经济与贸易专业一门必修的基础课,也是外经贸从业人员进修提高所必需的课程,是外销员、报关员、报检员、国际货运代理人、国际商务单证员等全国性职业资格统考的必考课程。为了加速发展国际经贸实用性紧缺人才的培养,适应国际市场竞争的迫切需要,我们新编了这本突出实用性的教材。

本书从高职院校的定位和培养目标出发,以"操作为主,理论够用"为特色,尤其是突出对学生技能的培养、与国际贸易相关的资格认证考试相联系,在简洁明了地解释国际贸易操作流程的基础上,用大量的案例增强教材的可读性,并可通过教学过程中的模拟培训锻炼学生的动手能力。本书从实践和法律的角度,以进出口业务流程的形式,研究分析国际贸易适用的有关法律与惯例,以及国际商品交换过程中的各种实际运作,总结国内外实践经验和吸收国际上一些行之有效的贸易习惯做法,使得从事进出口业务的人员,既能正确贯彻我国对外贸易的方针政策和经营意图、以确保最佳经济效益,又能按国际规范办事。

因此,本书既可作为全国高等职业院校国际经贸类专业的基础教材,又可作为各类成人教育、外经贸企业培训从业人员的通用教材和参考读物,并且可供学生和社会企业经营人员参加相关岗位考证使用。

参加本书编写工作的人员均为长期从事国际贸易实务教学的一线教师,按章节顺序有:杨频(导论)、仇荣国(导论、第一、二、五章)、刘青(第三章)、高佳(第四章)、袁雪松(第六、七章)、申秀清(第八、十章)、张颖(第九章),李艳燕对相关章节进行了审核。杨频、仇荣国老师担任主编,张颖、袁雪松老师担任副主编;全书由杨频老师负责修改、总纂和定稿。

值得一提的是,我们在编写此书时,参阅了大量的相关资料,借鉴了不少专家学者的研究成果,并且得到了北京大学出版社黄庆生主任、胡伟晔编辑的大力帮助;苏州经贸职业技术学院张建华副院长、商经系陈福明和吴冰主任、薛立华书记对本书的编写工作给予了热情的关心和支持,在此一并表示衷心的感谢。

由于编者受水平和时间的限制,书中难免存在不足之处,敬请专家、同仁和广大读者提出宝贵建议。

编　者
2006 年 6 月

目　　录

导论 1
　第一节　国际货物买卖 1
　　一、国际贸易的基本概念 1
　　二、国际贸易实务 2
　　三、国际货物贸易的特点 2
　第二节　国际货物买卖合同 3
　　一、国际货物买卖合同的概念 3
　　二、国际货物买卖合同的基本内容 4
　　三、国际货物买卖合同适用的法律 5
　第三节　进出口贸易的基本业务流程 6
　　一、出口贸易一般流程 6
　　二、进口贸易一般流程 8
　第四节　"国际贸易实务"的课程内容 9
　　一、"国际贸易实务"的课程内容 9
　　二、讲授本课程应该注意的事项 10

第一篇　国际贸易术语 11

　第一章　贸易术语 12
　　第一节　贸易术语的含义和作用 12
　　　一、贸易术语的含义 12
　　　二、贸易术语的作用 13
　　第二节　关于贸易术语的国际贸易惯例 14
　　　一、《1932年华沙—牛津规则》 14
　　　二、《1941年美国对外贸易定义修订本》 14
　　　三、《2000年国际贸易术语解释通则》 15
　　第三节　六种常用的贸易术语 17
　　　一、FOB——装运港船上交货（指定装运港） 17
　　　二、CFR——成本加运费（指定目的港） 20
　　　三、CIF——成本加保险费加运费（指定目的港） 22

四、向承运人交货的三种贸易术语 24
第四节　其他七种贸易术语 28
　　一、EXW——工厂交货（指定地点） 28
　　二、FAS——船边交货（指定装运港） 28
　　三、DAF——边境交货（指定地点） 28
　　四、DES——目的港船上交货（指定目的港） 28
　　五、DEQ——目的港码头交货（指定目的港） 29
　　六、DDU——未完税交货（指定目的地） 29
　　七、DDP——完税后交货（指定目的地） 29
第五节　国际贸易术语的实际应用 29
　　一、与运输方式相适应 30
　　二、总体上讲，在出口业务中力争采用 CIF 或 CIP 术语成交，在进口
　　　　业务中应大多采用 FOB 或 FCA 术语成交 30
　　三、重视规避风险 30

第二篇　国际货物买卖合同条款 33

第二章　商品的品名、品质、数量与包装 34
第一节　商品的品名 34
　　一、命名商品的方法 35
　　二、品名条款的内容 35
　　三、规定品名条款的注意事项 35
第二节　商品的品质 36
　　一、商品品质的规定方法 36
　　二、买卖合同中的品质条款 40
第三节　商品的数量 42
　　一、计量单位 42
　　二、计量方法 42
　　三、国际贸易中常用的度量衡制度 44
　　四、数量条款 44
第四节　商品的包装 46
　　一、商品包装的种类 46
　　二、合同中的包装条款 51

第三章　国际货物运输 54
第一节　运输方式 54
　　一、海洋运输 54

二、铁路运输 60
　　三、航空运输 61
　　四、集装箱运输 62
　　五、国际多式联运和大陆桥运输 65
　　六、其他运输方式 67
　第二节　装运条款 68
　　一、装运期 69
　　二、装运港和目的港 70
　　三、分批装运和转运 70
　　四、装运通知 71
　　五、装卸时间、装卸率和滞期费、速遣费条款 72
　　六、装运条款实例 72
　第三节　主要运输单据 73
　　一、海运提单 73
　　二、其他主要运输单据 75

第四章　国际货物运输保险 78
　第一节　保险的基本原则 78
　第二节　海运货物保险承保的范围 81
　　一、海运货物保险保障的风险 81
　　二、海运保险保障的损失 83
　　三、海运保险保障的费用 84
　第三节　我国海洋货物运输保险的险别 84
　　一、基本险 85
　　二、附加险 88
　　三、专门险 90
　第四节　伦敦保险业协会海运货物保险条款 91
　　一、伦敦保险业协会海运货物保险条款的种类 91
　　二、伦敦协会货物保险新条款的主要内容 92
　第五节　其他运输方式下的货运保险 95
　　一、陆上运输货物保险 95
　　二、航空运输货物保险 96
　　三、邮包运输保险 97
　第六节　进出口货物运输保险实务 98
　　一、投保险别的选择 98
　　二、保险金额的确定 99

　　　　三、保险费率的计算 99
　　　　四、保险单的填制 100
　　　　五、保险条款的拟订 101

第五章　进出口商品的价格 103
　第一节　价格的掌握 103
　　　　一、正确贯彻作价原则和掌握合理的差价 103
　　　　二、注意国际市场商品供求变化和价格走势 104
　　　　三、做好比价工作和加强成本核算 105
　　　　四、掌握价格换算方法 105
　第二节　作价办法 106
　　　　一、固定价格 106
　　　　二、非固定价格 107
　　　　三、价格调整条款 109
　第三节　计价货币的选择 110
　　　　一、合理选择计价货币应遵循的原则 110
　　　　二、利用货币保值条款 111
　第四节　佣金和折扣的运用 111
　　　　一、佣金 111
　　　　二、折扣 113
　　　　三、佣金的支付 114
　第五节　价格条款的规定 114
　　　　一、单价条款的四部分内容 114
　　　　二、拟订价格条款的注意事项 114

第六章　国际贸易货款的收付 117
　第一节　支付工具 117
　　　　一、汇票 117
　　　　二、本票 120
　　　　三、支票 121
　第二节　汇付与托收 122
　　　　一、汇付 123
　　　　二、托收 124
　第三节　信用证 129
　　　　一、信用证的定义及其特点 130
　　　　二、信用证业务涉及的当事人 131
　　　　三、信用证的主要内容 131

四、信用证的开立形式 132
　　　五、信用证的种类 133
　　　六、信用证的收付程序 136
　　　七、国际商会《跟单信用证统一惯例》 136
　　　八、合同中的信用证条款 137
　第四节　银行保函 137
　　　一、银行保函的含义及其性质 138
　　　二、银行保函的当事人 138
　　　三、银行保函的主要内容 139
　　　四、银行保函的种类 139
　第五节　各种支付方式的选用 140
　　　一、影响支付方式选择的因素 140
　　　二、不同贸易方式的结合使用 141

第七章　商品检验、索赔、不可抗力与仲裁 149
　第一节　商品检验 149
　　　一、商品检验的重要意义 149
　　　二、合同检验条款 150
　第二节　索赔 153
　　　一、约定索赔的意义 154
　　　二、索赔条款 154
　第三节　不可抗力 155
　　　一、不可抗力的含义 155
　　　二、不可抗力条款 156
　第四节　仲裁 156
　　　一、仲裁是解决争议的一种重要的方式 156
　　　二、仲裁协议的形式和作用 157
　　　三、仲裁条款 157

第三篇　交易磋商和合同订立 162

第八章　国际货物买卖合同的商订 163
　第一节　交易磋商的形式与内容 163
　　　一、交易磋商的形式 163
　　　二、交易磋商的内容 164
　第二节　订立国际货物买卖合同的法律步骤 164
　　　一、询盘 165

  二、发盘 165
  三、还盘 168
  四、接受 169
 第三节 合同成立的时间和合同生效的要件 171
  一、合同成立的时间 171
  二、合同成立的要件 171
 第四节 书面合同的形式及其基本内容 172
  一、签订书面合同的意义 172
  二、书面合同的形式 172
  三、合同的基本内容 178

第九章 国际货物买卖合同的履行 182
 第一节 出口合同的履行 182
  一、备货 183
  二、报验 184
  三、催证 184
  四、审证 184
  五、改证 186
  六、办理货运 187
  七、报关 188
  八、投保 189
  九、信用证项下制单结汇 189
 第二节 进口合同的履行 190
  一、开立信用证 191
  二、派船接运货物 192
  三、投保货运险 192
  四、审单和付汇 193
  五、报关 194
  六、纳税 194
  七、验收和拨交货物 195
 第三节 主要进出口单据 195
  一、报验单 196
  二、报关单 196
  三、投保单 196
  四、货物托运单 196
  五、大副收据 197

六、出口收汇核销单 197
七、汇票 198
八、发票 199
九、海运提单 200
十、保险单 201
十一、产地证明书 202
十二、普惠制单据（Genernalized System of Preferences Documents） 203
十三、装箱单和重量单（Packing List and Weight Memo） 203
十四、检验证书 204
十五、制单结汇的基本原则 204

第四篇 国际贸易方式 216

第十章 国际贸易方式 217

第一节 经销 217
一、经销的概念和性质 217
二、经销的种类 217
三、经销协议的基本内容 218
四、采用经销方式出口应注意的问题 219

第二节 代理 219
一、代理的种类 219
二、代理的性质与特点 220
三、销售代理协议 220

第三节 寄售 222
一、寄售的概念和性质 222
二、寄售的特点 222
三、寄售协议及其主要内容 223
四、寄售的利弊 223
五、采取寄售方式应注意的问题 223

第四节 展卖 224
一、展卖的含义与做法 224
二、我国开展展卖的方式 224
三、我国开展展卖业务应注意的事项 225

第五节 招标与投标 225
一、招标、投标的含义 225
二、招标与投标的特点 226

三、招标投标的基本做法 226
　第六节　拍卖 227
　　　一、拍卖的概念及做法 227
　　　二、拍卖的出价方法 228
　　　三、拍卖的一般程序 228
　　　四、拍卖的相关规范 229
　第七节　对销贸易 229
　　　一、对销贸易的含义和基本特征 229
　　　二、易货贸易 230
　　　三、补偿贸易 231
　　　四、补偿贸易的特征和作用 232
　　　五、补偿贸易合同的主要内容 232
　　　六、采用补偿贸易方式应注意的事项 233
　　　七、对销贸易在国际贸易中的作用 233
　第八节　加工贸易 233
　　　一、加工贸易的含义 233
　　　二、加工贸易的特点 234
　　　三、来料加工 234
　　　四、进料加工 235
　　　五、境外加工 236
参考文献 240
联编学校名单（以字母排序） 241

导 论

【学习目标】

要求学生通过本章的学习，掌握国际贸易的基本概念、国际货物贸易的特点、买卖合同的主要内容、货物买卖的一般程序和本课程的主要内容。

第一节 国际货物买卖

一、国际贸易的基本概念

（1）**国际贸易**，亦称"世界贸易"，泛指国际上的商品和劳务（或货物、知识和服务）的交换。它由各国（地区）的对外贸易构成，是世界各国对外贸易的总和。

（2）**对外贸易**，亦称"国外贸易"或"进出口贸易"，是指一个国家（地区）与另一个国家（地区）之间的商品和劳务的交换。这种贸易由进口和出口两个部分组成。对运进商品或劳务的国家（地区）来说，就是进口；对运出商品或劳务的国家（地区）来说，就是出口。

（3）**有形贸易**，是指可以看得见的有形商品的进出口贸易。国际贸易中的有形商品种类繁多，为便于统计，联合国秘书处于1950年起草了《联合国国际贸易标准分类》，把国际贸易商品共分为10大类。这10类商品分别为：食品及主要供食用的活动物（0）；饮料及烟类（1）；燃料以外的非食用粗原料（2）；矿物燃料、润滑油及有关原料（3）；动植物油脂及油脂（4）；未列名化学品及有关产品（5）；主要按原料分类的制成品（6）；机械及运输设备（7）；杂项制品（8）；没有分类的其他商品（9）。在国际贸易中，一般把0到4类商品称为初级产品，把5到8类商品称为制成品。

（4）**无形贸易**，是"有形贸易"的对称，指劳务或其他非实物商品的进出口而发生的收入与支出。无形贸易主要包括如下方面。

① 和商品进出口有关的一切从属费用的收支，如运输费、保险费、商品加工费、装卸费等。

② 和商品进出口无关的其他收支，如国际旅游费用、外交人员费用、侨民汇款、使用专利特许权的费用、国外投资汇回的股息和红利、公司或个人在国外服务的收支等。

以上各项中的收入，称为"无形出口"；以上各项中的支出，称为"无形进口"。

有形贸易要办理海关手续，故其金额显示在一国的海关统计上；无形贸易不经过海关办理手续，其金额不反映在海关统计上，但显示在一国国际收支表上。

二、国际贸易实务

国际贸易实务是一门专门研究国际间商品交换的具体过程的学科，是一门具有涉外活动特点的实践性很强的综合性应用科学，国际经贸类专业都把本课程作为一门必修的专业基础课。

中国加入世界贸易组织（WTO）后，我国越来越多的经济主体直接参与国际贸易业务，熟悉国际贸易管理和法律规范，掌握从事国际贸易的基本技能已不仅仅是对专门从事国际贸易活动人员的要求，相关的经营管理决策者也必须熟悉该领域的基本知识。国际贸易实务这门课程的目的就是介绍国际贸易业务的基本知识和操作技能，培养适应社会需要的实用性人才。

三、国际货物贸易的特点

国际贸易包括货物贸易、技术贸易和服务贸易三部分内容，其中货物贸易是国际贸易中最主要的组成部分。国际贸易具有不同于国内贸易的特点，主要表现在下列几个方面。

（一）国际货物贸易是一项具有涉外性质的商务活动

由于国际货物贸易是涉外的商务活动，因此，在对外交往中，不仅要考虑经济效益，还应配合外交活动，认真贯彻国家的对外方针政策，切实按国际规范行事，恪守"重合同、守信用"的原则，对外树立良好的形象。

（二）国际货物贸易情况比较复杂

由于交易双方处在不同国家或地区，各国的政治制度、法律体系不同，文化背景各有差异，价值观念也往往有别；在洽商交易和履约过程中还涉及各国的政策措施、法律规定、贸易惯例和习惯做法，情况错综复杂。

（三）国际货物贸易易受国际局势变化的影响

国际政治、经济形势和各国政策及其他客观条件的变化都会对国际贸易造成影响，尤其在国际局势动荡不定、国际金融市场变幻莫测及市场价格瞬息万变时，国际货物贸易的不稳定性更加明显。

（四）国际货物贸易的风险较大

由于双方成交的量大，交易的商品要通过长途运输，可能会遇到各种自然灾害、意外事故和各种其他外来风险；加上国际市场的千变万化，更加大了国际货物贸易的风险程度。

（五）国际货物贸易涉及的线长、面广

国际贸易交易双方相隔遥远，交易过程的中间环节多，涉及的面很广，除了双方当事人，还涉及中间商、代理商，以及为国际货物贸易提供服务的行业和各国对进出口环节进行监管的部门,如商检、仓储、运输、保险、金融、车站、港口、海关等,任何一个部门、一个环节出了问题,就会影响整笔交易的正常进行。

(六)国际货物贸易的市场竞争异常激烈,竞争策略也更复杂

竞争的形式表现为商品竞争、技术竞争和市场竞争,而根本的实质是人才的竞争。因此,增强竞争意识,提高外经贸从业人员的整体素质和竞争能力,是我们在国际市场竞争中立于不败之地的必备条件。

可见,国际贸易具有线长、面广、环节多、难度大、变化快的特点。上述特点表明,从事国际商务活动的要求更高、难度更大,加上国际市场广阔,从业机构和人员情况复杂,容易产生争议和欺诈活动,发生纠纷案件。从业人员稍有不慎,就可能上当受骗,甚至蒙受严重的经济损失。因此,我们的外经贸从业人员必须掌握国际贸易的基本原理、基本知识和基本技能与方法,同时还应具备开拓创新的能力、驾驭市场的能力和善于应战与随机应变的能力。

第二节 国际货物买卖合同

一、国际货物买卖合同的概念

(一)合同

合同是指两个或两个以上的当事人通过协商一致,以发生、变更或消除某种民事法律关系为目的而达成的协议。

合同的主体指具有缔约能力的合同当事人。自然人、法人和依法成立的其他非法人组织,均可成为合同当事人。签约时,应注意合同的主体资格并约定好合同当事人条款,以利于合同的履行。

合同的客体是合同当事人权利、义务所共同指向的对象,它体现合同当事人订立合同的目的和要求。

(二)货物买卖合同

货物买卖合同是指两个或两个以上的当事人通过协商一致,就指定的货物所有权,由卖方有偿地转让给买方而达成的协议。

货物买卖合同的主体即当事人,为卖方和买方。

货物买卖合同的客体即标的物,为货物。

货物买卖合同的主要内容是约定买卖双方主要的权利与义务,即卖方交付货物,买方接受货物并支付货款。

(三)国际货物买卖合同

国际货物买卖合同是营业地在不同国家或地区的当事人之间订立的规定一方交付货

物、另一方支付货款以及其他权利和义务的法律文件。它属于买卖合同的一种，但含有涉外因素，对双方意义重大。合同条款就是交易条件的具体化，包括货物的名称、质量、数量、包装、价格、运输、保险、货款支付、检验、索赔、仲裁、不可抗力等内容。买卖双方必须严格按照这些交易条件履行自己的义务，同时也享受自己应得的权利。因此，制订合同是国际货物买卖中最重要的环节。

国际货物买卖合同的主体是交易的买方和卖方，其特点是其中一方当事人是外国人（自然人或法人）或者是受外国法律所支配的人。

国际货物买卖合同的客体是跨国运输的货物，其特点是货物的交付必须是从一国境内运往另一国境内或者第三国境内。

二、国际货物买卖合同的基本内容

（一）国际货物买卖合同的结构

国际货物买卖合同一般由约首、正文和约尾三部分组成。

约首即合同的首部，一般包括合同的名称、编号、签订日期与地点、签约双方的名称和地址等；正文即合同的主体部分，一般以合同条款的形式具体列出各项交易条件，规定双方的权利和义务，通常有品名、品质、数量、包装、价格、支付、运输、保险、争议处理等条款；约尾即合同的尾部，一般包括合同的份数、附件及其效力、使用的文字、合同生效的时间、合同适用的法律、签约双方当事人（法人代表或其授权人）的签字等。

（二）合同的合法性和有效性

合同有效成立是指合同必须符合法律规范才能有效。只有合法、有效的合同才对买方和卖方产生约束力。

根据《中华人民共和国合同法》（简称《合同法》）的有关规定，一份有效的国际贸易合同必须具备以下条件。

（1）合同当事人具有行为能力。首先，交易双方在法律上必须具有签订合同的能力和资格；其次，签订合同的企业代表应有行为能力，即签字的自然人必须是企业授权的代表且具有民事行为能力。对合同当事人资格和能力的审核是确保合同有效的一个不可忽视的步骤。

（2）合同当事人的意思表示必须是真实的。合同是当事人按照自愿和真实的原则达成的协议，任何欺诈、胁迫、虚假等非自愿和不真实情况下签订的合同是无效的合同，且自始无效。

（3）合同双方互为有偿。所谓互为有偿是指在买卖合同中，双方各自以有偿的权利为目的，一方所享有的权利是以承担相应的义务为基础，一方不履行义务时有向对方赔偿的责任，即法律中所说的"对价"或"约因"。如卖方交出一定数量货物的"对价"是买方付款；而买方付款的"约因"是卖方交付符合合同规定的货物。

(4) 合同的标的和内容必须合法。合同的标的和内容不违背所在国或地区的法律、法规、政策及国际贸易中的法规、惯例。标的应是政府允许交易的商品，若属于政府管制的应持有许可证；合同的内容不违背国家的法律和公共政策。

(5) 合同形式应符合法定要求。根据我国《合同法》的有关规定，在实际业务中，涉外经济合同的订立、变更或解除都必须采取书面形式，即合同书、信件、电报、传真、电子数据交换和电子邮件等可以有形地表现所载内容的形式。此外，我国法律、行政法规规定应由国家批准的合同，在获得批准后合同方为有效。

三、国际货物买卖合同适用的法律

（一）适用当事人所在国国内的有关法律

进出口合同双方当事人都要分别遵循各自所在国国内的有关法律。由于进出口合同双方当事人所在国的法律制度不同，故对同一问题可能出现不同的法律规定。为解决这种法律冲突，一般是在国内法中规定冲突规范的办法。根据我国有关法律的规定，在我国对外签订的进出口合同中，交易双方可以协商约定处理合同争议所适用的准据法，其中，既可以选择买方或卖方所在国的法律，也可以选择买卖双方同意的第三国的法律或有关的国际条约与公约。若买卖双方未在进出口合同中约定解决合同争议适用的法律，则由受理合同争议的法院或仲裁机构依据与合同有最密切联系的国家的法律来处理合同项下的争议。

（二）适用国际贸易惯例

国际贸易惯例通常是指由国际组织或商业团体根据国际贸易长期实践中逐渐形成的一般贸易习惯做法而制定成文的国际贸易规则，它是国际贸易法律的重要渊源之一。惯例本身不是法律，也不具有法律效力，但通过各国的立法和国际立法可以赋予其法律效力。许多国家在国内立法中明文规定了国际贸易惯例的效力。在国际立法中，《联合国国际货物销售合同公约》对国际贸易惯例的作用作了充分的肯定。该公约规定：当事人在合同中没有排除适用的惯例，或当事人已经知道或理应知道的惯例，以及在国际贸易中被人们经常使用和反复遵守的惯例，即使当事人未明确同意采用，也可作为当事人默示同意惯例，因而惯例对双方当事人具有约束力。

在当前国际货物贸易中，影响较大且适用范围广泛的国际贸易惯例，主要有国际商会修订的《跟单信用证统一惯例》（*UCP* 600）、《托收统一规则》（*URC* 522）、《1998年国际备用信用证惯例》（*ISP* 98）和《2000年国际贸易术语解释通则》以及国际法协会制定的《1932年华沙—牛津规则》等。我国进出口活动的当事人订立、履行进出口合同和处理贸易争议时，都广泛采用上述国际惯例。国内外许多法院和仲裁机构审理国际货物贸易争议案件及其作出判决或裁决时，都参照和援引上述有关惯例。

（三）适用当事人所在国缔结或参加的国际条约

各国政府和一些国际组织为消除国际贸易障碍和解决国际贸易争议，相继缔结和订立了一些双边或多边的国际条约或公约，其中有些已被大多数国家所接受，并且行之有效。因此，进出口合同的订立和履行，以及合同争议的处理，还必须符合合同当事人所在国缔结或参加的与合同有关的多边或双边的国际条约或公约，如贸易协定、支付协定以及有关国际贸易、运输、商标、专利、知识产权和仲裁等方面的条约或公约。

我国对外缔结或参加的有关国际货物贸易方面的双边和多边条约或公约颇多，其中影响最大的无疑是 WTO 协定及其附件所包括的各种协议。我国加入世界贸易组织后，WTO 协定的有关规定和我国政府曾经作出的承诺是我们进行进出口活动时必须遵循的准则。前面提到的《联合国国际货物销售合同公约》与我们订立、履行进出口合同适用的法律密切相关。我国加入该公约时，曾对扩大该公约的适用范围提出了保留，我国只同意该公约的适用范围限于营业地分处于不同缔约国的当事人之间所订立的买卖合同。如果合同争议双方都是该公约成员国，则解决其争议所适用的法律就以该公约的规定为准。此外，我国还参加了联合国国际商事仲裁会议所签订的《承认与执行外国仲裁裁决公约》（简称《1958 年纽约公约》）。了解这一公约的内容，可以帮助我们正确地执行仲裁裁决和维护自身权益。

第三节　进出口贸易的基本业务流程

为了方便学习国际贸易业务的有关问题，在此先介绍典型的国际贸易业务流程。

所谓典型，是指从出口方面看，按 CIF 条件交易，从进口方面看，按 FOB 条件交易，经信用证方式结算，采用海洋运输的国际贸易业务。

一、出口贸易一般流程

出口货物的流程主要包括：交易前的准备、报价、订货、付款方式、备货、包装、通关手续、装船、运输保险、提单、结汇。具体流程如图 0-1 所示。

（1）报价。比较常用的报价有：FOB（船上交货）、CFR（成本加运费）、CIF（成本、保险费加运费）等形式。

（2）订货（签约）。贸易双方就报价达成意向后，买方企业正式订货并就一些相关事项与卖方企业进行协商，双方协商认可后，需要签订《购货合同》。

（3）付款方式。比较常用的国际付款方式有三种，即信用证付款方式、电汇付款方式和托收付款方式。

（4）备货。备货在整个贸易流程中，起到举足轻重的重要地位，须按照合同逐一落实。

（5）包装。可以根据货物的不同来选择包装形式（如纸箱、木箱、编织袋等）。不同的包装形式其包装要求也有所不同。

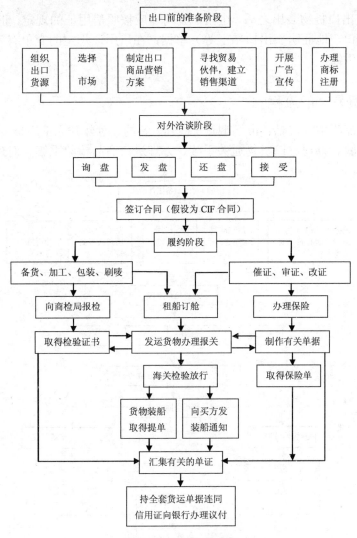

图 0-1　出口业务流程

(6) 通关手续。通关手续极为烦琐又极其重要，如不能顺利通关则无法完成交易。

(7) 装船。在货物装船过程中，可以根据货物的多少来决定装船方式，并根据《购货合同》所定的险种来进行投保。

(8) 运输保险。通常双方在签订《购货合同》中已事先约定运输保险的相关事项。常见的保险有海洋货物运输保险、陆空邮货运输保险等。

(9) 提单。提单是出口商办理完出口通关手续、海关放行后，由外运公司签出，供进口商提货、结汇所用的单据。

（10）结汇。出口货物装出之后，进出口公司即应按照信用证的规定，正确缮制（箱单、发票、提单、出口产地证明、出口结汇等）单据，在信用证规定的交单有效期内，递交银行办理议付结汇手续。

二、进口贸易一般流程

进口货物的流程主要包括：市场调查、谈判、签约、对外开立信用证、办理换单手续、申请进口商品检验、办理进口货物通关手续、办理进口商品检验手续、对外付款。具体流程如图 0-2 所示。

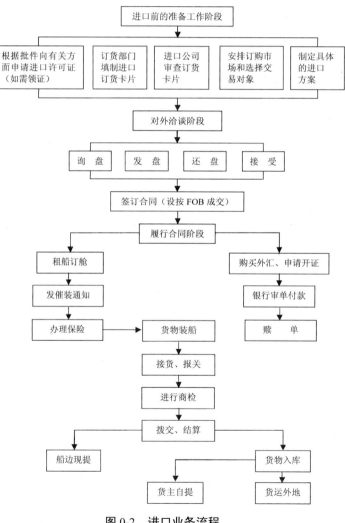

图 0-2　进口业务流程

（1）市场调查。为了保证进口商品有好的销路，前期的市场调查非常关键。

（2）谈判、签约。通过谈判，买卖双方达成一致意见，并采取书面形式把协议内容明确下来，这标志着进口业务的正式开始。

（3）对外开立信用证。通过银行提供的信用保证，向贸易伙伴证明你的信誉和实力。

（4）办理换单手续。提取进口货物之前，应先同承运人或其代理人结清运费及杂费。

（5）申请进口商品检验。对于国家规定需要"法检"的商品及进口商需要商检机构提供检验证书的进口商品，进口商都要向进出口商品检验局申请检验。

（6）办理进口货物通关手续。通过向海关申报进口货物的情况并缴纳关税及进口环节税，进口商取得最终的进口许可。

（7）办理进口商品检验手续。提取货物以后，别忘了送样品去检验，以取得检验证书。

（8）对外付款。进口商按照合同规定的时间和方式通过银行向出口商支付货款。

第四节 "国际贸易实务"的课程内容

一、"国际贸易实务"的课程内容

（一）课程主要内容

1. 国际贸易惯例和贸易术语

国际货物贸易必须按照国际货物买卖的有关法律与惯例进行，在洽谈交易、订立合同、履行合同和处理货物贸易争议时，都离不开国际货物买卖的相关法律和惯例，如《联合国国际国际货物销售合同公约》、国际商会制定的《2000年国际贸易术语解释通则》、《托收统一规则》和《跟单信用证统一惯例》等。这些相关的法律和惯例，分别在有关章节中加以介绍和说明，它们是构成本课程的一项主要内容。

2. 国际贸易合同条款

合同条款是交易双方当事人在交接货物、收付货款和解决争议等方面的权利与义务的具体体现，也是交易双方履行合同的依据和调整双方经济关系的法律文件。因此，研究合同中各项条款的法律含义及其所体现的权利与义务关系，是本课程最基本的内容。

3. 国际贸易合同的磋商和履行

国际贸易中买卖双方通过函电或当面洽商，就各项交易条件取得一致协议后，合同即告成立。订立合同的过程，一般包括邀请发盘、发盘、还盘和接受等各环节。合同订立后，买卖双方就应该各自承担约定的义务并享受合同规定的权利。

合同的履行，是实现货物和资金按约定方式转移的过程。在履约过程中，环节很多、程序复杂，稍有不慎，或某些环节出问题，或一方违约，都会影响合同的履行，甚至可能引起争议或法律纠纷。因此，介绍合同成立的法律步骤和履行合同的基本程序，以及如何处理履约当中的争议,掌握违约的救济办法,保障当事人的合法权益,是课程讲解的重要内容之一。

4. 国际贸易方式

随着国际经济关系的日益密切和国际贸易的进一步发展,国际贸易的方式和渠道日益多样化和综合化。除了传统的贸易方式外,还出现了融货物、技术、劳务、资本移动为一体的新型的国际贸易方式。除了常见的单边进口和单边出口外,国际贸易中还涉及包销、代理、寄售、展卖、期货、招投标、拍卖、对销贸易、加工贸易和电子商务等各种贸易方式。了解这些贸易方式的性质、特点、作用、做法,也是学习本课程的一个重要内容。

(二)课程特点

(1)实践性强,一切内容都围绕具体业务操作展开论述。

(2)相关性强,各部分内容密切联系,相互影响。

(3)利益性强,各项规定均涉及双方的利益、风险和法律责任。

(4)规范性强,各项规定多数有相应的法律规范的约束,经常涉及法律适用问题。

全书除导论外,分为四篇,共十章内容,第一篇介绍国际贸易术语;第二篇介绍国际货物买卖合同条款,内容包括商品的品名、品质、数量与包装,国际货物运输,国际货物运输保险,进出口商品的价格,国际贸易货款的收付,商品检验、索赔、不可抗力与仲裁等;第三篇介绍交易磋商和合同订立,内容包括国际货物买卖合同的商订、国际货物买卖合同的履行等;第四篇介绍国际贸易方式。每章配有案例索引、相关资料、本章小结、复习思考题、案例分析等,可以帮助学生更好地掌握相关知识。有关章节后还附有有关国际贸易的部分单证、合同、票据等资料,供大家参考。

二、讲授本课程应该注意的事项

(1)在本课程的学习中,要使学生能将《国际贸易》等先行课中的基础理论、基本政策在本学科中加以具体运用,以便理论与实践、政策与业务有效地结合起来,不断提高学生的分析和解决实际问题的能力。

(2)由于本课程是一门实践性很强的应用学科,在教学中应重视案例、实例分析,开展模拟实验、现场教学活动,重视加强基本技能的训练,以培养学生的业务素质和商务运作能力,真正做到学以致用。

(3)随着国际政策、经济形势不断变化和我国改革开放的不断深化,国际贸易与我国外贸工作做法必然会随之变化。因此,在教学中必须紧密联系国际市场和我国对外贸易的实际运行,不断更新和充实教学内容。

第一篇

国际贸易术语

第一章 贸易术语

【学习目标】

贸易术语是本课程的重点内容。要求学生通过本章学习,掌握国际商会《2000年国际贸易术语解释通则》解释的13种贸易术语、特别是一些主要贸易术语的含义、特点及其运用。

【案例索引】

我国某内地出口公司于2000年2月向日本出口30吨甘草膏,每吨40箱,每吨售价1 800美元,FOB新港,共54 000美元,即期信用证,装运期为2月25日之前,货物必须装集装箱。该出口公司在天津设有办事处,于是在2月上旬便将货物运到天津,由天津办事处负责订箱装船。不料货物在天津存仓后的第二天,仓库午夜着火,抢救不及,1 200箱甘草膏全部被焚。办事处立即通知内地公司总部并要求尽快补发30吨,否则无法按期装船。结果该出口公司因货源不济,只好要求日商将信用证的有效期和装运期各延长15天。请分析该出口公司的失误在哪儿。

商品的价格是由成本、费用和预期利润三部分构成。若在国际货物买卖中,每一次都对有关费用(费用由谁支付、风险由谁承担)等问题进行磋商,势必延长双方洽商交易的时间和合同的订立。因此随着国际贸易和交通运输的发展,为了明确双方的责任和义务,贸易术语应运而生。

第一节 贸易术语的含义和作用

一、贸易术语的含义

贸易术语(Trade Terms)也称价格术语(Price Terms),是指用一个简短的概念或英文缩写字母表明商品的价格构成、买卖双方应承担的责任、支付的费用及风险的转移界限等问题的专门术语。例如,按装运港船上交货(Free on Board, FOB)条件成交与采用目的港船上交货(Delivered Ex Ship, DES)条件成交,由于两者的交货条件不同,买卖双方各自承担的责任、费用和风险也就不同;USD 500 per M/T FOB Shanghai,意为每公吨500

美元上海装运港船上交货；USD 650 per M/T DES New York，意为每公吨 650 美元纽约目的港船上交货。因为在 FOB 条件下，买方要负责派船到指定的装运港接运货物，并且承担货物在越过船舷以后的一切费用和风险；而卖方则负责按时把约定的货物交到买方指定的船上，并承担货物在越过船舷以前的一切费用和风险。在 DES 条件下，却由卖方负责派船将约定的货物运至指定的目的港，并承担货物在目的港船上交货前的一切费用和风险，而交货后的一切费用和风险，则转由买方负担。因此，买卖双方确定同一批次的商品的成交价格时，上述因素必然反映到商品的价格上，所以 DES 价肯定比 FOB 价高。由此可以引申出贸易术语具有二重性：既是交货条件，又是商品成交价格的构成因素。在这样的情况下，贸易术语又被称为价格交货条件（Price-Delivered Terms）。

综上所述，贸易术语的内涵包括：交货地点，价格构成，有关风险、责任和费用的划分。

二、贸易术语的作用

贸易术语的作用主要体现在以下四个方面。

1．有利于买卖双方洽商交易和订立合同

由于每种贸易术语都有其特定的含义，而且一些国际组织对各种贸易术语也作了统一的解释和规定。这些解释与规定，在国际上被广为接受，并成为惯常奉行的做法或行为模式。因此买卖双方按商定的贸易术语成交时，即可明确彼此在交接货物方面所应承担的责任、费用和风险，这就简化了贸易手续，缩短了洽商交易的时间，从而有利于买卖双方迅速达成交易和订立合同。

2．有利于买卖双方核算价格和成本

由于贸易术语表示价格构成因素，所以买卖双方确定成交价格时，必须考虑采用的贸易术语包含哪些附属费用，如运费、保险费、装卸费、关税、增值税和其他费用，这就有利于买卖双方进行比价和加强成本核算。

3．有利于买卖双方解决履约当中的争议

买卖双方商订合同时，如对合同条款考虑欠周，使某些事项规定不明确或不完备，致使履约当中产生的争议不能依据合同的规定解决。在此情况下，可以援引有关贸易术语的一般解释来处理，因为贸易术语的一般解释，已成为国际惯例，并被国际贸易界从业人员和法律界人士所理解和接受，从而成为了国际贸易中公认的一种类似行为规范的准则。

4．在一定条件下还决定着贸易合同的性质

由于贸易术语确定了买卖双方的部分合同义务，在磋商和订立合同时，采用了某种贸易术语就使该合同具有一定的特征，从而可把该合同称为"某某贸易术语合同"。例如，买卖双方商定采用 FOB 或 FCA 贸易术语订立合同时，可以分别称之为"FOB 合同"或"FCA 合同"。

第二节 关于贸易术语的国际贸易惯例

在国际贸易中使用贸易术语始于19世纪,随着国际贸易的发展,逐渐形成了一系列的贸易术语解释。但由于其行业不同,对贸易术语的解释也不同,从而出现了矛盾和分歧。为解决这些矛盾和分歧,国际法协会(International Trade Law)、国际商会(International Chamber of Commerce,ICC)等国际组织及美国一些著名商业团体(American Organization of Commerce)经过长期的努力,分别制定了解释国际贸易术语的规则,在国际上广泛使用,从而形成了国际贸易惯例。目前,国际上影响较大的关于贸易术语的惯例有三个:一个是国际法协会制定的《1932年华沙—牛津规则》(*Warsaw-Oxford Rules* 1932);另一个是美国一些著名商业团体制定的《1941年美国对外贸易定义修订本》(*Revised American Foreign Trade Definition* 1941);第三个是国际商会制定的《2000年国际贸易术语解释通则》(*International Rules for the Interpretation of Trade Terms*,简称INCOTERMS 2000)。

【相关资料】

ICC

ICC是国际商会的英文名称缩写,是为全球商业服务的组织,是世界上重要的民间经贸组织,成立于1919年,总部在巴黎。其宗旨是:在经济和法律领域里,以有效的行动促进国际贸易和投资的发展。其工作方式为:制定国际经贸领域的规则、惯例并向全世界商界推广;与各国政府及国际组织对话,以求创造一个有利于自由企业、自由贸易、自由竞争的国际环境;促进会员之间的经贸合作,并向全世界商界提供实际的服务等。

ICC目前在83个国家设有国家委员会,拥有来自140个国家和地区的8 000多家会员公司和会员协会。这些会员多是各国和地区从事国际经贸活动的中坚企业和组织。

资料来源:国际商会网站(www.iccwbo.org)

一、《1932年华沙—牛津规则》

该规则由国际法协会制定,主要对CIF进行了解释,并具体规定了在CIF合同中买卖双方所承担的费用、责任和风险。这一规则至今仍在应用。

二、《1941年美国对外贸易定义修订本》

该惯例是由美国九个著名的商业团体共同拟定的,对六种贸易术语进行了解释。

(1) 原产地交货——Ex（Point of Origin）。
(2) 运输工具旁边交货——FAS（Free Along Side）。
(3) 运输工具上交货——FOB（Free On Board），分为六种，其中有一种为装运港船上交货——FOB Vessel（named port of shipment）。
(4) 成本加运费——C&F（Cost and Freight）
(5) 成本加保险费、运费——CIF（Cost, Insurance and Freight）
(6) 码头交货——Ex Dock。

这六种贸易术语，除 Ex（Point of Origin）、Ex Dock 和 FOB vessel 分别与《2000 年国际贸易术语解释通则》中的 Ex Works、DEQ 和 FOB 规定相似之外，其他几种与《2000 年国际贸易术语解释通则》的解释有很大的差别。

《1941 年美国对外贸易定义修订本》不仅在美国使用，在加拿大和一些拉丁美洲国家也有较大影响。由于它在 FOB 术语的解释上与其他国际贸易惯例有所不同，因此，我国外贸企业在与美洲国家进行贸易时，应特别注意。

三、《2000 年国际贸易术语解释通则》

该惯例是国际商会为了统一对各种贸易术语的解释，于 1936 年在巴黎制定的，定名为 INCOTERMS 1936（INCOTERMS 来源于 International Commercial Terms），其副标题译作《1936 年国际贸易术语解释通则》。后为了适应国际贸易实践不断发展的需要，国际商会先后于 1953 年、1967 年、1976 年、1980 年对该通则做了四次修订和补充。为了保证 EDI 单据的提供和高级运输技术的实施，1989 年 7 月国际商会对 INCOTERMS 1980 进行了全面修订，形成了《1990 年国际贸易术语解释通则》。在该通则实施十年后，为了适应经济全球化发展的趋势，国际商会在广泛征求 INCOTERMS 使用者意见的基础上，1999 年对《1990 年国际贸易术语解释通则》进行了部分修改，于 2000 年 1 月 1 日正式实施，形成了《2000 年国际贸易术语解释通则》。

《2000 年国际贸易术语解释通则》（以下简称《2000 通则》）共包括两大类（出口地交货术语 8 个和进口地交货术语 5 个）、4 组（按卖方承担责任、费用和风险由小到大依次分为 E 组、F 组、C 组和 D 组）、13 种贸易术语，如表 1-1 所示。

表 1-1 《2000 通则》对国际贸易术语的分类表

组别	术语性质	国际代码	含义		交货地点	运输方式
			英文	中文		
E 组	起运术语	EXW	Ex Works	工厂交货	商品产地、所在地	任何
F 组	（主运费未付）装运术语	FCA	Free Carrier	货交承运人	出口国内地、港口	任何
		FAS	Free Alongside Ship	装运港船边交货	装运港口	水运
		FOB	Free on Board	装运港船上交货	装运港口	水运

(续表)

组别	术语性质	国际代码	含义（英文）	含义（中文）	交货地点	运输方式
C组	（主运费已付）装运术语	CFR	Cost and Freight	成本加运费	装运港口	水运
		CIF	Cost, Insurance and Freight	成本加保险费、运费	装运港口	水运
C组	（主运费已付）装运术语	CPT	Carriage Paid To	运费付至	出口国内地、港口	任何
		CIP	Carriage and Insurance Paid To	运费、保险费付至	出口国内地、港口	任何
D组	到达术语	DAF	Delivered At Frontier	边境交货	两国边境指定地点	任何
		DES	Delivered Ex Ship	目的港船上交货	目的港口	水运
		DEQ	Delivered Ex Quay	目的港码头交货	目的港口	水运
		DDU	Delivered Duty Unpaid	未完税交货	进口国内	任何
		DDP	Delivered Duty Paid	完税后交货	进口国内	任何

E组：卖方在其处所将货物置于买方控制之下，即完成交货义务，卖方承担的费用、风险最小。

F组：由买方签订运输合同并指定承运人，卖方将货物交给买方指定的承运人或装上运输工具，即完成交货义务。

C组：卖方负责签订运输合同，支付正常的运费，承担交货前的损失或灭失的风险，在装运港将货物装上船（CFR、CIF）或将货物交至承运人（CPT、CIP）后即完成交货义务。

D组：卖方自负费用和风险将货物运至指定目的地，并将货物置于买方控制之下，即完成交货义务。

为了便于理解和记忆，我们用10个项目列出了《2000通则》中所有术语下当事人各自的责任、费用和风险等义务，如表1-2所示，卖方在每一项目中的地位"对应"了买方在同一项目中相应的地位。

表1-2 买卖双方涉及的10项义务

A 卖方必须	B 买方必须
1．提供符合合同规定的货物	1．支付货款
2．许可证、批准文件及海关手续	2．许可证、批准文件及海关手续
3．运输合同与保险合同	3．运输合同与保险合同
4．交货	4．受领货物
5．风险转移	5．风险转移
6．费用划分	6．费用划分
7．通知买方	7．通知卖方
8．交货凭证、运输单证或有同等作用的电子信息	8．交货凭证、运输单证或有同等作用的电子信息
9．检验、包装及标志	9．货物检验
10．其他义务	10．其他义务

第三节 六种常用的贸易术语

在国际贸易使用的 13 种贸易术语中,以装运港交货的三种术语 FOB、CFR 和 CIF 最为常用;同时,随着集装箱、多式联运业务等运输方式的不断普及,欧盟等区域经济一体化的发展,向承运人交货的三种术语 FCA、CPT 和 CIP 也越来越常用。下面着重介绍《2000 通则》对这 6 种常用贸易术语的解释及使用中应注意的问题。

一、FOB——装运港船上交货(指定装运港)

(一)对 FOB 术语的解释

"Free on Board" means that the seller delivers when the goods pass the ship's rail at the named port of shipment. This means that the buyer has to bear all costs and risks of loss of or damage to the goods from that point. The FOB term requires the seller to clear the goods for export. This term can be used only for sea or inland waterway transport. If the parties do not intend to deliver the goods across the ship's rail, the FCA term should he used.

"装运港船上交货"是指当货物在指定的装运港越过船舷,卖方即完成交货。这意味着买方必须从该点起承担货物灭失或损坏的一切风险。FOB 术语要求卖方办理货物出口清关手续。该术语仅适用于海运或内河运输。如当事各方无意越过船舷交货,则应使用 FCA 术语。

(二)FOB 术语买卖双方的义务划分

按照《2000 通则》,使用该贸易术语时卖方的主要义务如下。

(1)按照港口的惯常方式,在规定的装运期内将货物交至买方指定的船上并给予买方充分的通知。

(2)负担货物在装运港越过船舷时为止的一切费用和风险。

(3)负责办理货物出口手续,取得出口许可证或其他核准书。

(4)负责提供货已交至船上的装运单据、商业发票及其他有关凭证。如经买卖双方约定,上述单据和发票可被具有同等效力的电子信息(EDI Message)所替代。

买方的主要义务如下。

(1)负责租船或订舱,支付运费,并将船名、装运港和受载日期通知卖方。

(2)负担货物在装运港越过船舷后的一切费用和风险。

(3)负责办理货物运输保险,支付保险费,取得进口许可证或其他核准书,并办理货物进口及必要时经由另一国过境运输的一切海关手续。

(4)按合同规定支付价款,接受单据和收取货物。

(三)FOB 方式中的船货衔接

按 FOB 条件成交由买方负责租船订舱,并将船名和船期及时通知卖方,而卖方应负责将合同规定的货物在规定的装运港和装运期限内装上买方指定的船只。根据有关法律和惯例，如果买方未能按时派船，这包括未经对方同意提前将船派到或延迟派到装运港，卖方都有权拒绝交货，而由此产生的空舱费、滞期费以及使卖方增加的存储费等各种损失均由买方负担。反之，如果买方指派的船只按时到达装运港，而卖方却未能备妥货物，则由此产生的一切费用及损失由卖方承担。

（四）《1941年美国对外贸易定义修订本》对FOB的解释

《1941年美国对外贸易定义修订本》中将FOB分为六种，只有第五种FOB Vessel（船上交货）与《2000通则》中的FOB相近，主要的区别在于《1941年美国对外贸易定义修订本》把FOB笼统地解释为在某种运输工具上交货，其适用范围很广，而且该术语的出口报关的责任在买方而不在卖方。所以我国在与美国、加拿大等国家洽谈进口贸易使用FOB方式成交时，除了在FOB后注明Vessel外，还应明确由对方（卖方）"承担风险及费用，取得出口许可证及其他官方批准文件，并办理货物出口所必需的一切海关手续"。例如：（1）FOB San Francisco（Definition of America），表示卖方只负责把货物运到旧金山城内的任何处所，不负责把货物运到旧金山港口并交到船上（由于加拿大等国也援引美国的惯例，因此，同加拿大国商人签订FOB进口合同时,也应注意这个问题；(2)FOB Vessel San Francisco（Definition of America），表示卖方负责把货物运到旧金山港口并交到船上；（3）FOB San Francisco（INCOTERMS 2000），表示卖方负责把货物运到旧金山港口并交到船上。从中可以看出（1）的解释与（2）和（3）的解释差别很大；（2）和（3）的表面含义很相近，但是并不相同，主要体现在风险的划分上，前者以装运港船舱为界，后者以装运港船舷为界；在费用的负担上，前者规定买方要支付卖方协助提供出口单证的费用及出口税和因出口而产生的其他费用，而后者规定卖方自付费用，两者有明显区别。

（五）FOB的变形

按FOB成交时，应明确装货费由谁负担。在FOB条件下，由买方派船接运货物，如属于件杂货，通常采用班轮运输，而班轮运输的特点之一是由船方负担装卸费，故买方不另外支付装货费，买卖双方就没有必要约定装货费由谁负担。但是，如果成交的是大宗货物，为了节省运费，通常洽租不定期船运输，在洽租不定期船运输时，装货费不一定包括在租金中，如租金中没有包括装货费，则船方不负担装货费。在此情况下，装货费由买方或卖方负担，就应当在买卖合同中定明，即在FOB后加列有关装货费由谁负担的附加条件，以明确责任，这就导致了FOB的变形。在实际业务中，常见的变形有下列几种。

1．FOB班轮条件（FOB Liner Terms）

按FOB的班轮条件成交，是指装货费按班轮办法处理，并不是指FOB成交的货物一定要用班轮装运，买卖双方商订合同时，如卖方不愿负担装货费，可以在FOB后要求加"班轮条件"（Liner Terms）字样，以明确卖方不负担装货费，至于装货费究竟由买方还是船方负担，则取决于买方租船时采用何种租船条件。

2．FOB 吊钩下交货（FOB Under Tackle）

按此条件成交，卖方仅将货物交到买方指定船舶的吊钩所及之处，以后的装货费用，卖方不予负担，至于以后的装货费用究竟由买方或由船方负担，则取决于租船合同的规定。按此术语成交时，如载货船舶因港口吃水浅而不能靠岸时，则卖方应将货物驳运到载货船舶的吊钩所及之处，凡属驳运货物的费用，仍由卖方负担。这一术语在实际业务中使用不多。

3．FOB 理舱费在内（FOB Stowed）

为了使船上装载的货物放置妥善和分布合理，货物装船后，需要进行垫隔和整理，此项作业叫做理舱。理舱费用由谁负担，各国港口有不同的规定和解释。为了明确责任和避免引起争议，买卖双方商订合同时，应对理舱费由谁负担作出明确规定；如买方不愿负担装运费和理舱费，则可按 FOB Stowed 条件成交。按此条件成交，卖方不仅应负担装货费，而且还要将装到船上的货物堆好、码好并进行垫隔和整理，即还须负担理舱费；如在 FOB 后未加"理舱"（Stowed）字样，而租船合同又规定船方不负担装货费时，则理舱费由买方负担。

4．FOB 平舱费在内（FOB Trimmed）

货物装船后，为了保持船舶承受压力均衡和航行安全，对成堆装入船舱的散装货物，如煤炭、粮谷等，需要进行调动和平整，这项作业叫做**平舱**。按此条件成交，装货费和平舱费，概由卖方负担。按一般惯例，如在 FOB 后未加"平舱"（Trimmed）字样，则卖方不负担平舱费用，平舱费用究竟由买方抑或船方负担，取决于租船合同的规定，当租船合同规定船方不负担装货费时，平舱费由买方支付。

5．FOB 包括理舱和平舱（FOB Stowed and Trimmed）

当装到船上的货物既有理舱又有平舱时，就应该明确这两项费用由谁负担；凡在 FOB 后加列"理舱和平舱"（Stowed and Trimmed）字样，则卖方不仅要负担装货费且要负担理舱和平舱的费用。按一般惯例，凡 FOB 后未加"理舱和平舱"字样者，则理舱和平舱的费用，卖方不予负担。

（六）FOB 的实际应用

1．适用范围

FOB 术语仅适用于海运或内河运输。如当事各方无意越过船舷交货，则应使用 FCA 术语。

2．考虑运费和保险费因素

为了节省运费和保险费的外汇支出，促进我国对外运输事业和保险事业的发展，可采用 FOB 术语进口；当预期运费看涨时，可采用 FOB 术语出口。

3．考虑货物的特点

有些货物价值较低，但是运费上货价的比重较大，可采用 FOB 术语出口。

4．考虑国外港口装卸条件和港口习惯

对于装卸条件较差、装卸费用较高和习惯上须由卖方承担装船费、买方承担卸货费的港口，可采用 FOB Stowed、FOB Trimmed 或 FOBST（FOB Stowed and Trimmed）术语进口。

5. 按实际需要，灵活掌握

有些国家为了支持本国保险事业的发展，规定在进口时，须由本国办理保险，我方为表示与其合作意向，出口亦可采用 FOB 术语。

总之，除了上述提到的情况外，也可以视不同的交易情况适当选择。

二、CFR——成本加运费（指定目的港）

（一）对 CFR 术语的解释

"Cost and Freight" means that the seller delivers when the goods pass the ship's rail in the port of shipment.

The seller must pay the costs and freight necessary to bring the goods to the named port of destination BUT the risk of loss of or damage to the goods, as well as any additional costs due to events occurring after the time of delivery, are transferred from the seller to the buyer.

The CFR term requires the seller to clear the goods for export.

This term can be used only for sea and inland waterway transport. If the parties do not intend to deliver the goods across the ship's rail, the CPT term should be used.

"成本加运费"是指在装运港货物越过船舷卖方即完成交货。

卖方必须支付将货物运至指定的目的港所需的运费和费用，但交货后货物灭失或损坏的风险，以及由于各种事件造成的任何额外费用，即由卖方转移到买方。

CFR 术语要求卖方办理出口清关手续。

该术语仅适用于海运或内河运输。如当事各方无意越过船舷交货，则应使用 CPT 术语。

（二）CFR 术语买卖双方的义务划分

按国际商会对 CFR 的解释，买卖双方各自承担的基本义务概括起来，可作如下划分。

1. 卖方义务

（1）自负风险和费用，取得出口许可证或其他官方批准的证件，在需要办理海关手续时，办理货物出口所需的一切海关手续。

（2）签订从指定装运港承运货物运往指定目的港的运输合同；在买卖合同规定的时间和港口，将货物装上船并支付至目的港的运费；装船后及时通知买方。

（3）承担货物在装运港越过船舷为止的一切风险。

（4）向买方提供通常的运输单据。如买卖双方约定采用电子通讯，则所有单据均可被同等效力的电子数据交换（EDI）信息所代替。

2. 买方义务

（1）自负风险和费用，取得进口许可证或其他官方批准的证件，在需要办理海关手续时，办理货物进口以及必要时经由另一国过境的一切海关手续，并支付有关费用及过境费。

（2）承担货物在装运港越过船舷以后的一切风险。
（3）接受卖方提供的有关单据，受领货物，并按合同规定支付货款。
（4）支付除了通常运费以外的有关货物在运输途中所产生的各项费用以及包括驳运费和码头费在内的卸货费。

（三）使用 CFR 的注意事项

1. 卖方应及时发出装船通知

按 CFR 条件成交时，由卖方安排运输，由买方办理货运保险。如卖方不及时发出装船通知，则买方就无法及时办理货运保险，甚至有可能出现漏保货运险的情况。因此，卖方装船后务必及时向买方发出装船通知，内容包括船名、航班、起航日期、货物装船日期等；否则，卖方应承担货物在运输途中的风险和损失。

2. 按 CFR 进口应慎重行事

在进口业务中，按 CFR 条件成交时，鉴于由外商安排装运，由我方负责保险，故应选择资信好的国外客户成交，并对船舶提出适当要求，以防外商与船方勾结，出具假提单，租用不适航的船舶，或伪造品质证书与产地证明。若出现这类情况，会使我方蒙受不应有的损失。

（四）CFR 与 FOB 的区别

CFR 在货物装船、风险转移、办理进出口手续和接单付款方面，买卖双方的义务和 FOB 是相同的。CFR 与 FOB 的不同之处在于：其一，由卖方负责租船订舱并支付运费。按照《2000 通则》的解释，卖方只需按通常条件租船订舱，经习惯航线运送货物。其二，关于运输单据，CFR 术语规定，应由卖方自行承担费用，且除非另有约定，卖方应提交可以转让的海运提单或者安排好使买方能以通知承运人的方式出售在途货物；而 FOB 则无此要求，可以提交海运提单，也可以提交不可转让的海运单。

【相关资料】

海运提单

提单是货物的物权证书，也就是货物所有权的支配文件，所以提单有转让、信贷、抵押或据以索赔和提货等用途。提单是作为承运人和托运人之间处理运输中双方权利和义务的依据。虽然一般它不是由双方共同签字的一项契约，但就构成契约的主要项目，如船名、开航日期、航线、靠港及其他有关货运项目，是众所周知的；运价和运输条件，承运人也是事先规定的。因此在托运人或其代理人向承运人订舱的时候就被认为契约即告成立，所以虽然条款内容是由承运人单方拟就，托运人也应当认为双方已认可，即成为运输契约。因此，习惯上也就成了日后处理运输中各种问题的依据。

（五）CFR 的变形

按 CFR 术语成交，如货物是使用班轮运输，则运费由 CFR 合同的卖方支付，在目的港的卸货费用实际上由卖方负担。大宗商品通常采用租船运输，船方通常按不负担装卸费条件出租船舶，故卸货费究竟由何方负担，买卖双方应在合同中订明。为了明确责任，可在 CFR 术语后加列表明卸货费由谁负担的具体条件。

1. CFR 班轮条件（CFR Liner Terms）

这是指卸货费按班轮办法处理，即买方不负担卸货费。

2. CFR 卸到岸上（CFR Landed）

这是指由卖方负担卸货费，其中包括驳运费和码头费在内。

3. CFR 吊钩下交货（CFR Ex Tackle）

这是指卖方负责将货物从船舱吊起卸到船舶吊钩所及之处（码头上或驳船上）的费用。在船舶不能靠岸的情况下，租用驳船的费用和货物从驳船卸到岸上的费用，概由买方负担。

4. CFR 舱底交货（CFR Ex Ship's Hold）

这是指货物运到目的港后，由买方自行启舱，并负担货物从舱底卸到码头的费用。

应当指出，在 CFR 术语的附加条件，只是为了明确卸货费由何方负担，其交货地点和风险划分的界线，并无任何改变。《2000 通则》对术语后加列的附加条件不提供公认的解释，建议买卖双方通过合同条款加以规定。

三、CIF——成本加保险费加运费（指定目的港）

（一）对 CIF 术语的解释

"Cost, Insurance and Freight" means that the seller delivers when the goods pass the ship's rail in the port of shipment.

The seller must pay the costs and freight necessary to bring the goods to the named port of destination BUT the risk of loss of or damage to the goods, as well as any additional costs due to events occurring after the time of delivery, are transferred from the seller to the buyer. However, in CIF the seller also has to procure marine insurance against the buyer's risk of loss of or damage to the goods during the carriage.

Consequently, the seller contracts for insurance and pays the insurance premium. The buyer should note that under the CIF term the seller is required to obligation insurance only on minimum cover. Should the buyer wish to have the protection of greater cover, he would either need to agree as such expressly with the seller or to make his own extra insurance arrangements.

The CIF term requires the seller to clear the goods for export.

This term can be used only for sea and inland waterway transport. If the parties do not intend to deliver the goods across the ship's rail, the CIP term should be used.

"成本、保险费加运费"是指在装运港当货物越过船舷时卖方即完成交货。

卖方必须支付将货物运至指定的目的港所需的运费和费用,但交货后货物灭失或损坏的风险及由于各种事件造成的任何额外费用即由卖方转移到买方。然而,在 CIF 条件下,卖方还必须办理买方货物在运输途中灭失或损坏风险的海运保险。

因此,由卖方订立保险合同并支付保险费。买方应注意到,CIF 术语只要求卖方投保最低限度的保险险别。如买方需要更高的保险险别,则需要与卖方明确地达成协议,或者自行做出额外的保险安排。

CIF 术语要求卖方办理货物出口清关手续。

该术语仅适用于海运和内河运输。若当事方无意越过船舷交货,则应使用 CIP 术语。

（二）双方基本义务的划分

按 CIF 术语成交,是指卖方必须在合同规定的日期内或期间在装运港将货物交至运往指定目的港的船上,负担货物越过船舷为止的一切费用和货物灭失或损坏的风险,负责租船订舱,支付从装运港到目的港的正常运费,并负责办理货运保险,支付保险费。由此可以看出,CIF 术语除了具有与 CFR 术语相同的义务外,卖方还应负责办理货运保险和支付保险费。

（三）CIF 术语应注意的事项

1. CIF 合同属于"装运合同"

在 CIF 术语下,卖方在装运港将货物装上船,即完成了交货义务。因此,采用 CIF 术语订立的合同属于"装运合同"。但是,由于在 CIF 术语后所注明的是目的港（例如"CIF 伦敦"）,在我国曾将 CIF 术语译作"到岸价",所以 CIF 合同的法律性质常被误解为"到货合同"。为此必须明确指出：CIF 以及其他 C 组术语（CFR、CFR、CIP）与 F 组术语（FCA、FAS、FOB）一样,卖方在装运地完成交货义务,采用这些术语订立的买卖合同均属于"装运合同"性质。按此类术语成交的合同,卖方在装运地（港）将货物交付装运后,对货物可能发生的任何风险不再承担责任。

2. 卖方办理保险的责任

在 CIF 合同中,卖方是为了买方的利益办理货运保险的,因为此项保险主要是为了保障货物装船后在运输途中的风险。《2000 通则》对卖方的保险责任规定：如无相反的明示协议,卖方只须按《协会货物保险条款》或其他类似的保险条款中最低责任的保险险别投保。如买方有要求,并由买方负担费用,卖方应在可能情况下投保战争、罢工、暴动和民变险。最低保险金额应为合同规定的价款加 10%,并以合同货币投保。

在实际业务中,为了明确责任,我外贸企业在与国外客户洽谈交易采用 CIF 术语时,一般都应在合同中具体规定保险金额、保险险别和适用的保险条款。

3. 象征性交货问题

从交货方式来看,CIF 是一种典型的象征性交货（Symbolic Delivery）。所谓象征性交货,是针对实际交货（Physical Delivery）而言的。前者指卖方只要按期在约定地点完成装运,并向买方提交合同规定的包括物权凭证在内的有关单证,就算完成了交货义务,而无须保证到货。后者则是指卖方要在规定的时间和地点,将符合合同规定的货物提交给买方或其指定人,而不能以交单代替交货。

在象征性交货方式下,卖方是凭单交货,买方是凭单付款,只要卖方按时向买方提交了符合合同规定的全套单据,即使货物在运输途中损坏或灭失,买方也必须履行付款义务。反之,如果卖方提交的单据不符合要求,即使货物完好无损地运达目的地,买方仍有权拒付货款。由此可见,CIF交易实际上是一种单据的买卖。所以,装运单据在CIF交易中具有特别重要的意义。

但是,必须指出,按CIF术语成交,卖方履行其交单义务,只是得到买方付款的前提条件,除此之外,还必须履行交货义务。如果卖方提交的货物不符合要求,买方即使已经付款,仍然可以根据合同的规定向卖方提出索赔。

4. 风险和费用的划分界限问题

《2000通则》以"越过船舷"作为划分买卖双方所承担的风险和费用责任的界限。这里的风险是指货物灭失或损坏的风险,费用是指正常运费以外的费用。但从实际作业来看,装船是一个连续的过程。从岸上起吊到装船入舱,不可能在船舷这条界限划分双方的责任。由于《2000通则》作为惯例并不是强制性的,因此在买卖合同中,双方可以另行约定。实际业务中,卖方应向买方提交"已装船提单",这表明双方约定由卖方承担货物装入船舱为止的一切风险和费用责任。提单上表明的装船日期为买方开始承担风险的日期。

5. 租船运输时,装卸费用的负担问题

根据《2000通则》规定,除非运输合同另有规定,否则由卖方承担有关的装船费用,由买方承担包括驳船费和码头费在内的卸货费用。如果使用班轮运输,那么班轮运费内已包括了装卸费用。但在大宗货物使用程租船运输时,船方是否承担装卸责任,也即运费中是否包括装卸费用,须由租船合同另行规定。这样,就会因运输合同不同而带来装卸费用负担的不确定性,故买卖双方在商定买卖合同时,应明确装卸费用由谁负担。通常以贸易术语的变形,即在贸易术语后加列字句来加以说明。

(1) CIF班轮条件(CIF Liner Terms)。指卸货费用按班轮条件处理,由支付运费的一方(即卖方)负担。

(2) CIF舱底交货(CIF Ex Ship's Hold)。指买方负担将货物从舱底起吊卸到码头的费用。

(3) CIF吊钩下交货(CIF Ex Tackle)。指卖方负担将货物从舱底吊至船边卸离吊钩为止的费用。

(4) CIF卸到岸上(CiF Landed)。指卖方负担将货物卸到目的港岸上的费用。

四、向承运人交货的三种贸易术语

《2000通则》把"货交承运人"的解释归纳为两种不同情况。

(1) 如果指定地是卖方的场所，则卖方应把货物装上运输工具。

(2) 如果并非卖方的场所，则卖方只需将货物置于承运人或其代理人的支配之下，即为完成交付。

向承运人交货的贸易术语有如下三种。

（一）FCA——货交承运人（指定地点）

FCA 是指卖方必须在合同规定的交货期内在指定地将经出口清关的货物交给买方指定的承运人监管，并负担货物被交由承运人监管为止的一切费用和货物灭失或损坏的风险。买方必须自负费用订立从指定地发运货物的运输合同，并将有关承运人的名称、要求交货的时间和地点充分地通知卖方；负担货交承运人后的一切费用和风险；负责按合同规定收取货物和支付价款。在采用此术语时，须注意以下几点。

(1) 交货点和风险转移点是买方指定的承运人对货物接受监管的指定地。上述指定地可能是铁路终点站、起运机场、货运站、集装箱码头或堆场、多用途货运终点站或类似的收货点。如承运人将装货的集装箱送至卖方所在处所收取货物，则交货点和风险转移点将在卖方所在处所——工厂或仓库的门口。

(2) FCA 术语下买方必须自负费用订立运输合同，但若卖方能协助取得更好的效果时，可由卖方协助订立运输合同，但有关费用和风险由买方负担。

(3) 在采用 FCA 术语时，货物大多都做了集合化或成组化，例如装入集装箱或装上托盘，因此，卖方应考虑将货物集合化所需的费用，也计算在价格之内。

(4) FCA 与 FOB 的异同点。

FCA 与 FOB 两种术语均属于 F 组术语，按这两种术语成交的合同均属于装运合同。买卖双方责任划分的基本原则是相同的。

FCA 与 FOB 的主要不同在于适用的运输方式、交货和风险转移的地点不同。FCA 术语适用于各种运输方式，交货地点视不同运输方式的不同约定而定，其风险划分是卖方将货物交至承运人时转移；FOB 术语仅适用于海运和内河运输，交货地点为装运港，风险划分以装运港船舷为界。此外，在装卸费的负担和运输单据的使用上也有所不同。

（二）CPT——运费付至（指定目的地）

CPT 是指卖方支付货物运至指定目的地的运费。在货物被交由承运人保管时，货物灭失或损坏的风险，以及由于在货物交给承运人后发生的事件而引起的额外费用，即从卖方转移至买方。CPT 术语适用于各种运输方式，包括多式联运。

1. 买卖双方基本义务的划分

(1) 卖方义务

① 自负风险和费用，取得出口许可证或其他官方批准证件，在需要办理海关手续时，办理货物出口所需的一切海关手续。

② 订立将货物运往指定目的地的运输合同，并支付有关运费。在合同规定的时间、地点，将合同规定的货物交给承运人，并及时通知买方。

③ 承担将货物交给承运人之前的一切风险。

④ 自负费用向买方提供交货的通常单据,如买卖双方约定采用电子通讯,则所有单据可被同等效力的电子数据交换（EDI）信息所代替。

（2）买方义务

① 自负风险和费用,取得进口许可证或其他官方证件,在需要办理海关手续时,办理货物进口所需的海关手续。支付有关关税及从他国过境的费用。

② 承担自货物在约定交货地点交给承运人之后的风险。

③ 接受卖方提供的有关单据,受领货物,并按合同规定支付货款。

④ 支付除通常运费之外的有关货物在运输途中所产生的各项费用和卸货费。

2. 使用 CPT 术语应注意的事项

（1）风险划分的界限问题

按照 CPT 术语成交,虽然卖方要负责订立从起运地到指定目的地的运输契约,并支付运费,但是卖方承担的风险并没有延伸至目的地。按照《2000通则》的解释,货物自交货地点至目的地的运输途中的风险由买方承担,卖方只承担货物交给承运人控制之前的风险。在多式联运的情况下,卖方承担的风险自货物交给第一承运人控制时即转移给买方。

（2）责任和费用的划分问题

采用 CPT 术语时,由卖方指定承运人,自费订立运输合同,将货物运往指定的目的地,并支付正常运费。正常运费之外的其他有关费用,一般由买方负担。

卖方将货物交给承运人之后,应向买方发出货物已交付的通知,以便买方在目的地办理货运保险和受领货物。如果双方未能确定买方受领货物的具体地点,卖方可以在目的地选择最适合其要求的地点。

3. CPT 与 CFR 的异同点

CPT 与 CFR 同属于 C 组术语,按这两种术语成交时,卖方承担的风险都是在交货地点随着交货义务的完成而转移,卖方都要负责安排自交货地至目的地的运输事项,并承担其费用。另外,按这两种术语订立的合同,都属于装运合同,卖方无须保证按时交货。

CPT 与 CFR 的主要区别在于适用的运输方式不同,交货地点和风险划分界限也不相同。CPT 术语适用于各种运输方式,交货地点因运输方式的不同由双方约定,风险划分以货交承运人为界；CFR 术语适用于水上运输方式,交货地点在装运港,风险划分以船舷为界。除此之外,卖方承担的费用及须提交的单据等方面也有区别。

（三）CIP——运费、保险费付至（指定目的地）

CIP 是指卖方除了须承担在 CPT 术语下同样的义务外,还须对货物在运输途中灭失或损坏的买方风险取得货物保险,订立保险合同,并支付保险费。

1. 买卖双方基本义务的划分

按 CIP 术语成交,卖方除负有与 CPT 术语相同的义务外,还须办理货物在运输途中的保险,即卖方除了应订立运输合同和支付通常的运费以外,还应负责订立保险合同并支付保险费。卖方将货物交给指定的承运人,即完成交货。

2. 使用 CIP 术语应注意的事项

(1) 风险和保险问题

按 CIP 术语成交的合同,卖方要负责办理货运保险,并支付保险费,但是货物从交货地点运往目的地的运输途中的风险由买方承担。所以,卖方的投保仍属于代办性质。根据《2000 通则》的解释,一般情况下,卖方要按双方协商确定的险别投保,如果双方未在合同中规定应投保的险别,则由卖方按惯例投保最低的险别,保险金额一般是在合同价格的基础上加成10%,即 CIF 合同价款的110%,并以合同货币投保。

(2) 应合理确定价格

与 FCA 相比,CIP 条件下卖方要承担较多的责任和费用:要负责办理从交货地至目的地的运输,承担有关运费;办理货运保险,并支付保险费。这些都反映在货价之中。所以,卖方对外报价时,要认真核算成本和价格。在核算时,应考虑运输距离、保险险别、各种运输方式和各类保险的收费情况,并要预计运价和保险费的变动趋势等方面的问题。

(3) CIP 与 CIF 的区别

CIP 与 CIF 有相似之处,它们的价格构成中都包括了通常的运费和约定的保险费,而且,按这两种术语成交的合同均属于装运合同。但 CIP 和 CIF 术语在交货地点、风险划分界限,以及卖方承担的责任和费用方面又有明显的区别,主要表现在:CIF 适用于水上运输,交货地点在装运港,风险划分以装运港船舷为界,卖方负责租船订舱、支付从装运港到目的港的运费,并且办理水上运输保险,支付保险费。而 CIP 术语则适用于各种运输方式,交货地点要根据运输方式的不同由双方约定,风险是在承运人控制货物时转移,卖方办理的保险,也不仅是水上运输险,还包括其他各种运输险,如航空运输险、陆上运输险等。

(三) 向承运人交货的三种贸易术语和传统贸易术语的比较

FCA、CPT、CIP 与传统的 FOB、CFR、CIF 相比较,有以下一些异同点。

1. 两类贸易术语的主要相同点

(1) 都是象征性交货,相应的买卖合同为装运合同。

(2) 由出口方负责可能发生的出口报关,进口方负责可能发生的进口报关。

(3) 买卖双方所承担的运输、保险责任互相对应。即 FCA 和 FOB 一样,由买方办理运输;CPT 和 CFR 一样,由卖方办理运输;而 CIP 和 CIF 一样,由卖方承担办理运输和保险的责任并支付费用。由此而产生的操作注意事项,也是相类似的。

2. 两类贸易术语的主要不同点

(1) 适合的运输方式不同。FCA、CPT、CIP 适合于各种运输方式,而 FOB、CFR、CIF 只适合于海运和内河运输。

(2) 风险点不同。FCA、CPT、CIP 方式中,买卖双方风险和费用的责任划分以"货交承运人"为界,而传统的贸易术语则以"船舷"为界。

(3) 装卸费用负担不同。FCA、CPT、CIP 均由承运人负责装卸,因而不存在需要使用贸易术语变形的问题,而传统的贸易术语则需要明确装卸费用由谁负担,需要使用贸易术语变形。

(4)运输单据性质不同。海运提单具有物权凭证的性质,可以转让,而海运单、航空运单和铁路运单等,不具有这一性质;CFR 和 CIF 术语,强调了所交运输单据应为可转让的海运提单,而 CPT 和 CIP 则无此要求(即使在海运方式中)。

简单地说,除了风险点不同之外,可以把 FCA、CPT、CIP 看成是 FOB、CFR、CIF 从海运方式向各种运输方式的延伸。

第四节 其他七种贸易术语

一、EXW——工厂交货(指定地点)

EXW 是指卖方在其所在处所(工厂、工场、仓库等)将货物提供给买方时,即履行了交货义务。除非另有约定,卖方不负责将货物装上买方备妥的车辆,也不负责出口清关。买方负担自卖方所在处所提取货物至目的地所需的一切费用和风险。因此,这个术语是卖方负担最少义务(minimum obligation)的术语。

如买方不能直接或间接地办理出口手续,则不应使用本术语,而应使用 FCA 术语。

二、FAS——船边交货(指定装运港)

FAS 是指卖方要在约定的时间内,将合同规定的货物交到指定的装运港买方所指派的船只的船边,在船边完成交货义务。买卖双方负担的风险和费用,均以船边为界。如果买方所指派的船只不能靠岸,卖方则要负责用驳船把货物运至船边,仍在船边交货。货物出口的通关手续由卖方负责办理,但装船的责任和费用由买方负担。

本术语只适用于海运或内河运输。

三、DAF——边境交货(指定地点)

DAF 是指卖方在毗邻国家关境前的边境指定地提供了经出口清关的货物时,即履行了交货义务。"边境"一词可用于任何边境,包括出口国边境。因此,在这个术语中确切地指定有关边境的交货地,是极为重要的。

本术语主要用于铁路或公路货物运输,也可适用于其他任何运输方式。

四、DES——目的港船上交货(指定目的港)

DES 是指卖方在指定的目的港船上向买方提供了未经进口清关的货物时,卖方即履行了交货义务。卖方必须负担货物运至指定目的港的一切费用和风险。

本术语只适用于海运或内河运输。

五、DEQ——目的港码头交货（指定目的港）

DEQ 是指卖方要负责将合同规定的货物按照通常航线和习惯方式运至指定目的港，将货物卸到岸上，并且承担有关卸货费用。卖方于交货期内，在指定目的港的码头，将货物置于买方的控制之下，即完成交货。在此之前，卖方要将船名和船舶预计到港时间及时通知买方。买方则要承担在目的港码头接收货物后的一切风险、责任和费用。

本术语只适用于海运或内河运输。

六、DDU——未完税交货（指定目的地）

DDU 是指卖方将货物运至进口国的指定地，可供买方收取时，即履行了交货义务。卖方必须负担货物运至该处的费用和风险（不包括关税、税捐和进口时所需支付的其他由当局收取的费用，以及办理海关手续费用和风险）。卖方在规定的期限内，在目的地指定地点将货物置于买方的处置之下，即完成交货。进口报关的手续及证件由买方负责办理，进口时征收的进口税和其他费用也由买方负担。买方必须负担由其未及时办理货物进口清关手续而引起的额外费用和风险。

本术语可适用于各种运输方式。

七、DDP——完税后交货（指定目的地）

DDP 是指卖方将货物运至进口国的指定地，可供买方收取时，即履行了交货义务。卖方必须负担货物运至该处的风险和费用，包括关税、税捐和其他费用，并办理货物进口的清关手续。与 EXW 相反，DDP 是卖方负担最多义务（maximum obligation）的术语。

如果卖方不能直接或间接地取得进口许可证，则不应使用本术语。

如果双方当事人愿由买方办理货物进口的清关手续和支付关税，则应使用 DDU 术语。

本术语可适用于各种运输方式。

第五节 国际贸易术语的实际应用

在国际贸易中，可供选用的贸易术语有多种。在实际业务中，选用何种贸易术语，密切关系到买卖双方的经济利益。因此，它是买卖双方都十分重视的问题之一。就我方外贸企业而言，贸易术语的选用应遵循以下原则。

一、与运输方式相适应

使用较多的三种术语 FOB、CFR、CIF 仅适用于海洋或内河运输方式，不宜在其他运输方式中使用。另有 FAS、DES 和 DEQ 三种术语，也适用于海洋或内河运输，因其交货地点及风险分界点都是以船或码头为准。其他 7 种术语 EXW、FCA、CPT、CIP、DAF、DDU、DDP，则可适用于各种运输方式，包括多式联运。其中 FCA、CPT、CIP 类似于船运的 FOB、CFR、CIP。随着运输方式的变化，集装箱运输和多式联运得以广泛运用，所以应适当扩大使用 FCA、CPT、CIP 术语，尤其是在出口业务中以集装箱或多式联运方式运输。

二、总体上讲，在出口业务中力争采用 CIF 或 CIP 术语成交，在进口业务中应大多采用 FOB 或 FCA 术语成交

无论采取哪种贸易术语成交，都应有利于卖方统筹安排备货、装运、投保等事宜，保证作业流程上的相互衔接。同时，应有利于发展本国的航运业和保险业，增加服务贸易收入。当然，这也不是绝对的，应根据交易商品的具体情况首先考虑自身安排运输有无困难，而且经济上是否合算等因素。另外，应有利于发展双方的合作关系，如有些国家规定进口贸易必须在本国投保，有些买方为谋求保险费的优惠或较低的运价，我方也同意按对方要求的术语成交。

三、重视规避风险

慎重选择适当的贸易术语对于防范收汇风险、诈骗货款及提高经济效益是十分必要的。如在我方进口大宗货物须以租船方式装运时，原则上采用 FOB 方式，由我方自行租船、投保，以避免卖方与船方勾结，利用租船提单，骗取货款。再比如，采用货到付款或托收等商业信用的收款方式时，尽量避免采用 FOB 或 CFR 术语。

贸易术语只是合同诸多贸易条件的一个方面，它的选用还必须与其他贸易条件相适应。

【本章小结】

贸易术语是指用一个简短的概念或英文缩写字母表明商品的价格构成、买卖双方应承担的责任、支付的费用及风险的转移界限等问题的专门术语。贸易术语与商品的价格直接相关，是价格术语中重要的组成部分，因此贸易术语又被称为价格术语。随着国际贸易和交通运输的发展，贸易术语已经成为统一各国对外贸易实践的认识、规范贸易方法的重要工具。因此学习和研究贸易术语，尤其是《2000 年国际贸易术语解释通则》中的 13 个贸易术语显得尤为重要。

【本章关键词】

贸易术语（Trade Term）　　　　　　　　价格术语（Price Term）
装运港船上交货（FOB）　　　　　　　　成本加运费（CFR）
成本加保险费加运费（CIF）　　　　　　货交承运人（FCA）
运费付至（CPT）　　　　　　　　　　　运费、保险费付至（CIP）

【复习与思考】

（一）选择题

1. 下列贸易术语中属于主要运费未付的是（　　）。
   A. EXW　　　　　B. FAS　　　　　C. CPT　　　　　D. DEQ
2. 制定关于贸易术语的国际贸易惯例的目的是（　　）。
   A. 提供可使用的贸易术语　　　　　B. 规范贸易双方的行为
   C. 同意对贸易术语的解释　　　　　D. 形成国际贸易法
3. 按 FOB 条件成交，卖方欲不负担装船费用，可采用（　　）。
   A. FOB Liner Terms　　　　　　　B. FOB Stowed
   C. FOB Trimmed　　　　　　　　　D. FOBST
4. 按《2000 通则》的解释，在 DAF 条件下，买卖双方风险划分界限为（　　）。
   A. 出口国边境　　　　　　　　　　B. 进口国边境
   C. 两国边境指定地点　　　　　　　D. 货交买方处置
5. 按 DDP 合同成交，商品价格中不包括（　　）。
   A. 进口通关以后的费用　　　　　　B. 进口国指定交货地点以前的费用
   C. 进口国指定地点交货后的费用　　D. 进口国通关的费用

（二）判断题

1. 按照《2000 通则》的解释，在 DAF 条件下，买卖双方的风险是以两国边境指定交货地点为界。　　　　　　　　　　　　　　　　　　　　　　　　　　　　　　（　　）
2. DEQ 条件下进口通关的手续和费用均由买方负责。　　　　　　　　（　　）
3. 如果卖方不承担进口增值税，那么可在 DDP 后面加注"VAT unpaid"。（　　）
4. 在 DDU 条件下，进口手续由买方办理，因此卖方在采用此术语时不用考虑这一问题。　　　　　　　　　　　　　　　　　　　　　　　　　　　　　　　　（　　）
5. 按 EXW 条件成交时，卖方无须提供货运单据。　　　　　　　　　　（　　）
6. 在工厂交货条件下，如果卖方代办出口手续，则货物被禁止出口的风险由卖方承担。
　　　　　　　　　　　　　　　　　　　　　　　　　　　　　　　　（　　）
7. 采用 F 组术语时，卖方能否如约完成交货义务，不仅取决于卖方本身。（　　）

8. 在 FCA 条件下，买卖双方风险划分界限与费用划分界限一致。（　）
9. 采用 FCA 术语时，风险一概于货交承运人时转移。（　）
10. 在租船运输条件下才使用 FOB 变形。（　）
11. CPT 与 CFR 的区别仅在于二者运用的运输方式不同。（　）
12. 按 CIP 条件成交，卖方须承担至目的地卸货以前的一切运输费用。（　）

（三）案例分析题

1. 我外贸 E 公司以 FOB 中国口岸价与香港 W 公司成交钢材一批，港商即转手以 CFR 釜山价售给韩国 H 公司。港商来证价格为 FOB 中国口岸，要求货运釜山，并提出表明"Freight Prepaid"。试分析港商为什么这样做，我们应如何处理？

2. 我某外贸企业向国外一新客户订购一批初级产品，按 CFR 中国某港口、即期信用证付款条件达成交易，合同规定由卖方以程租船方式将货物运交我方。我开证银行也凭国外议付行提交的符合信用证规定的单据付了款。但装运船只一直未到达目的港，后经多方查询，发现承运人原是一家小公司，而且在船舶起航后不久已宣告倒闭，承运船舶是一条旧船，船、货均告失踪，此系卖方与船方互相勾结进行诈骗，导致我方蒙受重大损失。试分析，我方应从中吸取哪些教训？

第二篇

国际货物买卖合同条款

第二章 商品的品名、品质、数量与包装

【学习目标】

要求学生通过本章学习，掌握买卖合同中订立品质条款的重要性和基本方法，掌握数量条款的订立方法，学习包装条款包含的基本内容，从总体上把握关于商品的一般描述。

【案例索引】

出口合同规定的商品名称为"手工制造书写纸"（Hand Writing Paper）。买主收到货物后，经检验发现该货物部分工序为机械操作，而我方提供的所有单据均表示为手工制造，按该国法律应属"不正当表示"和"过大宣传"，遭用户退货，以致使进口人（即买主）蒙受巨大损失，要求我方赔偿。我方拒赔，主要理由有二：（1）该商品的生产工序基本上是手工操作，在关键工序上完全采用手工制作；（2）该笔交易是经买方当面先看样品成交的，而实际货物质量又与样品一致，因此应认为该货物与双方约定的品质相符。后经有关人士调解后，双方在友好协商过程中取得谅解。对此，请予评论。

国际货物买卖合同的基本条款包括三个主要部分：第一、首部；第二、基本条款；第三、尾部。其中第二部分就是合同的核心部分，主要包括合同的标的名称、数量、品质、规格、包装、装运、支付、商检、不可抗力等内容。商品的名称、质量、数量和包装是国际货物买卖合同中的主要条款之一。

第一节 商品的品名

在国际货物买卖中，从签订合同到交付货物往往需要相隔较长的时间。另外，交易双方在磋商交易和签订买卖合同时，通常很少见到具体商品，一般只是凭借对将要买卖的商品作必要的描述来确定交易的标的。可见，在国际贸易中，列明商品的品名是必不可少的条件。

商品的名称（Name of Commodity）或者"品名"是指能使某种商品区别于其他商品的一种称呼或概念。商品的名称在一定程度上体现了商品的自然属性、用途以及主要的性能特征。

一、命名商品的方法

1. 以其主要用途命名

这种方法在于突出其用途,便于消费者按其需要购买,如织布机、旅游鞋、杀虫剂、自行车等。

2. 以其所使用的主要原料命名

这种方法能通过突出所使用的主要原材料反映出商品的质量,如棉布、羊毛衫、玻璃杯等。

3. 以其主要成分命名

以商品所含的主要成分命名,可使消费者了解商品的有效内涵,有利于提高商品的身价。一般适用于以大众所熟知的名贵原材料制造的商品,如西洋参蜂皇浆、人参珍珠霜等。

4. 以其外观造型命名

以商品的外观造型命名,有利于消费者从字义上了解该商品的特征,如绿豆、喇叭裤、宝塔纱、纸管等。

5. 以其褒义词命名

这种命名方法能突出商品的使用效能和特征,有利于促进消费者的购买欲望,如青春宝、太阳神口服液等。

6. 以人物名字命名

此即以著名的历史人物或传说中的人物命名,其目的在于引起消费者的注意和兴趣,如孔府家酒等。

7. 以制作工艺命名

这种命名方法目的在于提高商品的威望,增强消费者对该商品的信任,如二锅头烧酒、精制油等。

二、品名条款的内容

国际货物买卖中交易双方的交易标的都是具体的商品。买卖合同中的标的物条款一般比较简单,在我国及国际上的通常做法,合同的标的物一般是在"品名"或"商品名称"的标题下,列明缔约双方同意买卖的商品的名称,故又称之为"品名条款"。但是有时品名条款也可以包括在质量条款中,出现品名条款和质量条款合并的情况。

三、规定品名条款的注意事项

(一)内容明确、具体,并能反映标的物的特点

应选用商品的科学名称,避免笼统地概括和形容,避免产生误解,造成贸易纠纷。

(二)尽可能使用国际上通行的名称

世界各地甚至一个国家的不同地区对同一种商品的名称可能有不同的叫法。为避免误解,尤其是一些不以样品或实物交易的商品名称,应使用国际上通用的叫法。如果有不同的叫法,双方应提前有所约定。

(三)选择有利于减低关税或方便进口的名称

商品品名的不同会带来缴纳关税税额的不同和运费不同,有时会出现所受到的配额约束不同的现象。因此,在确定品名时,应注意有关国家的海关税则和进出口限制的有关规定。为节省开支、减少关税负担和避免非关税壁垒的限制,应选择恰当的、对我方有利的名称。

(四)在交易中做不到或不必要的描述性的词句,都不应列入品名条款

对某些成交的商品如需要在品名条款中作进一步描述时,其描述性的词语应当运用得当,既不能漏掉必要的描述,也不应列入不切实际或不必要的描述,以免给履约造成困难和引起争议。例如,成交商品有编号、商标或等级的,应将其编号、商标、等级列明;没有的,不宜随意加列其他说明。

第二节 商品的品质

商品的品质(Quality of Goods)是指商品的"内在质量"和"外观形式"的综合。商品的"外观形态"是通过人们的感觉器官可以直接获得的商品的外形特征。商品的"内在质量"是指商品的物理性能、化学成分、生物特征、技术指标和要求等,一般须借助各种仪器、设备分析测试才能获得。品质的优劣不仅关系到商品的使用效能,影响着商品售价的高低、销售数量和市场份额的增减,买卖双方经济利益的实现程度,而且还关系到商品信誉、企业信誉、国家形象和消费者的利益。因此,合同中的品质条件是构成商品说明的重要组成部分,是买卖双方交接货物的基本依据之一。

一、商品品质的规定方法

(一)以实物样品表示商品品质

以实物样品表示商品品质即指买卖双方在洽商时,由卖方或由买方提出少量足以代表商品质量的实物作为样品,要求对方确认,样品一经确认便成为买卖双方交接货物的质量依据。此法包括凭成交商品的实际品质和凭样品两种方法,前者称"看货买卖",后者称"凭样品买卖"(sale by sample)。这是由于这些商品本身的特点难以用文字说明表示商品质量,或者出于市场习惯而采用的一种方法。

1. 看货买卖

当买卖双方采用看现货成交时,买方或其代理人通常在卖方存放货物的场所验看货物,一旦达成交易,卖方就应按对方验看过的商品交货。只要卖方交付的是验看过的货物,买方就不得对品质提出异议。这种做法多用于寄售、拍卖和展卖业务中。

2. 凭样品买卖

样品通常是指从一批商品中抽出来的,或由生产部门和使用部门设计、加工出来的,足以反映和代表整批商品品质的少量实物。

当提供样品的一方为买方时,称为买方样(buyer's sample);当提供样品的一方为卖方时,称为卖方样(seller's sample)。国际货物买卖中的样品大多由卖方提供,当然,凭买方样品达成交易的也不少见。需要注意的是,不管是买方样还是卖方样,样品的选择均要有代表性。

"凭卖方样品买卖"时,卖方所提供的能充分代表日后整批交货品质的少量实物,可称为原样(original sample),也称代表性样品(representative sample),或称标准样品(type sample)。向买方送交样品时,卖方应留存的一份或数份同样的样品,称为复样(duplicate sample),也称留样(keep sample),以备将来组织生产、交货或处理质量纠纷时作核对之用。

"凭买方样品买卖"时,在我国也称为"来样成交"。由于买方熟悉目标市场的需求状况,买方提供的样品往往更能直接地反映出当地消费者的需求。买方出样在我国出口交易中有时也采用,但在确认按买方提交样品成交之前,卖方必须充分考虑按来样制作特定产品所需要的原材料供应、加工技术、设备和生产安排的可行性,以确保日后正确履行合同。

在实际业务中,如卖方认为按买方来样供货没有十分把握,则可根据买方来样仿制或从现有货物中选择品质相近的样品提供给买方。这种样品称为对等样品(counter sample)或回样(return sample)。如买方同意采用回样交易,就等于把"凭买方样品买卖"演变为"凭卖方样品买卖"。

为了避免买卖双方在履约过程中产生质量争议,必要时还可使用封样(sealed sample),即由第三方或由公证机关在一批货物中抽取同样质量的样品若干份,每份样品采用铅丸、钢卡、封条等各种方式加封识别,由第三方或公证机关留存一份备案,其余供当事人使用。

(二)以说明表示商品的品质

以说明表示商品的品质即以文字、图表、照片等方式说明商品品质,包括如下内容。

1. 凭规格买卖(Sale by Specification)

商品的规格(Specification)是指用来反映商品品质的若干主要指标,如成分、含量、纯度、长短、大小、粗细等。各种商品,由于品质的特点不同,规格的内容也各不相同。加工贸易业务双方通过文字说明商品的规格,就能说明商品品质的基本情况。例如:电视机的主要规格是电压、功率等;管状商品的规格是直径、内径、外径的尺码。下面分别看看电视机、中国芝麻和印花布的品质规格。

条款示例 2-1

金星牌彩色电视机：型号 SC374，制式 PAL/BG，电压 220V，双圆头插座带遥控

条款示例 2-2

中国芝麻：水分（最高） 8%，杂质（最高） 2%，含油量（湿态，乙醚浸出物） 52%

条款示例 2-3

印花布	（支数）	（每英寸）	（英寸）
	30×36	72×69	35/36
	纱支	纱线密度	幅度

用规格来确定商品品质的方法，称为凭规格买卖。一般说来，凭规格买卖比较方便、准确，在国际贸易中应用较广。

2. 凭等级买卖（Sale by Grade）

同类商品按照规格中若干主要指标的差异，用文字、数字或符号来表示商品品质上的差异，把一种商品分为若干等级。如用大、中、小，甲、乙、丙，一、二、三等文字、数字或符号所做的分类。

条款示例 2-4

AA 级鲜鸡蛋，蛋壳浅棕色，清洁，大小均匀

AA 级　每枚鸡蛋净重 60～65 克
A 级　　每枚鸡蛋净重 55～60 克
B 级　　每枚鸡蛋净重 50～55 克
C 级　　每枚鸡蛋净重 45～50 克
D 级　　每枚鸡蛋净重 40～45 克
E 级　　每枚鸡蛋净重 30～40 克

3. 凭标准买卖（Sale by Standard）

标准（Standard）是指商品规格的标准化。商品的标准一般指经标准化组织、政府机关或商业团体等统一制定和公布的规格或等级，世界各国都有自己的标准。另外，还有国际标准和国外先进标准。国际标准是指国际标准化组织（ISO）制定的标准、国际电工委员会（IEC）制定的标准以及其他国际组织规定的某些标准，例如 ISO 9000 质量管理和质量保证系列标准以及 ISO 14000 环境管理系列标准等。

我国是国际标准化组织理事国，1992 年 10 月，我国技术监督局将 ISO 系列标准等效转换为 GB/T 19000 系列国家标准，于 1993 年 1 月 1 日起实施。实施 ISO 的这两个一体化

管理体系，有助于改善和提高我国企业和产品在国内外消费者、客户中的形象，降低经营及管理成本，使我国产品适应国际市场对于产品在质量上的新需求，提高我国产品的国际竞争能力。

一般地，在加工贸易业务中，只要在政治上无不良影响，我方加工贸易产品又能达到外商所规定的国外品质标准和检验方法，就可以接受国外客户的加工贸易合同，按照国外规定的品质标准检验。应当注意的是，由于各国的检验标准常随生产技术的发展而进行修改和变动，同一国家颁布的某类商品的标准有不同年份的版本。版本不同，品质标准往往也不相同。因此，我们在援引国外标准时，必须标明所用标准的版本年份，以免发生纠纷。

条款示例 2-5

利福平　符合 1993 版英国药典（BP）

有时厂商也自行制订产品标准，经买卖双方洽商后采用。例如，买卖一些质量容易变化的农副产品及品质构成条件复杂的某些工业制成品。

以标准物表示交易商品质量的两种方法。

（1）良好平均品质（Fair Average Quality，F.A.Q.）。

F.A.Q.指一定时期内某地出口货物的平均品质水平，一般是指中等货，也称大路货。在标明大路货的同时，通常还约定具体规格作为品质依据。由于这种标准比较笼统，除了注明 F.A.Q.字样以外，还要定明商品的具体规格指标。

条款示例 2-6

中国大米　2000 年　　　F.A.Q.
水分（最高）　15%　　　杂质（最高）　1%　　　碎粒（最高）　35%

条款示例 2-7

中国桐油　良好平均品质（F.A.Q.）　　游离脂肪酸不超过 4%

（2）上好可销品质（Good Merchantable Quality，G.M.Q.）。

G.M.Q.指卖方交货品质只需保证为上好的，适合于销售的品质即可。显然这种标准太过于笼统，一般只适用于木材或冷冻鱼类等物品。我国在对外贸易中很少用。

4. 凭品牌或商标买卖（Sale by Brand or Trade Mark）

在国际贸易中，有些商品的牌名（Brand）或商标（Trade Mark）所代表的商品品质较好、较为稳定且在市场上已形成一定声誉时，贸易双方可据以成交。凭品牌或商标买卖适用于日用消费品、耐用消费品、品质稳定的其他工业制成品及经过加工的农副产品，如加工食品等。

条款示例 2-8

MAXAM Brand 美加净牌牙膏

5. 凭产地名称或凭地理标志买卖（Sale by Name of Origin or Sale by Geographical Indication）

有些商品凭产地、地名确定品质，特别是农副土特产品，受产地的自然条件和传统的生产技术影响较大，一些历史较长、条件较好地区的产品，由于品质优良并且有一定的特点，产地名称就成为代表该项产品品质的重要标志。例如，法国香水、中国东北大豆、四川榨菜等商品就是使用产地来表示商品品质的。

6. 凭说明书和图样买卖（Sale by Description and Illustration）

在进出口贸易中，有些机电、仪器，特别是成套设备类商品，由于功能与结构复杂，型号繁多，安装、使用和维修要求严格，所以确定此类商品品质不能用几项指标说明，除了规定牌名、规格外，还需要有详细的说明书、技术图表、设计安装图纸或照片等来完整地说明其具有的质量特征。例如，在合同中规定"品质和技术数据必须与卖方所提供的产品说明书相符合"。

以上表示商品品质的方法，可以单独运用，也可以根据商品的特点、市场或交易的习惯，将几种方式结合运用。例如，有的交易既使用商标、牌名或地名，又列有商品的规格等。因此有以下三点说明。

（1）在实践中，一般只采用样品或者文字说明中的一种方式来表示。如果有些商品需要既用文字说明又用样品表示质量，则一旦成交，卖方必须承担交货质量既符合文字说明又符合样品的责任。

（2）在实际业务中，可以使用一种文字说明的方法，也可以同时使用两种或两种以上文字说明表示质量的方法，但要注意文字上不能有冲突。

（3）有些特殊商品（如珠宝、工艺品等）的交易可按照"看货成交"方式进行。

总之，卖方应根据商品的特点、市场习惯和实际需要，适当地选用适合于有关商品的表示质量的方法，以利于销售，并维护其自身利益。

二、买卖合同中的品质条款

（一）品质条款的基本内容

表示商品品质的方法不同，合同中品质条款的内容也不尽相同。在凭样品买卖时，合同中除了要列明商品的名称外，还应订明确认样品的编号及确认日期；在凭文字说明买卖时，合同中应明确规定商品的名称、规格、等级、标准、品牌、商标或产地名称等内容。

（二）品质机动幅度条款

品质机动幅度是指对某些初级产品，由于卖方所交货物品质难以完全与合同规定的品质相符,为便于卖方交货,往往在规定的品质指标外,加订一定的允许幅度,卖方所交货物品质只要在允许的幅度内,买方就无权拒收,但可根据合同规定调整价格。

具体方法如下。

(1) 规定范围,指对某项商品的主要质量指标规定允许有一定机动的范围。

条款示例 2-9

棉坯布　宽度 41/42

(2) 规定极限,指对某些商品的质量规格,规定上下极限。如最大、最多、最高,最小、最少、最低等。

条款示例 2-10

白籼米　长形,碎粒(最高)25%

(3) 规定上下差异,即在规定某一具体质量指标的同时,规定必要的上下变化幅度。有时为了包装的需要,也可订立一些灵活办法。

条款示例 2-11

灰鸭毛　含绒量 18%　允许上下差异 1%

(三) 品质公差

品质公差(Quality Tolerance)是指工业制成品由于科技水平或生产水平所限而产生的公认的误差。如手表走时每天误差若干秒。在国际贸易中,卖方所交付的商品品质只要在合同规定的品质幅度内,买方不得拒收货物。品质公差可以由买卖双方共同议定,也可以采用国际同行业所公认的误差。品质公差可以按比例计算增减价格,也可以在公差以内不计算增减价格。例如,我国出口芝麻时,常在合同中规定:

"中国芝麻,水分(最高)8%,杂质(最高)2%,含油量(湿态,乙醚浸出物)52%为基础;如果实际装运货物的含油量高或低 1%,价格相应增减 1%,不足整数部分,按比例计算。"

(四) 订立品质条款还应该注意的问题

(1) 在交易磋商中,双方要做到友好协商,要尊重对方的贸易权利,贯彻"平等互利"、"重合同、守信用"的原则。

(2) 要合理使用表示商品品质的方法。对于我国出口的商品,在条件允许的条件下,应该尽量采用以商标、产地名称来表示商品品质的方法,以提高商品和企业的国际声誉。但当对方不能接受时,也应考虑其他方法。对于我方进口的商品,品质条款应该订得尽量详细些,以免因理解的差异而发生争议。

（3）尽量采用一种方法表示商品品质，这样，可以简化检验和交货等很多手续，也可以减少分歧。如果双方商定用两种或两种以上的方法表示商品品质时，应该在条款中说明所使用方法的主次，以免因方法选择次序的差别或双方强调的内容不一致而发生争议。

（4）进口合同中的品质条款应该尽量详细。如果进口的是机械设备，还应注意说明零配件的品质要求及供货办法等。

（5）条款中的用词要明确恰当，以便明确双方的权利和义务。

第三节 商品的数量

商品不仅表现为一定的质，同时也表现为一定的量。数量的多少既关系到一笔交易规模的大小，又会影响到消费者的使用和市场的变化。商品的数量是指以一定的度量衡单位表示的商品的重量、数量、长度、面积、体积、容积等。国际上常用的度量衡制度有公制、英制、美制和国际单位制。商品的数量是国际货物买卖合同中不可缺少的主要条件之一。按照某些西方国家的法律规定，卖方交货数量必须与合同规定相符，否则，买方有权提出索赔，甚至拒收货物。《联合国国际货物销售合同公约》规定，按约定的数量交付货物是卖方的一项基本义务。

一、计量单位

目前，在国际贸易中，一般采用下述六种方法来说明商品的计量单位。

（1）重量（Weight）单位，如公吨、长吨、短吨、公担、公斤等。

（2）容积（Capacity）单位，如公升、加仑、蒲式耳等。

（3）数量（Number）单位，如只、件、双、台、套、架等。

（4）长度（Length）单位，如码、英尺、厘米、米等。

（5）面积（Area）单位，如平方米、平方码、平方英尺、平方英寸等。

（6）体积（Volume）单位，如立方码、立方米、立方英尺等。

二、计量方法

国际贸易中，按重量计量的商品很多，计算重量的方法主要如下。

1. 毛重（Gross Weight）

毛重是指商品本身的重量加包装物的重量，这种计重办法一般适用于低值商品。

$$毛重＝净重＋皮重（包装的重量）$$

2. 净重（Net Weight）

净重是指商品本身的重量，即除去包装物后的商品实际重量（净重＝毛重－皮重）。《联合国国际货物销售合同公约》规定："如果价格是按货物的重量规定的，如有疑问，应按净重确定。"不过有些价值较低的农产品或其他商品，有时也采用"以毛作净"（Gross for Net）的办法计重，即以毛重当作净重计价。例如，蚕豆100公吨，单层麻袋包装，以毛作净。

在国际贸易中去除皮重的方法如下：

（1）按实际皮重（Real Tare），即将整批商品的包装逐一过秤，算出每一件包装的重量和总重量。

（2）按平均皮重（Average Tare），即从全部商品中抽取几件，称其包装的重量，除以抽取的件数，得出平均数，再以平均每件的皮重乘以总件数，算出全部包装重量。

（3）按习惯皮重（Customary Tare），即某些商品的包装比较规格化，已经形成一定的标准，可按公认的标准单件包装重量乘以商品的总件数，得出全部包装重量。

（4）按约定皮重（Computed Tare），即买卖双方以事先约定的单件包装重量，乘以商品的总件数，求得该批商品的总皮重。

3. 公量（Conditioned Weight）

公量是指在计算货物重量时，用科学仪器抽去商品中所含的水分，再加上标准含水量所求得的重量。有些商品，如棉花、羊毛、生丝等，有比较强的吸湿性，所含的水分受客观环境的影响较大，其重量也就很不稳定，为了准确计算这类商品的重量，国际上通常采用按公量计算，即商品的干净重加上国际公定回潮率与干净重的乘积所得出的重量，即：

$$公量＝商品的干净重＋国际公定回潮率×商品的干净重$$
$$＝[商品实际重量×(1＋公定回潮率)]÷(1＋实际回潮率)$$

其中：实际回潮率＝(实际含水量÷商品干净重)×100%；

公定回潮率＝(公定含水量÷商品干净重)×100%。

4. 理论重量（Theoretical Weight）

对于一些按固定规格生产和买卖的商品，只要其重量一致，每件重量大体是相同的，所以一般可以从件数推算出总量。但是，这种计重方法是建立在每件货物重量相同的基础上的，重量如有变化，其实际重量也会发生差别，因此，只能作为计重时的参考。适用商品有马口铁、钢板等。

5. 法定重量（Legal Weight）

按照一些国家海关法的规定，在征收从量税时，商品的重量是以法定重量计算的。法定重量是指纯商品的重量加上直接接触商品的包装物料，如内包装等的重量。

$$法定重量＝纯商品的重量＋内包装的重量$$

6. 净净重（Net Net Weight）

纯商品的重量扣除内包装的重量及其他包含杂物（如水分）的重量所表示出来的纯商品的重量，则称为实物**净净重**，净净重的计量方法主要在海关征税时使用。

净净重＝纯商品的重量－包含杂物的重量

在国际贸易实务中，如果货物是按重量计量和计价，而买卖双方没有明确采用何种方法计算重量和价格时，应按净重计量和计价。

三、国际贸易中常用的度量衡制度

在选择计量单位时，还要注意的是所采用的度量衡制度。同一计量单位在不同的度量衡制度中表示的实际数量是不一样的，如吨，有公吨、长吨、短吨之分（1 公吨＝1 000 千克；1 长吨＝1 016 千克；1 短吨＝907.2 千克）。

国际贸易中通常使用的度量衡制度有四种：公制，又称米制（Metric System）；美制（U.S. System）；英制（British System）；国际单位制（International System of Units）。

国际单位制由国际标准计量组织大会于 1960 年通过，已被越来越多的国家所采用。我国的法定计量单位同样采用国际单位制。除了个别领域外，基本都采用法定计量单位。所以在出口合同中，除非照顾对方国家贸易习惯，否则一般也应采用法定计量单位。

四、数量条款

（一）数量条款的基本内容

1. 英国法律规定

卖方交付货物的数量如果少于约定数量，买方可以拒收货物；卖方实际交货数量多于约定数量，买方可以只接受约定数量而拒收超过部分，也可以全部拒收。

2. 《联合国国际货物销售合同公约》规定

卖方必须按合同数量条款的规定如数交付货物；如果卖方交货数量多于约定数量，买方可以收取，也可以拒绝收取多交部分货物的全部或一部分；如果卖方实际交货数量少于约定数量，卖方应该在规定的交货期届满前补交，但不得使买方遭受不合理的不便或承担不合理的开支，同时买方保留要求损害赔偿的任何权利。

（二）数量的机动幅度条款

买卖合同中的数量机动幅度条款又叫做溢短装条款（more or less clause），就是在规定具体数量的同时，再在合同中规定允许多装或少装的一定百分比。卖方交货数量只要在允许增减的范围内即为符合合同的有关交货数量的规定。

1. 规定机动幅度的方法

（1）采用大约、近似、左右等伸缩性词语。按《跟单信用证统一惯例》，此类用词可解释为交货数量有不超过 10% 的增减幅度。

（2）具体规定一个百分比的机动幅度。例如：5 000 公吨，卖方可溢装或短装 5%（5 000 M/T，WITH 5% MORE OR LESS AT SELLER'S OPTION）。按此规定，卖方实际交货数量应该为 4 750 M/T～5 250 M/T 之间，买方不得提出异议。

（3）机动幅度的选择权，最好在合同中明确规定。在数量条款中，除了规定机动幅度和机动幅度的选择权外，还应该涉及溢短装部分的计价问题。通常按合同价格计算，也可在合同中约定多装或少装部分，不按合同价计价，而采用装船时或货到时的市价计算。例如：8 000 公吨，为了适应舱容需要，卖方可溢装或短装 5%，溢装或短装部分按合同价格计算。溢装或短装下的货款总额＝合同单价×实际交货数量（在数量机动范围内）。

2．机动幅度的选择权

（1）由卖方决定（at seller's option）。在合同规定有机动幅度的条件下，大多数是由卖方行使多交或少交的选择权。

（2）由买方决定（at buyer's option）。在采用 FOB 术语成交，买方派船装运或租船订舱时，数量的机动幅度一般由买方来决定。

（3）由承运人决定（at ship's option）。无论是采用 FOB、CFR，还是 CIF 术语成交，在涉及租船运输时，一般由承运人、由承运人和买方，或者由承运人和卖方来决定。

（三）规定数量条款时应注意的问题

1．合理掌握交易数量

（1）对于产品出口，企业应该根据外商的资信情况与经营能力确定成交数量，防止不能及时、安全地收汇的现象发生，给企业造成重大的经济损失。

（2）对于产品出口，企业应该密切注意市场供求关系的变化，保持稳定、均衡的供应数量，以有利于提高商品竞争力和合理的市场价格，促进巩固和发展出口市场。

（3）对于商品进口，企业也应该根据市场行情的变化周期和规律，适时地选择商品进口的时机，以便更好地获得市场效益。

2．数量条款用词要明确、严密、具体

在制订商品数量条款时用词一定要明确、严密、具体，特别是在使用计量单位术语时，更要慎之又慎。例如，某国某进口贸易公司通过边贸方式向邻近地区出口某种建筑用岩石，其所报的价格为 USD 15 per truck，即每卡车该岩石为 15 美元。由于未注明所指卡车的载重量，因此对方所派卡车载重量从 5 吨逐步增加到 20 吨，使该进出口公司损失严重。后来经过调解协商，报价改为 USD 3 per M/T，即每公吨 3 美元，才避免了更大的损失。

3．合理订立认定交货数量的时间和地点

国际贸易中，由于长途运输及其他各种原因，有些货物的数量可能会发生一些变化，这种变化应该是与确定数量的时间、地点有关系的，因此，在合同中确定何时何地的数量为交货数量就显得十分重要。在国际货物买卖中，确定交货数量的时间和地点一般有以下几种规定方法。

（1）出厂数量条件（plant quantity terms），指交付数量以出厂时核准的数量为准。利用这种方法确定交货数量，对于途中发生的短缺、损耗等问题，卖方不负任何责任，因此，这种条件对卖方有利。

（2）装运数量条件（shipping quantity terms），指交货数量以装运时在装运港（地）的装货数量为准。卖方只负责装运数量与合同数量相符，如果途中发生短缺等情况卖方概不负责。例如，FOB条件交易的数量条款，就是以装运港的装运数量为准。这种条件也是对卖方比较有利。

（3）卸货数量条件（landed weight terms），指交货数量以目的港卸货上岸检验的数量为准。在此条件下，卖方对于运输途中所发生的数量短缺等问题要负责任。

（4）装卸平均数量条件（terms of mean of shipping and landed quantity），指以装运数量和卸货数量的平均数作为交货数量的条件。

（5）买方营业处所数量条件（buyer's premises quantity terms），指交货数量以货物运抵买方所在地指定地点（营业厅、仓库）后的数量为准。随着集装箱和国际多式联运方式的发展，这种数量条件将日益增多。显然，该条件对买方比较有利。

在交易中，可以在选定的价格条件、运输方式及其他具体情况的基础上，买卖双方经过协商确定采用何种交付数量条件。

第四节　商品的包装

商品的包装（Packing of Goods），是指为了有效保护商品品质的完好和数量的完整，采用一定的方法将商品置于合适容器中的一种措施。国际贸易货物，除了少数不必包装，可直接装入运输工具中的散装货（Bulk Cargo），以及在形态上自成件数、无需包装或略加捆扎即可成件的裸装货（Nude Cargo）以外，绝大多数商品都需要有适当的包装。

一、商品包装的种类

按包装在流通过程中所起作用的不同，可分为运输包装和销售包装。

（一）运输包装

运输包装（Transport Packing）又称外包装（Outer Packing），其主要作用在于保护商品和防止出现货损货差。运输包装的方式和造型多种多样，用料和质地各不相同。在国际贸易中，买卖双方究竟采用何种运输包装，应在合同中具体订明。

1. 运输包装的种类

运输包装根据包装材料和包装方法的不同，可分为箱（case）、包（bundle, bale）、桶（drum, cask）、袋（bag）、篓、罐等。运输包装除了上述各种单件包装外，还有集合包装。所谓集合包装是指在单件包装的基础上，把若干单件组合成一件大包装，以适应港口机械化作业的要求。集合包装能更好地保护商品，提高装卸效率，节省运输费用。常见的集合包装方式有托盘、集装袋和集装箱。

2．运输包装的标志

在运输包装上有时要涉及包装标志的问题。**包装标志**是指在商品的包装上书写、压印、刷制各种有关的标志，以便识别货物，有利于装卸、运输、仓储、检验和交接工作的顺利进行。包装标志按其用途可分为运输标志、指示性标志和警告性标志三种。

（1）运输标志（Shipping Mark）。**运输标志**又称唛头，是由一个简单的几何图形和一些字母、数字及简单的文字组成。其主要内容包括：目的地的名称或代号；收、发货人的代号；件号、批号。

此外，有的运输标志还包括原产地、合同号、许可证号和体积与重量等内容。运输标志的内容繁简不一，由买卖双方根据商品特点和具体要求商定。

鉴于运输标志的内容差异较大，有的过于繁杂，不适应货运量增加、运输方式变革和电子计算机在运输与单据流转方面应用的需要。因此，联合国欧洲经济委员会简化国际贸易程序工作组，在国际标准化组织和国际货物装卸协调协会的支持下，制定了一项运输标志向各国推荐使用。

该标准化运输标志包括：收货人或买方名称的英文缩写字母或简称；参考号，如运单号、订单号或发票号；目的地；件号。

至于根据某种需要而须在运输包装上刷写的其他内容，如许可证号等，则不作为运输标志必要的组成部分。

条款示例 2-12

ABC	收货人代号
S/C2002	参考号
LONDON	目的地
1/25	件数代号

（2）识别标志（Identification Mark）。识别标志又称通知标志。通常包括：商品货号，商品名称，装容数量，毛、净重，包件尺码，产地或生产国别等。

（3）指示标志（Indicative Mark）。指示标志是根据商品的特性，对一些容易破碎、残损、变质的商品，在搬运装卸操作和存放保管条件方面所提出的要求和注意事项，用图形或文字表示的标志。如图 2-1 中列举的是一些常用的指示性标志。

图 2-1　常用的指示性标志

（4）警示标志（Warning Mark）。警示标志又称危险品标志（dangerous cargo mark），是指凡在运输包装内装有爆炸品、易燃物品、有毒物品、腐蚀物品、氧化剂和放射性物资等危险货物时，都必须在运输包装上标明用于各种危险品的标志，以示警告，使装卸、运输和保管人员按货物特性采取相应的防护措施，以保护物资和人身的安全。

在我国出口危险货物的运输包装上，要标明我国和国际上所规定的两套危险品标志。如图 2-2 中列举了《国际海上危险货物运输规则》所规定的一些危险品标志。

（符号：黑色或白色，底色：正红色）　　（符号：黑色，底色：白色）　　（符号：黑色，底色：白色，附一条红竖条）

图 2-2　危险品标志

（二）销售包装（Sale Packing）

销售包装又称内包装（Inner Packing），是在商品制造出来以后以适当的材料或容器所进行的初次包装，是直接接触商品并随商品进入零售网点和消费者直接见面的包装，这类包装除了必须具有保护商品的功能外，更应具有促销的功能。因此，对销售包装的造型结构、装潢画面和文字说明等方面，都有较高的要求。

1．销售包装的种类

销售包装可采用不同的包装材料和不同的造型结构与式样，这就导致销售包装的多样性，究竟采用何种销售包装，主要根据商品特性和形状而定。常见的销售包装种类如下。

（1）挂式包装。可在商店货架上悬挂展示的包装，其独特的结构，如吊钩、吊带、挂孔、网兜等，可充分利用货架的空间陈列商品。

（2）堆叠式包装。这种包装通常指包装品顶部和底部都设有吻合装置，使商品在上下堆叠过程中可以相互咬合，其特点是堆叠稳定性强，大量堆叠而节省货位，常用于听装的食品罐头或瓶装、盒装商品。

（3）便携式包装。包装造型和长宽高比例的设计均适合消费者携带使用的包装。如有提手的纸盒、塑料拎包等。

（4）一次用量包装。又称单位包装、专用包装或方便包装，以使用一次为目的的较简单的包装。如一次用量的药品、饮料、调味品等。

（5）易开包装。包装容器上有严密的封口结构，使用者不须另备工具即可容易地开启。易开包装又分为易拉罐、易开瓶和易拉盒等。

（6）喷雾包装。在气密性容器内，当打开阀门或压按钮时，内装物由于推进产生的压力能喷射出来的包装。例如香水、空气清新剂、清洁剂等包装。

（7）配套包装。将消费者在使用上有关联的商品搭配成套，装在同一容器内的销售包装。如工具配套袋、成套茶具的包装盒等。

（8）礼品包装。专作为送礼用的销售包装。礼品包装的造型应美观大方，有较高的艺术性，有的还使用彩带、花结、吊牌等。它的装潢除了给消费者留下深刻印象外，还必须具有保护商品的良好性能。使用礼品包装的范围极广，如糖果、化妆品、工艺品、滋补品和玩具等。

2. 销售包装的装潢和文字说明

销售包装的装潢，通常包括图案与色彩。装潢应美观大方，富于艺术吸引力，并突出商品的特性。同时，还应适应进口国或销售地区的民族习惯和爱好，以利于扩大出口。文字说明通常包括商品名称、商标品牌、数量规格、成分构成与使用说明等内容。这些文字说明应与销售包装的装潢画面紧密结合、和谐统一，以达到树立产品及企业形象、提高宣传和促销的目的。使用的文字说明或粘贴、悬挂的商品标签、吊牌等，还应注意不违反有关国家的标签管理条例的规定。例如，有的国家明文规定所有进口商品的文字说明必须使用本国文字。

3. 物品条形码的标志

（1）条形码概述。在销售包装上，除了附有装潢画面和文字说明外，有的还印有条形码的标志。目前，世界上许多国家都在商品包装上使用条形码。**条形码**（Product Code）是一种产品代码，由一组带有数字的黑白及粗细间隔不等的平行条纹所组成，这是利用光电扫描阅读设备为计算机输入数据的特殊的代码语言。只要将条形码对准光电扫描器，计算机就能自动地识别条形码的信息，确定品名、品种、数量、生产日期、制造厂商、产地等相关信息，大大地提高了商品管理效率。

（2）商品包装的两种条形码。条形码自问世以来，为适应多种需要，产生了众多的编码系统，但目前得到国际公认用于商品包装的主要有两种，即 UPC 和 EAN。这两种编码系统属于同一类型，每个字符均由数条黑白相间的条纹组成，中间有两条窄条纹向下伸出少许，将条形码分成左右两部分。

① UPC 条形码。UPC 条形码是由美国和加拿大共同组织的"统一编码委员会"（Universal Code Council，UCC）选定以 IBM 公司提出的 Dalta-Distance 为基础而通过的。UPC 码（Uniform Product Code）作为美国、加拿大产品统一的标识符号。

② EAN 条形码。EAN 条形码是欧共体的"欧洲物品编码协会"（European Article Numbering Association，EAN）吸取了 UPC 的经验而确立的物品标识符号。该协会于 1977 年改名为"国际物品编码协会"（International Article Numbering Association）。迄今为止，使用 EAN 条形码的该协会成员国已有数十个，除欧洲外，亚洲许多国家也使用此码，我国于 1991 年 7 月参加该协会。

由于国际上存在这两种编码系统,因此,我国产品销往美国、加拿大应使用 UPC 码,而出口到其他国家和地区则须使用 EAN 码。

③ 两种条形码的构成。UPC 和 EAN 两种条形码虽然同属于一个类型,但由于 EAN 码是在 UPC 码基础上形成的,而且有所发展和创新,因此,在技术上,EAN 系统的光电阅读器可以阅读 UPC 系统的条码,而 UPC 系统的光电阅读器却不能阅读 EAN 码。这两种条形码的构成如下。

- UPC 的构成:由 11 位数字的通用产品代码和 1 位校验码组成。产品代码的第 1 位数字为编码系统字符;中间 5 位数字表示制造商号,后 5 位数字为产品代码。
- EAN 码的构成:由代表 12 位数字的产品代码和 1 位校验码组成。产品代码的前 3 位为国别码;中间 4 位数字为制造商号;后 5 位数字为产品代码。

EAN 码的国别码由 EAN 总部分配管理。1988 年 12 月,我国建立了"中国物品编码中心",负责推广条形码技术,并对其进行统一管理。1994 年 4 月,我国正式加入国际物品编码协会。该协会分配给我国的国别代码为"690"～"695"。此外,我国书籍代码为"978",杂志代码为"977"。凡标有上述国别号条形码的,即表示是中国生产的商品。

(三) 中性包装和定牌生产

采用中性包装(Neutral Packing)和定牌生产,是国际贸易中常用的习惯做法。

中性包装是指包装上不标明生产国别、地名和厂商名称,也就是说,在出口商品包装的内外,都没有原产地和厂商的标记。

中性包装包括无牌中性包装和定牌中性包装两种。前者是指包装上既无生产国别和厂商名称,又无商标或品牌;后者是指包装上仅有买方指定的商标或品牌,但无生产国别和厂商名称。

采用中性包装,是为了打破某些进口国家与地区的关税和非关税壁垒,以及适应交易的特殊需要(如转口销售等);它是出口国家厂商加强对外竞销和扩大出口的一种手段。为了把生意做活,我们对国际贸易中的这种习惯做法,也可酌情采用,但使用时要注意避免发生知识产权纠纷。

定牌是指卖方按买方要求在其出售的商品或包装上标明买方指定的商标或牌号,这种做法也叫定牌生产。卖方同意采用定牌,是为了利用买方(包括生产厂商、大百货公司、超级市场和专业商店)的经营能力及其企业商誉或名牌声誉,以提高商品售价和扩大销售数量。

无牌是指买方要求在我出口商品或包装上免除任何商标或牌名的做法。此法主要用于一些尚待进一步加工的半制成品。

这里需要注意的是:除非另有约定,否则采用定牌和无牌时,在我出口商品或包装上均须标明"中国制造"字样。

二、合同中的包装条款

包装是货物说明的重要组成部分,包装条件是买卖合同中的一项主要条件。按照某些国家的法律规定,如卖方交付的货物未按约定的条件包装,或者货物的包装与行业习惯不符,买方有权拒收货物。如果货物虽按约定的方式包装,但却与其他货物混杂在一起,那么买方可以拒收违反约定包装的那部分货物,甚至可以拒收整批货物。

(一)国际货物买卖合同中包装条款的基本内容

包装条款一般包括包装材料、包装方式、包装规格、包装标志和包装费用的负担等内容。

条款示例 2-13

In wooden cases of 50 kilos net each　　木箱装,每箱净重 50 千克

条款示例 2-14

In iron drums or cardboard drums of 60 kilos net　　铁桶或纸板桶装,每桶净重 60 千克

(二)包装材料和包装方式的规定

买卖合同中,对于包装材料和包装方式通常有两种规定方法:一种是作具体规定,例如,纸箱装,每箱装 30 打(packing: in cartons containing 30 doz. each);另一种是使用含义笼统的术语,如"适合海运包装"(seaworthy packing)等。对于后者,除非买卖双方就包装材料和包装方式事先已经达成共识或另外订有协议,否则不宜采用,以免产生争议。

(三)包装费用的规定

包装费用一般已包含在商品货价之内,不另计价;但如买方要求特殊包装,则超出的包装费用由何方负担,应在买卖合同中做出具体的规定。如由买方负担,则还应该规定这部分费用的支付时间和方法。

例如:布包,每包 10 匹,每匹 40 码;须用坚固的新木箱,适合长途海运,防湿、防潮、防震、防锈、耐粗暴搬运。由于包装不良、采用不坚固或者没有妥善的防护措施而造成的任何损失,卖方应负担由此而产生的一切费用和损失。

(四)订立包装条款时应注意的问题

在国际贸易中,包装是交货的重要条件之一,如果发生交货包装与合同规定有重大不符合等情况,买方可以索赔损失甚至拒收货物。因此,我们在订立包装条款时,应注意以下几个问题。

(1)对国外客户提出的包装要求,要实事求是地分析我方能否办到,不可轻易接受;尤其是某些包装材料的选择,更要慎之又慎。

(2)采用笼统订立包装条款的方法时,要注意尽量不采用"适合海运包装"(seaworthy packing)、"习惯包装"(customary packing)或"卖方惯用包装"(seller's usual packing)之

类的术语。这类术语含义不够明确,可能会由于各国对其意义的理解不同而引起争议。如果一定要使用这些术语,应该对这类术语加上比较明确的解释,或者注明"由于卖方包装的过错造成设备和材料的任何损坏,将由卖方修理或更换"(Any equipment and materials which are damaged due to the seller's packing fault shall be repaired or replaced by the seller)。要对卖方的行为加以限制,以免引起不必要的责任纠纷。

(3)如果出口商品已经有了标准包装,在拟定包装条款时,应具体订明,并力争让对方接受这种包装。如果对方拒绝利用我方标准包装,合同中应加以规定"因特殊包装而发生的额外费用有买方支付"等条件。

【本章小结】

商品的品质、数量和包装都是国际货物买卖合同中不可缺少的主要条件,因此,商品的品质条款、数量条款和包装条款都是国际贸易的买卖合同中的主要条款,是买卖双方交接货物的基本依据,关系到买卖双方的权利和义务。如果卖方交付的货物不符合约定的品质、数量和包装,买方有权提出损害赔偿要求,直至拒收货物或撤销合同。因此,在交易磋商中对商品的品质、数量和包装进行认真磋商,然后,在合同中订明相应的条款,不仅具有重要的法律意义,而且具有重要的实践意义。《联合国国际货物销售合同公约》对这些问题都有比较详细的规定,应该理解其中的有关规定,在国际贸易实践中认真参照执行。

【本章关键词】

商品的名称(Name of Commodity)　　商品的品质(Quality of Goods)
凭样品买卖(Sale by Sample)　　品质机动幅度(Quality Latitude)
品质公差(Quality Tolerance)　　净重(Net Weight)
以毛作净(Gross for Net)　　运输包装(Transport Packing)
唛头(Shipping Mark)　　欧洲物品编码协会(EAN)
中性包装(Neutral Packing)

【复习与思考】

(一)简答题

1. 区别"凭卖方样品买卖"和"凭买方样品买卖"。
2. 区别品质公差和品质机动幅度。

(二)案例分析题

1. 某出口公司凭买方样品成交金属拉手一批,合同规定3~4月份装船,但需买方认可回样后方能装运。2月下旬买方开来信用证也有同样的字句。我方多次试制回样未得到买方认可，故我方不能如期装运。到了5月份，买方以延误船期而要求赔偿。问我方该如何处理？

2．我国某出口公司向日本出口驴肉一批，合同规定：每箱净重16.6公斤，共1 500箱，合计24.9吨。但货抵国外后，经日本海关查验，每箱净重并非16.6公斤而是20公斤，计1 500箱，合30吨。海关认为单货不符，进口商以多报少。问这将会出现何种后果？

3．我某公司向科威特出口冻羊肉20吨，每吨FOB价400美元，合同规定数量可增减10%。国外按时开来信用证，证中规定金额为8 000美元，数量约20吨。结果我方按22吨发货装运，但持单到银行办理议付时遭拒绝。问原因何在？

4．在荷兰某一超级市场上有黄色竹制罐装的茶叶一批，罐的一面刻有中文"中国茶叶"四字，另一面刻有我国古装仕女图，看上去精致美观，颇具民族特点，但国外消费者少有问津。问其故何在？

第三章　国际货物运输

【学习目标】

通过本章的学习，要求学生了解国际货物运输方面的基本知识，具体掌握货物运输方式的选择，各种货运方式的操作程序，熟练运用和填制合同中有关装运条款的内容，以及了解各种货运单据的性质和作用。

【案例索引】

我某公司与南美商人按 CIF 条件达成一笔花生酥糖交易，我方在规定时间内将货物装上直驶目的港的班轮，由于货轮陈旧，船速太慢且沿途到处揽活，结果航行 4 个月才到达目的港。花生酥糖因受热时间过长，全部软化，难以销售。外商就此向我方提出索赔。

在国际货物贸易中，按时、按质、按量将货物装运出口，安全、迅速、准确、节省和方便地利用各种运输工具，选择适当的运输方式和路线，把货物从一个国家运到另一个国家，实现货物由卖方向买方的国际间的转移是买卖双方都期望的事情。

第一节　运输方式

在国际贸易中，货物从卖方国家位移到买方国家必须通过运输来实现。国际贸易运输有多种方式，其中包括海洋运输、铁路运输、航空运输、河流运输、邮政运输、公路运输、管道运输、大陆桥运输，以及由各种运输方式组合的国际多式联运等。在实际业务中，应根据进出口货物的特点、货运量大小、距离远近、运费高低、风险程度、自然条件和装卸港口的具体情况等因素的不同，选择合理的运输方式。

一、海洋运输

（一）海洋运输的特点

海洋运输（Ocean Transport），简称海运，是指利用商船在国内外港口之间通过一定的航区和航线运输货物的方式。与其他运输方式相比，海洋运输不受轨道、道路限制，具有通过能力强、运量大、投资小、运费低和适应性强的特点,因此,其运量在国际贸易总量中占 2/3 以上,海洋运输已成为国际贸易中最重要的运输方式。然而,海洋运输也存在速度慢、易受自然条件影响和风险大的缺点。因此,对于那些急需的、易受自然条件影响的、不能经受长途运输的货物,一般不宜采取海运。

(二)海运当事人

海运当事人主要有承运人、托运人和货运代理。

(1) **承运人**是指承办运输货物事宜的人,如船公司、船方代理,他们有权签发提单。

(2) **托运人**是指委托他人办理货物运输事宜的人,如出口单位。

(3) **货运代理**是指货运代理人接受货主或者承运人委托,在授权范围内以委托人名义或以代理人身份,办理货物运输事宜的人。根据货主的委托而产生的代理人,俗称"货代";根据承运人的委托而产生的代理人,俗称"船代"。他们熟悉运输业务,掌握各条运输路线的动态,通晓有关的规章制度,精通各种手续,因此,绝大多数出口企业都寻求货运代理帮助办理货物订舱装运事宜。

(三)海洋船舶的营运方式

国际海洋货物运输,按船舶的营运方式来分,有班轮运输和租船运输两种。

1. 班轮运输

班轮运输(Liner Transport)也叫定期船运输,它是在一定航线上,在一定的停靠港口定期开航的船舶运输。

(1) 班轮运输的特点。

① 具有"四固定"的基本特点,即航线固定、港口固定、船期固定和费率相对固定。

② 运费中包括装卸费用,承运人管装管卸,承、托双方不计装卸时间及滞期费或速遣费。

③ 各类货物都可接受,包括冷冻、易腐、液体及危险品之类的货物,且一般在码头交接货物,方便了货主。

④ 承运人和托运人双方的权利、义务和责任豁免以班轮提单上所载的条款为依据。

(2) 班轮运费。班轮运费(Liner Freight)是承运人为承运货物而向托运人收取的费用。它是由基本运费和各种附加费组成的。

基本运费是指货物从装运港运到目的港的基本费用,它构成班轮运费的主体。

附加费是指对一些需要特殊处理的货物或由于突发情况使运输费用大幅增加,班轮公司为弥补损失而额外加收的费用。

附加费主要有:超重附加费(heavy lift additional)、超长附加费(long length additional)、直航附加费(direct additional)、绕航附加费(deviation surcharge)、转船附加费(transhipment surcharge)、港口附加费(port surcharge)、港口拥挤附加费(port congestion surcharge)、选择港附加费(optional fees)、变更卸货港附加费(alteration surcharge)、燃油附加费(bunker adjustment factor or bunker surcharge, BAF)、货币附加费(currency adjustment factor, CAF)

等。各种附加费的计算方法主要有两种，一种是以百分比表示，即在基本费率的基础上增加一个百分比；另一种是用绝对数表示，即每运费吨增加若干金额，可以与基本费率直接相加计算。

（3）班轮基本运费的计收标准。

① 重量法，即以重量吨（weight ton）为计量单位来计算运费。在运价表中，以字母"W"表示。所有"重量大"的货物，如重金属、建筑材料、矿产品等，均采用这种方法计算运费。一般以一公吨为一计算单位。

② 体积法，即以尺码吨（measurement ton）为计量单位来计算运费。在运价表中，以字母"M"表示。所有的轻泡货物，如纺织品、日用百货等，均采用这种方法计算运费。一般以一立方米或 40 立方英尺为计算单位。

以上两种计算运费的重量吨和尺码吨统称为运费吨（freight ton）。

③ 从价法，即按货物的价格计收运费，在运价表中以"A.V."或"Ad.Val."表示。按货物在装运地 FOB 价的百分之几收费，一般不超过 5%。通常只有黄金、白银、宝石等贵重货物才按此收费。因为贵重物品一般重量小而体积也不大，但船方承担的风险却很大，要设置特殊的仓位，以防盗、防火和防潮等。船公司要付出较大的代价，同时加重了保管的责任。因此，船方按从价法对贵重货物收较高的运费也是理所当然的。

④ 选择法，即在重量法和体积法中选择，较常用的是"W/M"。在"W/M"中，凡一尺码吨货物的重量超过一重量吨的为重货，按重量法计算；反之，一尺码吨货物的重量不足一重量吨的为轻货，按体积法计算；或者按货物重量、体积或价值中最高的一种计收，在运价表中以"W/M or A.V."表示；或者按货物重量或体积二者较高的一种计收，然后再加一定百分比的从价运费，在运价表中以"W/M plus A.V."表示。

例 3-1 某 FOB 价值为 20 000 美元的货物由甲地运往乙地，基本费率为每运费吨 30 美元或从价费率 1.5%。体积为 6 立方米，毛重为 5.8 公吨，以 W/M or Ad. Val.选择法计费，以 1 立方米或 1 公吨为一运费吨，求运费。

解 （1）按"W"计算的运费为：30 美元×5.8=174 美元；
（2）按"M"计算的运费为：30 美元×6 = 180 美元；
（3）按 Ad. Val. 计算的运费为：20 000×1.5%=300 美元；
（4）三者比较，按"Ad.Val."计算的运费最高，故实收运费为 300 美元。

⑤ 按件法，即按货物的件数计收运费。对包装固定，数量、重量、体积也固定的货物，可以按货物的件数计收运费。另外，对于那些用其他方法难以计收的商品，如汽车、活牲畜等，也采用按件数计收。

⑥ 议价法，即由船方和货主临时议价。主要是大宗低值货物，如粮食、煤炭、矿砂等。在运价表中以"Open Rate"（议价货）表示。

(4) 班轮运费的计算方法。

班轮运费的计算公式为：班轮运费＝基本运费＋各项附加费。

第一步：从有关运价表中查出该货物的计费标准及运价等级；

第二步：找出该等级货物的基本费率；

第三步：查出各附加费的费率及计算方法；

第四步：根据以上内容，按班轮运费计算公式进行计算。

例 3-2 以 CIF 价格条件出口加拿大温哥华罐头一批，共计 1 000 箱。每箱毛重为 40 千克，体积 0.045 立方米，求该批货物的运价。

第一步：从货物分类表（classification of commodities）中查出罐头的运价等级是八级，计算标准是 W/M，在重量法和体积法中选择。该批货物的单位尺码（0.045 立方米）比单位重量（40/1 000 = 0.04 吨）高，所以按尺码吨计算运费。

第二步：再查中国—加拿大等级费率表得八级货物基本费率为每吨 210 元；

第三步：查得燃油附加费 12%；

第四步：计算

货物总运价＝1 000 箱×0.045 运费吨/箱×210 元/运费吨×（1 + 12%）= 10 584 元

运费的支付方式主要有预付、到付及部分预付和部分到付相结合三种。

2. 租船运输

租船运输（Charter Transport）又称不定期船运输，是相对于班轮运输，即定期船运输而言的另一种远洋船舶营运方式。它和班轮运输不同，没有预先制定的船期表，没有固定的航线，停靠港口也不固定，无固定的费率表。船舶的营运是根据船舶所有人与需要船舶运输的货主双方事先签订的租船合同来安排的。

（1）租船运输的特点。

① 租船运输是根据租船合同组织运输的，租船合同条款由船东和租方双方共同商定。

② 一般由船东与租方通过各自或共同的租船经纪人洽谈成交租船业务。

③ 不定航线，不定船期。船东对于船舶的航线、航行时间和货载种类等按照租船人的要求来确定，提供相应的船舶，经租船人同意进行调度安排。

④ 租金率或运费率是根据租船市场行情来决定的。

⑤ 船舶营运中有关费用的支出，取决于不同的租船方式，由船东和租方分担，并在合同条款中订明。例如，"装卸费用条款 FIO"表示租船人负责装卸费；若写明"Liner Term"，则表示船东负责装卸费。

⑥ 租船运输适宜大宗货物运输。

⑦ 各种租船合同均有相应的标准合同格式。

（2）租船运输的方式。主要包括定程租船、定期租船、光船租船三种方式。

① **定程租船**（Voyage Charter）又称程租船或航次租船，是按航程租赁船舶的一种方式。其租赁方式可分为如下几种。
- 单程租船。是指所租船舶只装运一个航次，航程结束时租船合同即告终止。
- 来回程租船。是指所租船舶在完成一个航次任务后，回程时再接着装运货物的运输方式。
- 连续航次租船。是指所租船舶在同一去向的航线上连续完成几个单航次运输。船舶必须是一程运货，一程空放，船东不能利用空船揽载其他货物。这种方式一般适合航程较近的运输。
- 包运租船。是指船舶所有人提供给租船人一定的运力，在确定的港口之间，按事先约定的时间、航次周期，每航次以较均等的运量，完成全部货运量的租船方式。

包运租船区别于其他租船方式的特点如下：
- 包运租船合同中不确定船舶的船名及国籍，仅规定船舶的船级、船龄和船舶的技术规范等，船舶所有人只须比照这些要求提供能够完成合同规定每航次货运量的运力即可，这对船舶所有人在调度和安排船舶方面是十分灵活、方便的。
- 租期的长短取决于货物的总量及船舶航次周期所需的时间。
- 船舶所承运的货物主要是运量特别大的干散货或液体散装货物，承租人往往是业务量大和实力强的综合性工矿企业、贸易机构、生产加工集团或大石油公司。
- 船舶航次中所产生的时间延误的损失风险由船舶所有人承担，而对于船舶在港口装、卸货物期间所产生的延误，则通过合同中订有的"延滞条款"的办法来处理，通常是由承租人承担船舶在港的时间损失。
- 运费按船舶实际装运货物的数量及商定的费率计收，通常按航次结算。

从上述特点可见，包运租船在很大程度上具有"连续航次租船"的基本特点。

② **定期租船**（Time Charter）又称期租船，是指由船舶所有人按照租船合同的约定，将一艘特定的船舶在约定的期间，交给承租人使用的租船。这种租船方式不以完成航次数为依据，而以约定使用的一段时间为限。在这个期限内，承租人可以利用船舶的运载能力来安排运输货物；也可以用以从事班轮运输，以补充暂时的运力不足；还可以以航次租船方式承揽第三者的货物，以取得运费收入。当然，承租人还可以在租期内将船舶转租，以谋取租金差额的收益。关于租期的长短，完全由船舶所有人和承租人根据实际需要洽商而定。

定期租船的主要特点如下。
- 船长由船舶所有人任命，船员也由船舶所有人配备，并负担他们的工资和给养，但船长应听从承租人的指挥，否则承租人有权要求船舶所有人予以撤换。
- 船舶的营运调度由承租人负责，并负担船舶的燃料费、港口费、货物装卸费、运河通行费等与营运有关的费用，而船舶所有人则负担船舶的折旧费、维修保养费、船用物料费、润滑油费、船舶保险费等船舶维持费。

- 租金按船舶的载重吨、租期长短及商定的租金率计算。
- 租船合同中订有关于交船、还船及停租的规定。
- 较长期的定期租船合同中常订有"自动递增条款"(Escalation Clause),以保护船舶所有人在租期中因部分费用上涨而使船舶所有人的盈利减少或发生亏损的损失。由于租金一经确定,通常在租期内不再变动,因此如果合同中订有"自动递增条款",那么在规定的费用上涨时,按约定租金即可按相应的比例提高。

③ 光船租船(Bare Boat Charter)又称船壳租船,是指在租期内船舶所有人只提供一艘空船给承租人使用;而配备船员、供应给养、船舶的营运管理以及一切固定或变动的营运费用都由承租人负担。也就是说,船舶所有人在租期内除了收取租金外,不再承担任何责任和费用。这种租船不具有承揽运输性质,它只相当于一种财产租赁。因此,一些不愿经营船舶运输业务,或者缺乏经营管理船舶经验的船舶所有人也可将自己的船舶以光船租船的方式出租。虽然这样的出租利润不高,但船舶所有人可以取得固定的租金收入,对回收投资是有保证的。

光船租船的特点如下。
- 船舶所有人只提供一艘空船。
- 全部船员由承租人配备并听从承租人的指挥。
- 承租人负责船舶的经营及营运调度工作,并承担在租期内的时间损失,即承租人不能"停租"。
- 除船舶的资本费用外,承租人承担船舶的全部固定的及变动的费用。
- 租金按船舶的装载能力、租期及商定的租金率计算。

(3) 程租船装卸时间。

程租船在运输情况下,装卸货时间长或短影响到船舶的使用周期和在港费用,直接涉及船方的利益,因而成为承租船合同中的重要条款。

装卸时间或称装卸期限,是指租船人承诺在一定期限内完成装卸作业,一般用若干日(或时)表示,也可用装卸率表示,即平均每天装卸若干吨。此外,还要规定哪些应该算作工作日,哪些应该除外。主要有以下三种规定。

① 按日(days)或连续工作日(running or consecutive days)计算。这是指时间连续满24小时就算一日或连续日。即期限一开始,不论风雪日、星期日或节假日等实际不能进行装卸的日子,均全部计算在装卸期之内。这种计算方法,通常只适用于石油、矿砂等使用油管或传送带进行装卸作业的不受昼夜和风雨影响的商品。

② 按工作日(working days)计算。工作日是指有关港口可以进行工作的日子,因而不包括星期日和法定节假日。每个工作日的正常工作时间,如租船合同未做规定,则可按港口习惯办理。

③ 按晴天工作日(weather working days)计算。即除了星期日、节假日不计入装卸时间外,由于天气不良,不能进行装卸的工作日(或工作小时)也不计入装卸时间。

（4）程租船装卸费的计算。

在程租船合同中，应明确规定装卸费用由谁负担。一般有下列四种规定方法。

① 班轮条件（Gross Terms or Liner Terms），即船方负担装卸费。

② F.I.O.（Free In and Out），即船方不负担装卸费。

③ F.O.（Free Out），即船方只负担装货费，不负责卸货费。

④ F.I.（Free In），即船方只负担卸货费，不负责装货费。

（5）程租船运费的计算。

定程租船合同中有的规定运费率（rate of freight），按货物每单位重量或体积若干金额计算；有的规定整船包价（lump-sum freight）。费率的高低要取决于租船市场的供求关系，但也与运输距离、货物种类、装卸率、装卸费用划分和佣金高低有关。运费是预付或到付，均须订明。

（6）期租船租金的计算。

期租船的租金（rent）一般是根据船舶的每月每载重吨若干货币单位计付，也可以按整船每天若干金额计算，船舶租金与船舶所载货物无关。

一般是以船舶夏季载重吨为标准并按期支付。如一艘夏季载重吨为 40 000 吨的船，每 30 天每吨的租金为 6 美元，则这条船每天租金为 40 000×6/30＝8 000 美元。

二、铁路运输

铁路运输（Rail Transport）是指利用铁路进行国际贸易货物运输的一种方式。铁路运输有许多优点，一般不受气候条件的影响，可保障全年的正常运输，而且运量较大，速度较快，有高度的连续性，运转过程中可能遭受的风险也较小。办理铁路货运手续比海洋运输简单，而且发货人和收货人可以在就近的始发站（装运站）和目的站办理托运和提货手续。因此它是仅次于海洋运输的一种主要运输方式。

在我国对外贸易运输中有国际铁路货物联运和国内铁路货物运输两种。

（一）国际铁路货物联运

国际铁路货物联运是指使用一份统一的国际联运票据，由铁路当局负责经过两国或两国以上铁路的全程运输，并在由一国铁路向另一国铁路移交货物时不需收、发货人参加，由铁路当局负连带责任的一种运输方式。

参加国际铁路货物联运的国家分为两个集团，一个是有 32 个国家参加的并签有《国际铁路货物运送公约》的"货约"集团；另一个是曾有 12 个国家参加并签有《国际铁路货物联运协定》的"货协"集团，货协现已解体但联运业务并未终止。在我国内地凡可办理铁路货运的车站都可以接收国际铁路货物联运。

我国通往欧洲的国际铁路货物联运线有两条：一条是利用俄罗斯的西伯利亚大陆桥贯通中东、欧洲各国；另一条是由江苏连云港经新疆与哈萨克斯坦铁路连接，贯通俄罗斯、波兰、德国至荷兰的鹿特丹。后者称为新亚欧大陆桥，运程比海运缩短 9 000 公里，比经由西伯利亚大陆桥缩短 3 000 公里，进一步推动了我国与欧亚各国的经贸往来，也促进了我国沿线地区的经济发展。

（二）国内铁路货物运输

我国出口货物经铁路运至港口装船、进口货物卸船后经铁路运往各地，以及供应港澳地区的货物经铁路运往香港、九龙、澳门，都属于国内铁路运输的范围。

对港澳地区的铁路运输按国内运输办理，但又不同于一般的国内运输。货物由内地装车至深圳中转和香港卸车交货，为两票联运，由外运公司签发"货物承运收据"。京九铁路和沪港直达通车后，内地至香港的运输更为快捷。由于香港特别行政区系自由港，货物在内地和香港间进出，须办理进出口报关手续。对澳门地区的货物运输，由于澳门目前尚未通铁路，货物是先从起运地用火车运抵广州南站，再转船运至澳门。

三、航空运输

航空运输（Air Transport）是一种现代化的运输方式，它与海洋运输、铁路运输相比，具有运输速度快、货运质量高且不受地面条件的限制等优点。因此，它最适宜运送急需物资、鲜活商品、精密仪器和贵重物品。其不足是运量小、运费高。

航空运输方式主要有班机运输、包机运输、集中托运和航空快递业务。

（一）班机运输

班机运输（Scheduled Airline）指利用航线固定、航期固定的航班运送货物。通常航空公司使用客货混合型飞机，尽管货舱容量较小，运价较贵，但由于航期固定，因此有利于客户安排鲜活商品或急需商品的运送。

（二）包机运输

包机运输（Chartered Carrier）是指航空公司按照约定的条件和费率，将整架飞机租给一个或若干个包机人（包机人指发货人或航空货运代理公司），从一个或几个航空站装运货物至指定目的地。包机运输适合于大宗货物运输，费率低于班机，但运送时间则比班机要长些。

（三）集中托运

集中托运（Consolidation）可以采用班机或包机运输方式，是指航空货运代理公司将若干批单独发运的货物集中成一批向航空公司办理托运，填写一份总运单送至同一目的地，然后由其委托当地的代理人负责分发给各个实际收货人。这种托运方式，可降低运费，是航空货运代理的主要业务之一。

（四）航空快递业务

航空快递业务（Air Express Service）是由快递公司与航空公司合作，向货主提供的快递服务，其业务包括：由快速公司派专人从发货人处提取货物后以最快航班将货物出运，飞抵目的地后，由专人接机提货，办妥进关手续后直接送达收货人，称为"桌到桌运输"（Desk to Desk Service）。这是一种最为快捷的运输方式，特别适合于各种急需物品和文件资料。

外贸企业办理航空运输，需要委托航空运输公司作为代理人，负责办理出口货物的提货、制单、报关和托运工作。委托人应填妥国际货物托运单，并将有关报关文件交付航空货运代理，航空货运代理向航空公司办理托运后，取得航空公司签发的航空运单，即为承运开始。航空公司须对货物在运输途中的完好负责。货到目的地后，收货人凭航空公司发出的到货通知书提货。

四、集装箱运输

集装箱是一种有一定强度和刚度、能长期反复使用、外形像箱子、可以集装成组货物而专供周转使用并便于机械操作和运输的大型货物容器。集装箱运输（Container Transport）就是以集装箱作为运输单位进行货物运输的一种先进的现代化运输方式。它具有装卸效率高、减少货损货差、提高货运质量、降低货运成本、简化手续、可进行连续运输的特点。

（一）集装箱运输的特点

集装箱运输的特点如下。

（1）在全程运输中，可以将集装箱从一种运输工具直接方便地换装到另一种运输工具，而无须接触或移动箱内所装货物。

（2）货物从发货人的工厂或仓库装箱后，可经由海陆空不同运输方式一直运至收货人的工厂或仓库，实现"门到门"运输而中途无须开箱倒载和检验。

（3）集装箱由专门设备的运输工具装运，装卸快，效率高，质量有保证。

（4）一般由一个承运人负责全程运输。

（二）集装箱的类型

国际标准化组织（ISO）为了统一集装箱的规格，于1970年推荐了3个系列13种规格的集装箱，而后，又于1991年增加了4种规格。在上述规格中应用较多较广的是20英尺（1英尺＝0.304 8米）和40英尺两种箱型，即1A型 $8'\times8'\times40'$，1AA型 $8.6'\times8'\times40'$，1C型 $8'\times8'\times20'$（其中 $'$ 表示英尺）。20英尺的集装箱是国际上计算集装箱的标准单位，英文称为Twenty-foot Equivalent Unit，简称为"TEU"。一个40英尺的集装箱等于2个TEU，其余类推。

为了适应运输各类货物的需要，集装箱除了通用的干货集装箱外，还有罐式集装箱、冷冻集装箱、框架集装箱、平台集装箱、开盖集装箱、通风集装箱、牲畜集装箱、散货集装箱、挂式集装箱等种类。20英尺的箱子最大毛重为20M/T，最大容积为 $31m^3$，一般可装17.5M/T 或 $25m^3$ 的货物；40英尺的箱子的最大毛重为30M/T，最大容积为 $67m^3$，一般可装25M/T 或 $55m^3$ 的货物。

在国际贸易中，集装箱类型的选用，货物的装箱方法对于减少运费开支起着很大的作用。货物外包装箱的尺码、重量，货物在集装箱内的配装、排放及堆叠都有一定的讲究。

例 3-3 某种货物装箱方式是 8 台装一纸箱，纸箱的尺码是 54cm×44cm×40cm，毛重为每箱 53kg，请根据理论算法计算该类货物集装箱运输出口时的装箱数量。（根据 20 英尺、40 英尺的重量和体积分别计算装箱的最大数量）

解 如果按重量计算，每个 20 英尺的集装箱可装数量为：17.5÷0.053=330.19 箱，取整为 330 箱，共计 2 640 台；每个 40 英尺的集装箱可装数量为：25÷0.053=471.70 箱，取整为 471 箱，共计 3 768 台。

如果按体积计算，每个 20 英尺的集装箱可装数量为：25÷（54×44×40/1 000 000）=263.05 箱，取整为 263 箱，共计 2 104 台；每个 40 英尺集装箱可装数量为：55÷（54×44×40/1 000 000）=578.70 箱，取整为 578 箱，共计 4 624 台。

（三）集装箱的运输方式

集装箱的托运方式分为整箱（Full Container Load，FCL）托运和拼箱（Less Container Load，LCL）托运两种。凡装货量达到每个集装箱容积之 75%的或达到每个集装箱负荷量之 95%的即为整箱货，由货主或货代自行装箱后以箱为单位直接送到集装箱堆场（Container Yard，CY）向承运人进行托运；凡货量达不到上述整箱标准的，须按拼箱托运，即由货主或货代将货物送交集装箱货运站（Container Freight Station，CFS），货运站收货后，按货物的性质、目的地分类整理，而后将去同一目的地的货物拼装成整箱后再行发运。

根据贸易合同的规定，集装箱的交接方式和交接地点可分为以下四类。

1. FCL/FCL，即整箱交/整箱收

在这种交接方式下，集装箱的具体交接地点有以下四种情况。

（1）Door/Door，即"门到门"。指在发货人的工厂或仓库整箱交货，承运人负责运至收货人的工厂或仓库整箱交收货人。

（2）CY/CY，即"场至场"。指发货人在起运地或装箱港的集装箱堆场交货，承运人负责运至目的地或卸箱港的集装箱堆场整箱交收货人。

（3）Door/CY，即"门至场"。指在发货人的工厂或仓库整箱交货，承运人负责运至目的地或卸箱港的集装箱堆场整箱交收货人。

（4）CY/Door，即"场至门"。指发货人在起运地或装箱港的堆场整箱交货，承运人负责运至收货人的工厂或仓库整箱交收货人。

2. LCL/LCL，即"拼箱交/拆箱收"

在这种交接方式下，集装箱的具体交接地点只有一种情况，为 CFS to CFS，亦即"站到站"。这是指发货人将货物送往起运地或装箱港的集装箱货运站，货运站将货物拼装后交承运人，承运人负责运至目的地或卸箱港的集装箱货运站进行拆箱，当地货运站按件拨交各个有关收货人。

3．FCL/LCL，即"整箱交/拆箱收"

在这种交接方式下，集装箱的具体交接地点有以下两种情况。

（1）Door/CFS，即"门到站"。指在发货人的工厂或仓库整箱交货，承运人负责运至目的地或卸货港的货运站。货运站拆箱按件交各有关收货人。

（2）CY/CFS，即"场到站"。指发货人在起运地或装箱港的集装箱堆场整箱交货，承运人负责运至目的地或卸货港的集装箱货运站，货运站负责拆箱拨交各有关收货人。

4．LCL/FCL，即"拼箱交/整箱收"

在这种交接方式下，集装箱的具体交接地点也有以下两种情况。

（1）CFS/Door，即"站到门"。指发货人在起运地或装箱港的集装箱货运站按件交货，货运站进行拼箱，然后由承运人负责运至目的地收货人工厂或仓库整箱交货。

（2）CFS/CY，即"站到场"。指发货人在起运地或集装箱港的集装箱按件交货，货运站进行拼箱，然后，承运人负责运至目的地或卸箱港的集装箱堆场，整箱交收货人。

（四）集装箱的计费方法

目前，我国货物运输集装箱运价大体上分为两类：一类是按杂货的费率加收附加费；另一类是以每一集装箱为计费单位，即包箱费率。

1．杂货费率加收附加费

这是在航线等级费率运价基础上加收附加费。加收的办法分为两种：一种是加收集装箱附加费，实行这种收费办法的航线有美、日、香港、西非，但也有的轮船公司，不加收集装箱附加费而采取议价；另一种是加收支线船附加费，如须在香港、日本转二程船的集装箱货物。

另外，还有一些船公司为了保证营运收益，制定有保底费率，亦即起码运费。如每箱运费收入达不到保底费率，则按保底费率收取；如超过保底费率则按实际收取。

2．包箱费率

这是以每一集装箱为计费单位，其规定方法有如下两种。

（1）FAK 包箱费率（Freight for All Kinds），即不分货物种类，也不计货量，只规定统一的每个集装箱收取的费率，如表 3-1 所示。

表 3-1　中国—新加坡航线集装箱费率

（美元，IN USD）

装运港	货物种类	CFS/CFS	CY/CY	
		Per F/T	20' FCL	40' FCL
上海	杂货	78.00	1 100.00	2 050.00
青岛	杂货	80.00	1 450.00	2 150.00
…	…	…	…	…

（2）FCS 包箱费率（Freight for Class），即按不同货物等级制定的包箱费率，如表 3-2 所示。

表 3-2　中国—澳大利亚航线集装箱费率表

（美元，IN USD）

基本港：布里斯班（Brisbane）、墨尔本（Melbourne）、悉尼（Sydney）、弗里曼特尔（Fremantle）				
等级（CLASS）	计算标准	20′（CY/CY）	40′（CY/CY）	LCL（per F/T）
1~7	W/M	1 700.00	3 230.00	95.00
8~13	W/M	1 800.00	3 420.00	100.00
14~20	W/M	1 900.00	3 510.00	105.00

（3）FCB 包箱费率（Freight for Class & Basis），即按不同货物等级或货物类别及计算标准制定的费率，如表 3-3 所示。

表 3-3　中国—地中海航线集装箱费率

（美元，IN USD）

基本港：阿尔及尔（Algiers）、马赛（Marseilles）——FOS				
等级（CLASS）	LCL（per W）	LCL（per M）	FCL 20′（CY/CY）	FCL 40′（CY/CY）
1~7	131.00	100.00	2 250.00	4 200.00
8~13	133.00	102.00	2 330.00	4 412.00
14~20	136.00	110.00	2 450.00	4 640.00

例 3-4　湖州正昌贸易公司上海分公司出口一批打字机到澳大利亚的悉尼，货物用纸箱装运，每箱的尺寸为 44cm×44cm×30cm，毛重是 22kg，每箱装 4 台，装一个 40 英尺的集装箱，试计算每台的单位运价为多少美元。

解　查货物等级表，打字机为 12 级货，按"W/M"标准计费，一个 40 英尺集装箱可装打字机的数量为 55÷（44×44×30/1 000 000）＝946.969 7（箱），取整为 946 箱，946×4 ＝ 3 784（台）。又查中国—澳大利亚航线集装箱费率表，12 级货的 40 英尺集装箱的包箱费率为 3 420.00 美元，则打字机的单位运价为 3 420÷3 784＝0.90（美元/台）。

此外，集装箱除了上述基本费率外，尚有其他服务和管理方面的费用，如运箱费、吊装费、装箱费、拼箱费、滞期费、堆存费、交接费等。

五、国际多式联运和大陆桥运输

国际多式联运（International Multimodal Transport，International Combined Transport）是在集装箱运输的基础上产生和发展起来的一种综合性的连贯运输方式，它一般是以集装箱为媒介，把海、陆、空各种传统的单一运输方式有机地结合起来，组成一种国际间的连贯运输。

（一）国际多式联运的优点

1. 手续简便，责任统一

在国际多式联运方式下，货物运程不论多远、不论由几种运输方式共同完成货物运输，也不论货物在途中经过多少次转运，所有运输事项均由多式联运承运人负责办理。而货主只须办理一次托运、订立一份运输合同，支付一次运费、办理一次保险，并取得一份联运提单。与各运输方式相关的单证和手续上的麻烦被减少到最低限度，发货人只须与多式联运经营人进行交涉。由于责任统一，一旦在运输过程中发生货物灭失或损坏时，就由多式联运经营人对全程运输负责，而每一运输区段的分承运人仅对自己运输区段的货物损失承担责任。

2. 减少运输过程中的时间损失，使货物运输更快捷

多式联运作为一个单独的运输过程而被安排和协调运作，能减少在运转地的时间损失和货物灭失、损坏、被盗的风险。多式联运经营人通过他的通信联络和协调，在运转地各种运输方式的交接可连续进行，使货物更快速地运输，从而弥补了与市场距离远和资金积压的缺陷。

3. 节省了运杂费用，降低了运输成本

国际多式联运使用集装箱运输，这样可以减少货物外包装材料和费用及某些保险费用。货物装箱或装上一程运输工具后即可取得联运提单进行结汇，有利于加快货物资金周转，减少利息损失。同时，多式联运全程使用一份联运提单和单一费率，这就大大简化了制单和结算手续，节省了大量的人、财、物，从而降低了运输成本。

4. 提高运输组织水平，实现门到门运输，使合理运输成为现实

多式联运可以提高运输的组织水平，改善不同运输方式间的衔接工作，实现各种运输方式的连续运输，可以把货物从发货人的工厂或仓库运到收货人的内地仓库或工厂，做到门到门的运输。

在当前国际贸易竞争激烈的形势下，货物运输要求速度快、损失少、费用低，而国际多式联运适应了这些要求。因此，在国际上越来越多地采用多式联运。可以说，国际多式联运是当前国际货物运输的发展方向。

（二）构成多式联运应具备的条件

构成多式联运应具备的条件如下。

（1）有一个多式联运合同，合同中明确规定多式联运经营人和托运人之间的权利、义务、责任和豁免。

（2）必须是国际间两种或两种以上不同运输方式的连贯运输。

（3）使用一份包括全程的多式联运单据，并由多式联运经营人对全程运输负总的责任。

（4）必须是全程单一运费率，其中包括全程各段运费的总和、经营管理费用和合理利润。

（三）开展国际多式联运应注意的事项

开展国际多式联适应注意如下事项。

（1）要考虑货价和货物性质是否适宜装集装箱。

（2）要注意装运港和目的港有无集装箱航线，有无装卸及搬运集装箱的机械设备，铁路、公路、沿途桥梁、隧道、涵洞的负荷能力如何。

（3）装箱点和起运点能否办理海关手续。

（四）大路桥运输

大陆桥运输（Land-Bridge Transport）是指以集装箱为媒介，使用横贯大陆的铁路或公路运输系统作为中间桥梁，把大陆两端的海洋运输连接起来的连贯运输方式。目前运用较广的是西伯利亚大陆桥及亚欧大陆桥。

1. 美国大陆桥和加拿大大陆桥

大陆桥横贯北美大陆，连接太平洋和大西洋，这是世界上第一个出现的大陆桥路线，现在业务已经萎缩。

2. 西伯利亚大陆桥

东端从俄罗斯的纳霍德卡港、东方港连接日本、韩国、香港和台湾；西端发展到英国、西欧、中欧、北欧、波罗的海、伊朗，横贯前苏联、中东、近东地区、欧洲各地，又称第一条欧亚大陆桥。

3. 第二条欧亚大陆桥

该大陆桥 1992 年 9 月正式开通，东起连云港，经由陇海、兰新、北疆铁路与独联体土西铁路在阿拉山口和德鲁巴站相接，经哈萨克斯坦、俄罗斯、白俄罗斯、波兰的华沙、德国的柏林、荷兰等七国，辐射三十多个国家，西至荷兰的鹿特丹，全长 10 800 公里，被誉为"新欧亚大陆桥"。新欧亚大陆桥较之西伯利亚大陆桥将海上运输的距离缩短更多，而且大部分途经我国大陆的中西部地区。所以，无论从方便运输、节约货运时间和费用，发展我国的对外贸易，还是从促进我国沿途省区的经济发展来看，均有积极作用。同时，也有利于我国西部大开发战略的实施。

六、其他运输方式

（一）国际公路货物运输

公路运输（Road Transport）一般是指由公路和汽车两部分组成的运输方式，也是车站、港口和机场集散进出口货物的重要手段。

公路货物运输与其他运输方式相比较，具有以下特点：机动灵活、简捷方便、应急性强，能深入到其他运输工具到达不了的地方；适应点多、面广、零星、季节性强的货物运输；运距短、单程货多；汽车投资少、收效快；港口集散可争分夺秒，突击抢运任务多，是空运班机、船舶、铁路衔接运输不可缺少的运输形式，随着公路现代化、车辆大型化，公路运输成为实现集装箱在一定距离内"门到门"运输的最好的运输方式。

(二)管道运输

管道运输(Pipeline Transportation)是一种特殊的运输方式,是货物在管道内借高压气泵的压力推动向目的地输送的一种运输方式。

管道运输是一种理想的运输技术,把运输途径和运输工具集中在管道中,具有许多突出的优越性。

(1)是一种连续运输技术,每天24小时都可连续不断地运输,效率很高。

(2)管道一般埋在地下,不受地理、气象等外界条件限制,可以穿山过河,跨漠越海,不怕炎热和冰冻。

(3)环境效益好,封闭式地下运输不排放废气粉尘,不产生噪声,减少了环境污染。

(4)投资少,管理方便,运输成本低。据计算,建设一条年运输能力为1 500万吨煤的铁路,须投资8.6亿美元,而建设一条年运输能力为4 500万吨煤的输送管道只需1.6亿美元。经常的管理人员也只有铁路运输的1/7。管道运输的成本一般只有铁路运输的1/5,公路运输的1/20,航空运输的1/66。

(三)国际邮政运输

邮政运输(Parcel Post Transport)是一种简便的运输方式,手续简便,费用不高,适于量轻体小的货物。

国际邮件可分为函件和包裹两大类。国际上邮政部门之间签订有协定和《万国邮政公约》,通过这些协定和公约,邮件的递送可互相以最快的方式传递,从而形成一个全球性的邮政运输网。

(四)内河运输

内河运输(Inland Waterway Transport)是水上运输的一个组成部分。它是连接内陆腹地和沿海地区的纽带,也是边疆地区与邻国边境河流的连接线,在进出口货物的运输和集散中起着重要的作用。

内河运输具有投资少、运量大、成本低的优点。

我国有着广阔的内河运输网,长江、珠江等一些主要河流的内河港口已对外开放,我国同一些邻国还有国际河流相通连,这就为发展我国对外贸易内河运输提供了十分有利的条件。

第二节 装运条款

买卖双方洽商交易时,必须就各项装运条款谈妥,并在合同中订明,以利于合同的履行。装运条款的内容同买卖合同的性质和运输方式有着密切的关系,不同性质的运输方式,其装运条款也不相同。鉴于我国大部分进出口货物是通过海洋运输,而且对外签订的进出口合同大部分属于 FOB、CIF、CFR 合同,故以下仅就这类合同的装运条款,包括装运期、装卸率和滞期费、速遣费等内容,分别加以介绍和说明。

一、装运期

（一）装运期的含义及其重要性

装运期（Time of Shipment）是指卖方在起运地点装运货物的期限,它与交货期是含义不同的两个概念,不应混淆使用。例如,在目的港船上交货条件（DES）下,装运期是指在装运港装船的期限,交货期则是在目的港船上交货的时间,两者在时间上显然不同。

在装运地或装运港交货条件下,装运期是买卖合同中的主要条件,如装运合同当事人一方违反此项条件,另一方则有权要求赔偿其损失,甚至可以撤销合同。因此,进出口业务中,订好买卖合同中的装运期条款,使装运期规定合理和切实可行,以保证按时完成约定的装运任务,有着十分重要的意义。

（二）装运期的规定方法

1. 明确规定具体装运期限

在进出口合同中,一般都订明装运的年度及月份,例如,限于某年某月内装运,或某年某月以前装运。对大宗交易或在偏僻港口装货时,装运期可适当放长一些,如规定跨月份装运,或在某季度内装运。这类规定方法期限具体、含义明确,既便于落实货源和安排运输,又可避免在装运期问题上引起争议,因此,它在国际贸易中被广泛使用。

2. 规定在收到信用证后若干天装运

这种规定方法适用于下列情况。

（1）按外商要求的花色、品种或规格成交,或专为某一地区或某商号生产的商品,一旦外商毁约,这些商品便难以转售出去,为了避免盲目生产或采购而造成商品积压和蒙受经济损失,应采用这种规定方法。

（2）在一些外汇管制较严的国家和地区,一般实行进口许可证和进口配额。如洽商交易时,买方还不能肯定批准进口许可证或外汇配额的具体时间,因而无法确定具体装运期。为了促进成交和扩大出口,也可采用这种方法。

（3）对某些拖延开证的客户,采用这种规定方法,有利于促使其按时开证。

上述规定方法的好处是,既能促使买方早开证或按时开证,以利于卖方有计划地安排生产和组织货源,又能避免因买方拖延开证而引起的卖方加工、备货紧张或赶不上装期的被动局面。但上述方法也有弊病,因为装运期的确定,是以买方来证为前提条件的。如签订合同后,市场价格出现对买方不利的变化,买方有可能拒不开证或拖延开证,装运期也就无法确定,从而使卖方处于无法安排装运的被动局面。

为了促使买方按时开证,在采用这类规定方法时,必须在合同中相应地加列约束性的条款,例如,"买方必须最迟于某某日期将有关信用证开抵卖方,否则,卖方有权按买方违约提出索赔"等。

3．笼统规定近期装运

采用这类规定方法时,不规定装运的具体期限,只用"立即装运"、"即刻装运"、"尽速装运"等词语来表示。由于这种规定方法太笼统,故国际商会修订的《跟单信用证统一惯例》规定,不应使用"迅速"、"立即"、"尽速"和类似的词语,如使用了这类词语,银行将不予理会。

二、装运港和目的港

装运港是指开始装货的港口,目的港是指最终卸货的港口。在海运进出口合同中,一般都订明装运港和目的港。

（一）装运港和目的港的规定方法

装运港和目的港由交易双方商定,其规定方法有下列几种。

（1）在通常情况下,只规定一个装运港和一个目的港,并列明港口名称。

（2）在大宗商品交易条件下,可酌情规定两个或两个以上的装运港和目的港,并分别列明港口名称。

（3）在商订合同时,如明确规定一个或几个装运港和目的港有困难,可以采用按"选择港口"的规定办法。规定选择港有两种方式：一是从两个或两个以上列明的港口中任选一个,如 CIF 伦敦、汉堡或鹿特丹；二是从某一航区的港口中任选一个,如地中海主要港口。

上述规定方法,究竟采用哪一种,应视具体情况而定。

（二）规定装运港和目的港的注意事项

1．规定国外装运港和目的港的注意事项

（1）必须考虑港口具体和装卸条件。

（2）对港口的规定应明确具体,不宜过于笼统。

（3）不能接受内陆城市作为装运港或目的港的条件。

（4）应注意国外港口有无重名的问题。

2．规定国内装运港和目的港的注意事项

（1）应考虑货物的货源地并贯彻"就近装卸"的原则。

（2）应考虑港口的设施、装卸条件等实际情况。

三、分批装运和转运

分批装运（Partial shipments）和转运（Transhipment）都直接关系买卖双方的利益,是否需要分批装运和转运,买卖双方应根据需要和可能在合同中做出明确具体的规定。

（一）分批装运

分批装运又称分期装运（Shipment by Instalments），是指一个合同项下的货物先后分若干批或若干期装运。

国际上对分批装运的解释和运用不一，比如，按有些国家的法律规定：如合同未规定允许分批装运，则不得分批装运。但国际商会修订的《跟单信用证统一惯例》却规定："除非信用证另有规定，否则允许分批装运。"为了避免在履行合同时引起争议，交易双方应在买卖合同中订明是否允许分批装运；若双方同意分批装运，应将批次和每批装运的具体时间与数量订明。

此外，《跟单信用证统一惯例》还规定："如信用证规定在指定时期内分批装运，则其中任何一批未按批装运,信用证对该批和以后各批货物均告失效，除非信用证另有规定。"因此，如果在买卖合同和信用证中规定分批定期、定量装运时，则卖方必须重合同、守信用，严格按照买卖合同和信用证的有关规定办理。为了使分批装运条款能顺利执行，规定每次装运的时间要留有适当的间隔，防止过分集中，以免因安排装运有困难而影响全局。

需要说明的是：一笔成交的货物，在不同时间和地点分别装在同一航次、同一条船上，即使分别签发了若干不同内容的提单，也不能按分批装运论处，这是因为，该笔成交的货物是同时到达目的港。

（二）转运

转运是指从装运港或装运地至卸货港或目的地的货运过程中进行转装或重装，包括从一运输工具或船只移至另一同类运输方式的运输工具或船只，或由一种运输方式转为另一种运输方式的行为。货物中途转运，不仅延误时间和增加费用开支，而且还有可能出货损差，所以买方对其进口的货物，一般不愿转运，故在商订合同时提出订立"限制转运"的条款。不过如果目的地是没有直达船的港口，或虽有直达船而船期不定，或航班间隔时间太长的港口，为了便利装运，则应当在买卖合同中订明"允许转运"的条款。根据《跟单信用证统一惯例》规定，除非信用证有相反的规定，否则可准许转运。为了明确责任和便于安排装运，交易双方是否同意转运，以及有关转运的办法和转运费的负担等问题，都应在买卖合同中具体订明。

四、装运通知

装运通知是装运条款中不可缺少的一项重要内容。不论按哪种贸易术语成交，交易双方都要承担相互通知的义务。规定装运通知的目的在于明确买卖双方的责任，促使买卖双方互相配合，共同搞好车、船、货的衔接，并便于办理货物的运输保险。因此，订立装运通知条款有利于合同的履行。

应当特别强调的是，买卖双主按 CFR、CPT 条件成交时，装运通知具有特殊重要的意义，我们在讲解相关贸易术语时已反复强调过，所以卖方应在货物装船后，立即向买主发出装运通知。按其他贸易术语成交时，买卖双方都应约定相互给予有关交接货物的通知，以便互相配合，共同搞好货物的交接工作。

五、装卸时间、装卸率和滞期费、速遣费条款

买卖双方成交的大宗商品，一般采用程租船运输，负责租船的一方在签订买卖合同之后，还要负责签订租船合同。为了明确买卖双方的装卸责任，并使买卖合同与租船合同的内容互相衔接和吻合，在签订大宗商品的买卖合同时，应结合商品特点和港口装卸条件，对装卸时间、装卸率和滞期费、速遣费的计算与支付办法做出具体规定。

（一）装卸时间

装卸时间（Lay Time）是指装货和卸货的期限。装卸时间的规定方法很多，在前面的相关内容中已作介绍，这里不再赘言。装卸时间的起算和止算，应当在合同中订明。关于装卸时间的起算，一般规定在收到船长递交的"装卸准备就绪通知书"后，经过一定的规定时间后开始起算。关于装卸货物的止算时间，通常是指货物实际装卸完毕的时间。

（二）装卸率

买卖大宗商品时，交易双方在约定装卸时间的同时，还应约定装卸率。所谓**装卸率**（Load/Discharge Rate），即指每日装卸货物的数量。装卸率的高低，关系到运费水平，从而在一定程度上影响货价，所以装卸率规定得偏高或偏低都不合适，装卸率应根据货物品种和有关港口的装卸速度来确定。

（三）滞期费、速遣费条款

买卖双方在大宗交易中，除了约定装卸时间和装卸率外，还应相应规定滞期费、速遣费条款，以明确货物装卸方的责任。负责装卸货物的一方，若未按约定的装卸时间和装卸率完成装卸任务，则须向船方交纳延误船期的罚款，此项罚款称为滞期费（Demurrage）；反之，如负责装卸货物的一方在约定装卸时间内提前完成装卸任务，有利于加快船舶的周转，则可以从船方取得奖金，此项奖金称为速遣费（Dispatch Money）。按一般惯例，速遣费通常为滞期费的一半。在规定买卖合同的滞期费、速遣费条款时，应注意内容与将要订立的租船合同的相应条款保持一致，以避免出现一方面支付滞期费，另一方面又要支付速遣费的矛盾局面。

六、装运条款实例

（1）20××年10/11/12月份装运，允许分批和转运。

Shipment during Oct./Nov./Dec. 20…, with partial shipments and transhipment allowed.

（2）20××年1/2月份分两批大约平均装运。

Shipment during Jan./Feb. 20… in two about equal lots.

（3）20××年 1/2 月份每月各装一批。
Shipment during Jan./Feb. 20 … in two monthly lots（in two monthly shipment）.
（4）20××年 1/2 月份每月平均装，允许转运。
Shipment during Jan./Feb. 20 … in two equal monthly lots, transhipment to be allowed.
（5）3/4 月份分两次装运，禁止转运。
During Mar./Apr. in two shipments, transhipment is prohibited.
（6）3/4 月份分两次每月平均装运，由香港转运。
During Mar./Apr. in two equal monthly shipments, to be transhipped at Hong Kong.
（7）3/4/5 月份每月平均装运。
During Mar./Apr./May in three equal monthly shipments.
（8）3 月份装 500 公吨。
During Mar. 500 metric tons.
（9）5 月底或以前装船，由上海至惠灵顿，允许分批和转船。
Shipment on or before May 31 from Shanghai to Wellington, allowing partial shipments and transhipment.
（10）5 月份装运，由伦敦至上海，卖方应在装运月份前 45 天将备妥货物可供装船的时间通知买方。允许分批和转船。
Shipment during May from London to Shanghai. The Sellers shall advise the Buyers 45 days before the month of shipment of the time the goods will be ready for Shipment, partial shipments and transhipment allowed.

第三节　主要运输单据

在国际贸易中，提交约定的单据是卖方的一项基本义务，买卖双方签订合同时，必须根据运输方式和实际需要，就卖方提供的各种单据的种类和份数做出明确规定，因此，有关单据的规定就成为合同条款中不可缺少的内容。由于运输方式各不相同，合同当中对单据的要求也不一样，所以使用的运输单据多种多样，其中主要包括海运提单、铁路运单、航空运单、邮包收据和多式联运单据等。

一、海运提单

（一）海运提单的性质和作用

海运提单（Ocean Bill of Lading），简称 B/L，是承运人或其代理人收到货物后签发给托运人的货物收据，以及承运人据以保证交付货物的凭证。提单的性质和作用，主要表现在下列三个方面。

（1）是承运人或其代理人出具的货物收据，证实其已按提单的记载收到托运人的货物。

（2）是代表货物所有权的凭证，提单的合法持有人拥有支配货物的权利，因此提单可以用来向银行议付货款和向承运人提取货物，也可用来抵押或转让。

（3）是承运人和托运人双方订立的运输契约的证明。提单条款规定了承、托双方的权利和义务、责任与豁免，是处理纠纷的法律依据。

（二）提单的分类

海运提单根据船舶营运方式的不同，可分为"班轮提单"（Liner B/L）和"租船提单"（Charter B/L）。班轮提单正面做了有关货物和运费事项的记载，背面还有印就的运输条款。为了统一提单背面的运输条款的内容，国际上曾先后签署了《海牙规则》、《维斯比规则》和《汉堡规则》三项国际公约。

提单可以从各种不同的角度分类，在国际贸易中使用的提单主要有下列几种。

1. 按签发提单时货物是否装船，可分为"已装船提单"和"备运提单"

已装船提单（On Board B/L；Shipped B/L）是指货物装船后，由承运人签发给托运人的提单，它必须载明船名和装船日期。由于这种提单对收货人按时收货有保障，故买方订买卖合同时，一般都规定卖方必须提供已装船提单。**备运提单**（Received for Shipment B/L）是指承运人收到托运货物，尚未装船而向托运人签发的提单。由于这种提单没有载明装货日期，也没有注明船名，即使注明也只是拟装船名，将来货物能否装运和何时装运，都难以预料，故买方一般不愿接受备运提单。

2. 按提单有无不良批注，可分为"清洁提单"和"不清洁提单"

清洁提单（Clean B/L）是指托运货物的外表状况良好，承运人未加有关货损或包装不良之类批语的提单，买方为了收到完好的货物，以维护自身的利益，故都要求卖方提供清洁提单。**不清洁提单**（Unclean B/L；Foul B/L）是指承运人加注了托运货物外表状况不良或存在缺陷等批语提单，此种提单买方通常都不接受，银行也拒绝接收。

3. 按提单收货人抬头分类，可分为"记名提单"、"不记名提单"和"指示提单"

记名提单（Straight B/L）是指在提单收货人（consignee）栏内具体指定收货人名称的提单。**不记名提单**（Bearer B/L）是指在提单收货人栏内不填写收货人名称而留空。由于记名提单只能由指定的收货人提货，它不能转让流通；而不记名提单仅凭单交货，风险较大，故这两种提单在国际贸易中都很少使用。**指示提单**（Order B/L）是指在提单的收货人栏内填写"凭指定"（to order）或"凭某人指定"（to the order of …）字样的提单，此种提单可通过背书转让。背书的方式有二：由背书人单纯签字盖章的称作"空白背书"；除了背书人签字盖章外，还列明被背书人名称的，称作"记名背书"。指示提单经背书后，可转让给其他第三者，在国际贸易中被广为使用。在我国贸易中，通常采用"凭指定"并经空白背书的提单，习惯上称为"空白抬头、空白背书"提单。

4. 按运输方式分类，可分为"直达提单"、"转船提单"和"联运提单"

承运人对自装运港直接到目的港的货物所签发给托运人的提单，称为**直达提单**（Direct B/L）。如在装运港装货的船舶，不直接驶往目的港，而须中途转船后再驶往目的港，由第一承运人在装运港签发运往最后目的港的提单，称为**转船提单**（Transhipment B/L），提单上应注明"在某港转船"的字样。**联运提单**（Throught B/L）是指经过海运和其他运输方式的联合运输时，由第一程承运人（船公司）或其代理人在货物起运地签发的包括全程运输并能在目的港或最终目的地凭以提货的提单。由于联运提单包括全程运输，故第一程承运人或其代理人应将货物转交给下一程承运人，有关货物中途转换运输工具和交接工作，均不需托运人办理。

5. 其他种类的提单

（1）集装箱提单（Container B/L），凡用集装箱装运货物而由承运人签发给托运人的提单，称为**集装箱提单**。

（2）**舱面提单**（On Deck B/L），是指货物装在船舶甲板上运输所签发的提单，故又称为甲板提单，在这种提单中应注明"在舱面"字样。

（3）过期提单（Stale B/L）。关于过期提单有两种说法：一种是提单晚于货物到达目的港，在海洋运输中难免会出现这种情况，因此，买卖合同中一般都规定"过期提单可以接受"的条款；另一种是向银行交单时间超过提单签发日期 21 天，这种滞期交到银行的提单，也称为过期提单，银行有权拒收。

（4）**倒签提单**（Antidated B/L）是指托运人与承运人串通，按比实际装船日期要早的日期签发的提单，其目的在于设法使提单的日期符合合同或信用证规定的装运日期。根据国际贸易惯例和有关国家的法律实践，倒签提单是一种违法的欺骗行为。

（5）**预借提单**（Advanced B/L）是指托运人在装船之前或装船结束之前，为了及时结汇而向承运人预先借用的提单，这种提单和倒签提单一样，也是属于违法的欺骗行为。

综上所述，提单的种类很多，买卖双主洽商交易时，究竟采用哪一种提单，应在合同中具体订明。

二、其他主要运输单据

（一）铁路运单

铁路运单（Railway Bill）是铁路与货主间缔结的运输契约，国际铁路货物运输使用的运单和国内运单的格式和内容有所不同。国际铁路货物联运运单随同货物从始发站至终点站全程附送，最后交给收货人。它既是铁路承运货物的凭证，也是铁路向收货人交付货物和核收运费的依据。

（二）航空运单

航空运单（Airway Bill）是航空公司或其代理人出具的承运货物的收据，它是发货人与承运人缔结的运输契约，但不能作为物权凭证进行转让和抵押。航空运单也是海关查验放行的一项基本单据。

（三）邮包收据

邮包收据（Parcel Post Receipt）是邮局收到寄件人的邮包后出具的收据，它是收件人凭以提取邮包的凭证，当邮包发生灭失或损坏时，它还可作为索赔和理赔的依据。

（四）多式联运单据

多式联运单据（Multimodal Transport Document，MTD）是指证明多式联运合同以及证明多式联运经营人接管货物并负责按合同条款交付货物的单据，它由多式联运经营人签发。签发这种单据的多式联运经营人必须对全程运输负责，即不论货物在哪种运输方式下发生属于承运人责任范围内的灭失或损害，都要对托运货物的人负赔偿责任。多式联运单据使用的范围较联运提单为广，联运提单限于在由海运与其他运输方式所组成的联合运输时使用，而多式联运单据，既可用于海运与其他运输方式的联运，也可用于不包括海运的其他运输方式的联运。

【本章小结】

本章讨论了海运、陆运、空运等各种国际货物运输的方式，以及合同转运条款的制订与注意事项，介绍了各种运输单据的种类和作用。海运主要通过班轮运输和租船运输两种方式。班轮运输具有"四固定、一负责"的特点，装运货物的种类数量极为灵活，班轮运费的计算须查阅运价表。租船运输包括程租船和期租船两种。大宗货物常常采用租船运输，租船时要特别注意了解船运行市及租船合同与贸易合约的衔接。合同装运条款是对何时交货和如何交货等问题的规定，主要包括装运时间、装运港和目的港、分批装运和转船、滞期费和速遣费等条款。买卖双方应根据各自的实际情况，实事求是地做出安排。

【本章关键词】

班轮运输（Liner Transport）　　　租船运输（Charter Transport）
海运提单（Ocean Bill of Lading）　国际多式联运（International Multimodal Transport）
集装箱运输（Container Transport）　航空运输（Air Transport）

【复习与思考】

（一）名词解释

班轮运输　　租船运输　　滞期费　　速遣费　　海运提单
指示提单　　倒签提单　　预借提单　　空白背书

（二）翻译下列英文名词

1. bill of lading
2. to order
3. measurement ton
4. charter transport
5. weight ton
6. container transport
7. liner transport
8. FCL

（三）解释下列条款

1. Shipment will be effected during March/April/May 2000 in three equal monthly lots.
2. Shipment during Mar./Apr./May with partial shipments and transshipment allowed.

（四）简答题

1. 如何理解海运提单是物权凭证？
2. 班轮运费的计算标准有哪几种？请分别说明其含义。
3. 买卖合同中的装卸时间有哪些规定方法？规定装卸时间应注意什么问题？
4. 装运港和目的港在合同中的地位如何？规定装运港和目的港应注意什么问题？
5. 多式联运单据和联运提单有何区别？
6. 航空运单和邮包收据的性质和作用各如何？它们与海运提单的性质有何区别？

（五）技能训练题

1. 我某出口公司对拉美国家出口一批货物重 10 公吨，尺码吨 10.456 立方米，总值 CFR 6 000 美元，货物须在香港转船，请计算运费为多少美元？（每运费吨基本费率为港币 503，香港中转费每吨港币 51，燃油附加费每吨港币 80，有关汇率：1 美元等于人民币 8.31、1 港币等于人民币 1.07，计费标准为 W/M。）

2. 某公司出口一批货，共 2 640 件，总重量为 37.8 公吨，总体积为 124.486 立方米，由船公司装了一个 20 英尺和两个 40 英尺的集装箱，从上海装船，在香港转船运至荷兰鹿特丹。运费计算标准：M，等级 1~8 级，从上海至鹿特丹港口的直达费率和香港转船费率分别为 USD 1850/20′、USD 3515/40′ 和 USD 2050/20′、USD 3915/40′。试分别计算该批货物的直达和转船的总运费。

第四章 国际货物运输保险

【学习目标】

本章主要讲述海运货物保险承保的范围，我国海运货物保险的险别与条款及进出口货物运输保险实务等内容。

【案例索引】

有一份 FOB 合同，货物在装船后，卖方向买方发出装船通知，买方已向保险公司投保"仓至仓条款一切险"。但货物在从卖方仓库运往码头的途中，因意外而致 10%货物受损。事后卖方以保险单含有仓至仓条款，要求保险公司赔偿，但遭保险公司拒绝。后来卖方又以买方的名义凭保险单向保险公司提出索赔，但同样遭保险公司拒绝。在上述情况下，保险公司有无拒赔的权利？为什么？

在国际贸易中，从商品出口地到进口地，由于暴风雨、海啸、洪水等自然灾害，搁浅、触礁等意外事故以及串味、锈损等外来风险等原因，使货物在装卸、换运和储存的过程中损坏或灭失，致使买卖双方受到不必要的损失。为了保证货物在运输途中的安全，减少买卖双方的损失，托运人（买方或卖方）通常投保货物运输险，使自身利益不受侵害。因此，货物运输保险是进出口实务中不可缺少的一部分。

国际货物运输保险属于财产保险的范畴，它是以运输过程中的各种货物作为保险标的，被保险人（买方或卖方）向保险人（保险公司）按一定金额投保一定的险别，并交纳保险费。保险人承保后，如果保险标的在运输过程中发生承保范围内的损失，应按照规定给予被保险人经济上的补偿。国际货物运输保险的种类很多，包括海上货物运输保险、陆上货物运输保险、航空货物运输保险和邮包运输保险。在全球国际贸易中，有 80%货物的进出口是靠海运来完成的，故海洋运输货物保险作为国际货物运输保险的核心，对于国民经济的发展，尤其是外向型经济的发展起着至关重要的作用。

第一节 保险的基本原则

保险的基本原则主要有以下四种。

（一）可保利益原则

可保利益，也称为保险利益，是指投保人或被保险人必须对保险标的具有法律上承认的利益。就货物运输保险而言，保险利益主要是货物本身的价值，但也包括与此相关的费用，如运费、保险费、关税和预期利润等。它体现了投保人或被保险人与保险标的之间的利害关系：如果保险标的安全，那么投保人或被保险人可以从中获利；如果保险标的受损，那么被保险人必然会蒙受经济损失。例如，在运输途中，遇到海啸、整船货物全部沉入海底，使出口人、进口人、承运人等遭受巨大经济利益的损失。因此，在海洋货物运输保险中货物的出口人、进口人、承运人、佣金商等具有可保利益。

可保利益原则要求投保人对保险标的应当具有保险利益，否则保险合同无效。需要指出的是，国际贸易的特点决定了国际货运保险仅要求被保险人在保险标的发生损失时必须具有保险利益，而不是一定要在投保时便具有保险利益。例如，在国际货物买卖中，买卖双方分处两国，如以 FCA、FOB、CFR、CPT 条件达成的交易，货物风险的转移以货物在装运港越过船舷或在出口国发货地或装运地交付承运人为界。显然，在风险转移之前，仅卖方有保险利益，而买方无保险利益。如果一定要被保险人在投保时就必须有保险利益，则按这些条件达成的合同，买方便无法在货物装船或交付承运人之前及时对该货物办理保险。因此，在国际货运保险业务中，保险人可视为买方具有预期的保险利益而允予承保。

（二）最大诚信原则

最大诚信原则是指保险合同的双方当事人都能够自愿地向对方充分而准确地告知足以影响当事人判断风险大小、确定保险费率和确定是否承保等重要事实，不隐瞒、欺诈对方，善意地、全面地履行合同规定的义务。

最大诚信原则主要包括告知、保证和弃权与禁止反言三方面内容。

1. 告知

在保险合同订立之前、订立之时及在合同有效期内，投保人对于已知或应知的与标的有关的重要事实向保险人作口头或书面的申报；保险人则应将与投保人利害相关的重要事实通告投保人。

2. 保证

英国 1906 年《海上保险法》第 33 条规定，所谓保证是指一项承诺性的保证，即被保险人保证履行或不履行某一特定事项，要么保证履行某项条件，要么保证某一特定事实情况的存在或不存在。

保证分为明示保证和默式保证两种。**明示保证**是指以书面或文字条款的形式载于保险合同中的保证。**默式保证**是指在保险合同中未用文字明确列出，但根据有关的法律法规或国际惯例，被保险人应该保证对某种事情的行为或不行为。例如，海上保险的默式保证有三项。

（1）保险的船舶必须有适航能力。

（2）要按预定的或习惯的航线航行。

（3）必须从事合法的运输业务。

3. 弃权与禁止反言

这是指如果保险人自愿或有意识地放弃其在合同中可以主张的权利，那么，日后不得再向被保险人主张该种权利。例如，在海上保险中，如果保险人明知被保险轮船运送的是一批走私钢材而没有提出解除合同，则视为保险人放弃了从事合法运输业务这一要求的权利，那么，对于运送走私钢材发生的保险事故所造成的损失，保险人必须赔偿。

（三）近因原则

近因是指导致损失发生的最直接、最有效、起决定性作用的原因，而不是指时间上或空间上最接近的原因。尽管导致标的损失的原因多种多样，但只有近因的影响一直持续着，并造成最终损失。例如，雷击折断大树，大树压坏房屋，房屋倒塌致使家用电器损毁，则家用电器损毁的近因就是雷击。

所谓**近因原则**，是指保险人只对保险风险直接引起的损失负责赔偿，而对不是由于承保风险直接引起的损失不负责任。近因原则是对保险标的物所受损失是否进行赔偿的一项重要依据，因此，近因的判定至关重要，我们一般分成三种情况来分析。

1. 单一原因导致损失——单一原因属近因

例如，火灾造成房屋倒塌，则房屋受损的近因就是火灾。如果火灾属于除外责任，则保险人不负赔偿责任。

2. 一连串原因导致损失——第一个原因为近因

例如，一艘货轮将皮革和烟草从加尔各答运往汉堡，在途经地中海时遇到了暴风雨，使大量海水打入货舱，皮革被海水浸泡致腐烂，同时产生大量气味使烟草串味，造成损失。那么造成烟草损失的近因就是海上的恶劣气候及暴风雨，根据保险合同规定，保险人应予赔偿。

3. 各种独立原因导致损失——各个原因为近因

例如，两艘船发生碰撞，其中一艘进港修理，为了便于修理，将船上的柠檬卸到驳船上，待修完船后再重新装船。货到目的港，发现货物有两种损失，一种是卸货和重新装货过程搬运造成的损失，另一种是由于运输迟延导致水果腐烂。经法院认定，货损的近因是水果的易腐烂性和运输延迟的共同结果。

（四）损失补偿原则

损失补偿原则是指当保险标的发生保险责任范围内的损失时，保险人的赔偿应以被保险人遭受的实际损失为限，通过保险赔偿，使被保险人恢复到受灾前的经济原状，但不能以此而获得额外的利益。其中，保险人的赔偿是以实际损失、保险金额、保险利益为限，即三者之中取最小值为赔偿额。

损失补偿原则的派生原则如下。

1. 代位追偿权

代位追偿权是指当保险标的发生了保险责任范围内的由第三责任者造成的损失时，保险人向被保险人履行损失赔偿的责任后，有权取得被保险人在该项损失中向第三责任方要求索赔的权利。保险人在取得该项权利后,即可站在被保险的立场上向第三者追偿。例如,在远洋运输过程中由于承运人管理货物上的疏忽,货物被海水浸泡致损。保险人按照合同规定赔付了货损以后,可以继续向承运人进行追偿。

2. 重复保险的分摊原则

重复保险是指投保人对同一保险标的、同一保险利益、同一保险事故分别向两个及两个以上的保险人订立保险合同,且保险金额的总和超过保险价值的保险。因此,当保险事故发生时,为了使被保险人既能得到充分补偿,又不会超过其实际损失而获得额外的利益,各保险人应采取适当的分摊方法分配赔偿责任,由此,重复保险分摊原则应运而生,包括比例责任分摊方式、限额责任分摊方式和顺序责任分摊方式。

第二节 海运货物保险承保的范围

一、海运货物保险保障的风险

海上保险是以船舶和货物作为保险标的,把船舶在营运过程中、货物在运输途中可能遭遇的危险作为其保障范围。海上保险保障的风险可分为两大类:海上风险和外来风险。

(一)海上风险

海上风险是指在货船在海上航运过程中或随附海上运输过程中发生的灾难和事故。海上保险所承保的风险,按其发生性质可以分为自然灾害和意外事故两大类,但并不包括海上的一切危险。

1. 自然灾害

自然灾害是指客观存在的,不以人的意志为转移的自然界的力量所引起的灾害。其风险主要包括以下几方面。

(1)恶劣气候(Heavy Weather)。由于海上飓风、大浪所引起的船舶颠簸、倾斜所造成的船舶的船体和机器设备的损坏,以及船上所载货物的损失。

(2)雷电(Lightning)。保险标的在保险期限内,由雷电直接造成的或由雷电引起的火灾所造成的船舶和货物的损失。

(3)海啸(Tsunami)。海底地震或暴风所引起的海洋剧烈震荡而产生巨大波浪,从而导致海上航行的船舶及所载货物的损失。

(4)浪击落海(Washing Overboard)。存放在舱面上的货物在运输过程中受海浪冲击落海而造成的损失。

(5)洪水(Flood)。因江河泛滥、洪水暴发、湖水上岸和倒灌、暴雨积水导致保险货物遭受泡损、淹没、冲散等损失。

(6)地震(Earthquake)。即承保海底地壳的剧烈运动造成船舶和货物的直接损失,又承保地上发生地震引起停泊在港口的船舶和货物的损失。

(7) 火山爆发（Volcanic Eruption）。由于火山爆发产生的地震及喷发出的火山岩灰造成的保险货物的损失。

(8) 海水、湖水或河水进入船舶、驳船、运输工具、集装箱、大型海运箱或储存处所等。由于海水、湖水和河水进入船舶等运输工具或储存处所造成的保险货物的损失。

2. 意外事故

意外事故是指外来的、突然的、非意料之中的事故，该事故不仅局限于发生在海上，也包括发生在陆上，其具体含义如下。

(1) 火灾（Fire）。在航海中因意外起火失去控制造成船舶及其所载货物被火焚毁、烧焦、烟熏、烧裂等的经济损失，以及由于搬移货物、消防灌水等救火行为造成水渍所致的损失或其他损失。

(2) 爆炸（Explosion）。物体内部发生急剧的分解或燃烧，迸发出大量的气体和热力，致使物体本身及其他物体遭受猛烈破坏的现象。

(3) 倾覆（Overturn）。船舶由于遭受灾害事故而导致船身倾斜，处于非正常状态而不能继续航行。

(4) 搁浅（Grounded）。船舶在航行中，由于意外或异常的原因，船底与水下障碍物紧密接触，牢牢被搁住，并且持续一定时间失去进退自由的状态。

(5) 触礁（Stranded）。船舶在航行中触及海中岩礁或其他障碍物如木桩、渔栅等造成船体破漏或不能移动。

(6) 沉没（Sunk）。船舶全部没入水面以下，完全失去了继续航行的能力。

(7) 碰撞（Collision）。载货船舶同水以外的外界物体，如码头、船舶、灯塔、流冰等，发生猛力接触，所造成船上货物的损失。

(二) 外来风险

外来风险是指海上风险以外的其他外来原因所造成的风险，所谓外来原因必须是意外的、非预期的。因此，货物的自然损失和本质缺陷属于必然发生的损失，不应包括在外来风险所引起的损失之列。

根据我国海洋运输货物保险条款的规定，外来风险通常包括：偷窃（theft, pilferage）、短少和提货不着（short-delivery and non-delivery）、渗漏（leakage）、短量（shortage in weight）、碰损（clashing）、破碎（breakage）、钩损（hook damage）、淡水雨淋（fresh and/or rain water damage）、生锈（rusting）、玷污（contamination）、受潮受热（sweating and/or heating）和串味（taint of odour）。

此外，海上保险还可以承保由军事政治、国家政策法令及行政措施等特殊外来原因所引起的风险和损失。常规的特殊外来风险有战争（war）、罢工（strike）、因船舶中途被扣而导致交货不到（failure of delivery），以及货物被有关当局拒绝进口或没收而导致拒收（rejection）和进口关税损失等风险。

二、海运保险保障的损失

按照国际保险市场的一般解释,保险人承担凡是与海上运输有关联的海陆连接的运输过程中发生的损害、灭失及费用等海上损失。通常按照损失程度的不同,分为全部损失和部分损失。

(一) 全部损失

全部损失(Total Loss)是指运输中的整批货物或不可分割的一批货物全部损失,简称全损。按损失情况的不同,可分为实际全损和推定全损。

1. 实际全损

实际全损(Actual Total Loss)是保险标的发生保险事故后灭失,或完全受损以致丧失原有的形体效用。构成实际全损的情况有以下几种。

(1) 保险标的完全灭失。如,船舶触礁沉入海底。

(2) 保险标的的属性的毁灭,丧失了原有的用途和价值。如,水泥经海水浸泡后变成块状。

(3) 被保险人失去了保险标的所有权,并无法挽回。如,战时保险货物被敌方扣留并宣布为战利品。

(4) 船舶失踪达一定时期(4个月或6个月)仍无音讯。如果保险人按实际全损赔付被保险人后,失踪的船舶又找到了,被保险人应退还赔款。

2. 推定全损

推定全损(Constructive Total Loss)又称商业全损。保险标的虽然尚未达到全部灭失的状态,但是完全灭失将是不可避免的,或者修复该标的或运送货物到原定目的地所耗费用将达到或超过其实际价值。如果发生了推定全损,那么被保险人要办理委付。

委付是被保险人在获悉受损情况后,以书面或口头方式向保险人发出委付通知书(Notice of Abandonment),声明愿意将保险标的的一切权益,包括财产权及一切由此产生的权利与义务转让给保险人,而要求保险人按全损给予赔偿的一种行为。如果被保险人决定索赔推定全损,则应在合理的时间内及时发出委付通知。委付通知可以是书面的或是口头的,并且要有明确的委付或放弃的意图。委付通知应是无条件的,并直接呈交保险人。

(二) 部分损失

部分损失是指保险标的损失没有达到全部损失程度的一种损失,即凡不构成全损的海损均是部分损失。部分损失按其性质可分为单独海损和共同海损。

1. 单独海损

单独海损(Particular Average)是指保险标的因所保风险引起的非共同海损的一种部分损失。单独海损具有以下特点。

(1) 必须是意外的、偶然的保险责任范围内的风险所引起的损失。

(2) 属于船方、货方或其他利益方单方面所遭受的损失。

(3) 保险标的单独海损是否可以得到赔偿,由所属的保险条款所决定。

2. 共同海损

共同海损（General Average）是指当船、货及其他利益方处于共同危险时，为了共同的利益而故意地采取合理的措施所引起的特殊的牺牲和额外费用。共同海损包括如下内容。

（1）共同海损牺牲。如船舶在海上航行时遇到大风浪，为了保证航行安全，船长不得不下令抛弃一部分货物，被抛弃的货物被称为共同海损牺牲。

（2）共同海损费用。如航船在航行中，因意外原因触礁。为了使船舶脱险，船长只好雇用驳船将部分货物暂时卸下，或雇用拖轮将船舶拖带脱险，期间发生的拖船的拖带费用、驳船费用及装卸费用等，都属于共同海损费用。

（3）共同海损分摊。由于牺牲和费用等损失都是为了保全船货的共同安全而做出的，显然完全由货主来负担不公平，所以应由得到保全利益的一切船货所有者共同分摊。

三、海运保险保障的费用

海上风险不仅使保险标的本身遭受损失，而且为了避免损失的扩大，还会引起费用的支出。海上运输货物保险和船舶保险承保的费用损失主要包括施救费用、救助费用。

（一）施救费用

施救费用是指保险标的在遭受保险责任范围内的灾害事故时，被保险人（或其代理人、雇用人员、受让人）为了避免或减少损失，采取各种抢救与防护措施所支付的合理费用。

保险人对施救费用赔偿的条件如下。

（1）施救费用必须是合理的和必要的。

（2）施救费用必须是为防止或减少承保风险造成的损失所采取的措施而支出的费用。

（3）施救费用是指由被保险人及其代理人、雇用人采取措施而支出的费用。

（4）施救费用的赔偿与措施是否成功无关。

（二）救助费用

救助费用是指船舶或货物遭遇海上危险事故时，对于自愿救助的第三者采取的使船舶或货物有效地避免或减少损失的救助行为所支付的酬金。

救助费用产生必须具备下列条件。

（1）救助必须是第三人的行为。

（2）救助必须是自愿的。

（3）救助必须有实际效果。

第三节　我国海洋货物运输保险的险别

海洋运输货物保险（Marine Cargo Insurance）是指保险人对于货物在运输途中因海上

自然灾害、意外事故或外来原因而导致的损失负赔偿责任的一种保险。为适应不同投保人对保险的不同要求，各国保险组织或保险公司将其承保的风险按范围的不同划分成不同的险别，并以条款的形式分别予以明确。

我国现行的《海洋运输货物保险条款》是中国人民保险公司的"中国保险条款"（China Insurance Clause，C.I.C.）中的海洋运输货物保险条款（Ocean Marine Cargo Clauses 1/1/1981），1981年1月1日修订。习惯上，我国海洋运输货物保险的险种分为基本险、附加险和专门险三类，基本险可以单独投保，而附加险不能单独投保，只有在投保某一种基本险的基础上才能加保附加险。

一、基本险

基本险又称为主险，分为平安险、水渍险和一切险三种。该条款共有五部分内容：责任范围、除外责任、责任起讫、被保险人的义务和索赔期限。

（一）责任范围

1. 平安险（Free from Particular Average，F.P.A.）

平安险原意是"单独海损不赔"，即保险人只负责赔偿保险标的发生的全损，但目前平安险的责任范围远远超出了此范围。根据我国现行海运货物保险条款，平安险规定的责任范围包括以下八项。

（1）被保险货物在运输途中由于恶劣气候、雷电、海啸、地震、洪水等自然灾害造成整批货物的全部损失或推定全损。当被保险人要求赔付推定全损时，应将受损货物及其权利委付给保险公司。被保险货物用驳船运往或运离海轮的，每一驳船所装的货物可视为一个整批。

（2）由于运输工具遭受搁浅、触礁、沉没、互撞、与流水或其他物体碰撞及失火、爆炸等意外事故造成货物的全部或部分损失。

（3）在运输工具已经发生搁浅、触礁、沉没、焚毁等意外事故的情况下，货物在此前后又在海上遭受恶劣气候、雷电、海啸等自然灾害所造成的部分损失。

（4）在装卸或转运时由于一件或数件整件货物落海造成的全部或部分损失。

（5）被保险人对遭受承保责任内危险的货物采取抢救、防止或减少货损的措施而支付的合理费用，但以不超过该批被救货物的保险金额为限。

（6）运输工具遭遇海难后，在避难港由于卸货所引起的损失，以及在中途港、避难港由于卸货、存仓及运送货物所产生的特别费用。

（7）共同海损的牺牲、分摊和救助费用。

（8）运输契约订有"船舶互撞责任"条款，根据该条款规定应由货方偿还船方的损失。

2. 水渍险（With Average 或者 With Particular Average，简称分别为 W.A.和 W.P.A.）

水渍险原意是"负责单独海损责任"，其承担责任范围如下。

（1）平安险承保的全部责任。

（2）被保险货物在运输途中，由于恶劣气候、雷电、海啸、地震、洪水等自然灾害所造成的部分损失。

由此可见，水渍险包括了由于海上风险所造成的全部损失和部分损失，并不是只对货物遭受海水水渍的损失负责，也不是仅对单独海损负责。

3．一切险（All Risks）

一切险除了承保水渍险的所有责任之外，还包括被保险货物在运输途中由于外来原因所造成的全部损失或部分损失，即一切险是水渍险和一般附加险的总和。

虽然一切险较平安险和水渍险为广，但保险人并非对任何风险所致的损失都负责。如货物的内在缺陷和自然损耗等一些不可避免的、必然发生的危险所致的损失，保险人均不负赔偿责任。同时，一切险的承保责任属于列明风险式，被保险人有证明损失是由承保风险造成的举证责任。

（二）除外责任（Exclusions）

我国《海洋运输货物保险条款》规定，保险人对下列损失不负赔偿责任。

（1）被保险人的故意行为或过失所造成的损失。如被保险人参与海运欺诈，故意装运走私货物；或被保险人不及时提货而造成的货损或损失扩大。

（2）属于发货人责任所引起的损失。如货物包装不足、不当或标志不清或错误。

（3）在保险责任开始前，被保险货物已存在的品质不良或数量短差所造成的损失。如货物的"原残"，如易生锈的钢材、二手机械设备等货物常存在严重的原残。

（4）被保险货物的自然损耗、本质缺陷、特性及市价跌落、运输迟延所引起的损失或费用。如豆类含水量减少而导致货物自然短重；某些粮谷在装船前已有虫卵，遇到适当温度而孵化，货物被虫蛀受损；水果发霉、煤炭自燃；等等。

（5）海洋运输货物战争险条款和货物运输罢工险条款规定的责任范围和除外责任。

（三）责任起讫

责任起讫亦称保险期间或保险期限，是指保险人承担保险责任的起讫期限。由于海运货物保险航程的特殊性，保险期限一般没有具体的起讫日期，所以我国海运货物基本险保险期限按国际惯例，采取"仓至仓"条款（Warehouse to Warehouse Clause，W/W Clause）的原则。

1．保险责任的开始

保险人对于被保险货物所承担的保险责任，从货物运离保险单所载明的起讫地仓库或储存处所开始运输时生效，包括正常运输中的海上、陆上、内河和驳船运输在内，保险责任持续有效。正常运输过程包括正常的运输路线、正常运输方式（运输工具）和正常的速遣。

2．保险责任的终止

（1）正常运输情况下，保险责任在下列情况发生之时终止，并以先发生者为准：

① 货物运达保险单所载明目的地收货人的最后仓库或储存处所。

② 货物运达保险单所载明目的地或中途的任何其他仓库或储存处所，被保险人将这些

仓库或储存处所用作正常运送过程以外的储存或分配、分派。

③ 被保险货物在最后卸载港全部卸离海轮后起满 60 天。如果货物在上述 60 天之内需要被转运到非保险单载明的目的地时，保险责任则于货物开始转运时终止。

（2）如果发生了被保险人无法控制的意外情况

由于被保险人无法控制的运输迟延、绕道、被迫卸货、重新装载、转载或承运人行使运输契约所赋予的权利所做的任何航海上的变更或终止运输契约，致使货物被运到非保险单载明的目的地时，在被保险人及时将所获知的情况通知保险人并在必要时加缴保险费的情况下，保险责任可以继续有效。保险责任在下列情况下终止，并以先发生者为准：

① 被保险货物在非保险单载明的目的地出售，保险责任至交货时为止。

② 被保险货物在卸载港全部卸离海轮后满 60 天。

③ 在上述 60 天期限内，被保险货物被续运至原定目的地或其他目的地，保险责任在该目的地的终止同"正常运送情况下"保险责任终止的规定。

海运货物保险人的责任除了受上述"仓至仓"条款的制约外，在海船无法靠岸货物需要驳运的情况下，双方还可以在保险单中声明采用"驳船条款"（Craft Clause）。驳船条款规定保险人对货物在驳运过程中因承保风险造成的损失予以赔偿，并且被保险人的权益并不因为他与驳运人订有任何免责协议而受到影响。

为了配合进口货物在提单载明的卸货港卸货后要转运至国内其他地区的需要，中国人民保险公司还订有"海运进口货物国内转运期间保险责任扩展条款"。该条款规定，在上述情况下，保险公司按海洋运输货物保险条款规定的险别（战争险除外）继续负责转运期间的保险责任，直至货物运至转运单据上载明的国内最后目的地。保险责任在下述情况下终止，并以先发生者为准：

① 经收货单位提货后运抵其仓库时。

② 自货物进入承运人仓库或堆场当日午夜起算满 30 天。

（四）被保险人的义务

如果被保险人未履行其义务从而影响保险人利益，那么保险人有权对有关损失拒绝赔偿。我国现行海洋运输货物保险条款第 4 条规定的被保险人的义务如下。

（1）及时提货义务。

（2）施救义务。

（3）更正保单内容的义务。

（4）提供索赔单证的义务。

（5）被保险人在获悉有关运输契约中"船舶互撞责任"条款的实际责任时，须及时通知保险人。

（五）索赔期限

索赔期限亦称索赔时效，是指被保险货物发生保险责任范围内的损失时，被保险人向保险人提出索赔的有效期限。我国《海洋运输货物保险条款》规定索赔期限为两年，自被保险货物运到目的港全部卸离海轮之日起计算。

二、附加险

为了满足投保人的需要，保险人在基本险条款的基础上又制定了各种附加险条款。这些附加险是基本险的扩大和补充，不能单独投保，只能在投保基本险之后才能加保。为了易于区分，我国海洋运输货物保险的附加险可以分为一般附加险、特别附加险和特殊附加险三类。

（一）一般附加险

一般附加险（General Additional Risks）又称为普通附加险，承保一般外来原因所造成的全部和部分损失。我国承保的一般附加险有以下 11 种。

（1）偷窃、提货不着险（Theft Pilferage and Non-Delivery）。主要承保在保险有效期内，被保险货物被偷走或窃取，以及货物抵达目的地后整件未交的损失。"偷"一般指货物整件被偷走，"窃"一般是指货物中的一部分被窃取，偷窃不包括使用暴力手段的公开劫夺。提货不着是指货物的全部或整件未能在目的地交付给收货人。

（2）淡水雨淋险（Fresh Water and/or Rain Damage）。主要承保被保险货物在运输途中，由于淡水、雨淋及冰雪融化所造成的损失。

（3）短量险（Risk of Shortage）。承保货物在运输过程中货物数量短缺或重量短少的损失。对于有包装货物的短少，必须有外包装发生异常的现象，如外包装破裂、破口、扯缝等。对于散装货物不包括正常的途耗。

（4）混杂、玷污险（Risk of Intermixture and Contamination）。承保货物在运输途中，混进了杂质或被玷污所造成的损失。

（5）渗漏险（Risk of Leakage）。主要承保流质、半流质、油类等货物在运输过程中因为容器损坏而引起的渗漏损失，或用液体储藏的货物因液体的渗漏而引起的货物腐败等损失。

（6）碰损和破碎险（Risk Clash and Breakage）。承保货物在运输途中由于震动、碰撞、挤压等造成货物本身碰损或破碎的损失。如金属机器、木家具的凹瘪、划痕、脱漆等损失。

（7）串味险（Risk of Odour）。承保在保险期间货物受其他物品影响串味造成的损失。如食品、中药材、化妆品在运输途中与樟脑堆放在一起，樟脑串味对上述货物造成的损失。

（8）受潮受热险（Damage Caused by Sweating and Heating）。承保被保险货物在运输途中因气温突然变化或由于船上通风设备失灵致使船舱内水气凝结、发潮或发热所造成的损失。

（9）钩损险（Hook Damage）。承保袋装、捆装货物在装卸或搬运过程中，由于装卸或搬运人员操作不当、使用钩子将包装钩坏而造成货物的损失，以及对包装进行修补或调换所支付的费用。

（10）包装破裂险（Breakage of Packing）。承保装卸、搬运货物过程中因包装破裂造成货物的短少或玷污等损失，以及为继续运输需要对包装进行修补或调换所支付的费用。

（11）锈损险（Risk of Rust）。承保金属或金属制品一类的货物在运输过程中发生的锈损。

当投保险别为平安险或水渍险时，可加保上述 11 种一般附加险中的一种或多种险别。但如已投保了一切险，就不需要再加保一般附加险，因为保险公司对于承保一般附加险的责任已包含在一切险的责任范围内。

（二）特别附加险

特别附加险（Special Additional Risk）所承保的风险大多与国家行政管理、政策措施、航运贸易习惯等因素有关。我国承保的特别附加险有以下 6 种。

（1）交货不到险（Failure to Delivery）。承保从被保险货物装上船开始，如果在预定抵达日期起满 6 个月仍不能运到原定目的地交货，则不论何种原因，保险人均按全部损失赔付。

（2）进口关税险（Import Duty Risk）。针对有些国家和地区对某些货物征收很高的进口关税，而且不论货物抵达时是否完好，一律按发票上载明的价值征收这一情况而设立的特别险别。如果货物发生保险责任范围内的损失，而被保险人仍须按完好货物完税时，保险人对受损货物所缴纳的关税负赔偿责任。

（3）舱面险（On Deck Risk）。承保装载于舱面的货物因被抛弃或被风浪冲击落水所造成的损失。

（4）拒收险（Rejection Risk）。承保货物在进口时，不论何种原因在进口港被进口国的政府或有关当局拒绝进口或没收所造成的损失。保险人一般按货物的保险价值进行赔偿。

（5）黄曲霉毒素险（Aflatoxin Risk）。黄曲霉素是一种致癌的物质，如果被保险货物在进口港或进口地经当地卫生当局检验证明，因含黄曲霉素超标而被拒绝进口、没收或强制改变用途时，保险人按照被拒绝进口、被没收部分货物的价值或改变用途所造成的损失负责赔偿。

（6）出口货物到香港（包括九龙在内）或者澳门存仓火险责任扩展条款（Fire Risk Extension Clause for Storage of Cargo at Destination Hong Kong, including Kowloon, or Macao）。承保我国内地出口到港澳地区的货物，如果直接卸到保险单载明的过户银行所指定的仓库时，则延长存仓期间的火险责任。这是因为我国内地出口到港澳的货物，有些是向我国在港澳的银行办理押汇。在货主向银行清还货款之前，货物的权益属于银行，因而在这些货物的保险单上注明过户给放款银行。如保险货物抵达目的地后，货物尚未还款，则往往将其存放在过户银行指定的仓库中。为了使货物在存仓期间发生火灾能够得到赔偿，特设立这一险别。

（三）特殊附加险（Specific Additional Risk）

根据我国现行海运货物保险条款规定，海运货物战争险、战争附加费用险和海运货物罢工险是海上运输货物保险的三个特殊附加险。

（1）海洋运输货物战争险（Ocean Marine Cargo War Risk）。海洋运输货物战争险承保被保险货物由于战争、类似战争行为、武装冲突或海盗行为所造成的直接损失，以及由此而引起的捕获、拘留、扣留、禁止、扣押所造成的损失；还负责各种常规武器（包括鱼雷、水雷、炸弹）所致的损失以及由于上述责任范围而引起的共同海损的牺牲、分摊和救助费用；但对使用原子或热核武器所造成的损失和费用不负赔偿责任。

战争险的保险责任起讫是以水上危险（waterborne）为限，即自货物在起运港装上海轮或驳船时开始，直到目的港卸离海轮或驳船时为止。不卸离海轮或驳船，则从海轮到达目的港的当日午夜起算满15天，保险责任自行终止；如在中途港转船，不论货物是否在当地卸货，保险责任以海轮到达该港或卸货地点的当日午夜起算满15天为止，俟再装上续运海轮时恢复有效。

（2）战争附加费用险。战争附加费用险承保由于战争险风险引起航行中断或挫折，以及由于承运人在契约权限内，把货物卸在保险单载明的目的港以外的港口或地点所产生的附加的合理的费用。如保险人对上岸、卸货、存仓、转运费、关税及保险费等提供保障。

（3）海运货物罢工险（Ocean Marine Cargo Strike Risks）。海运货物罢工险承保被保险货物由于罢工者，被迫停工工人，参加工潮、暴动、民众斗争的人员的行为，或任何人的恶意行为所造成的保险货物的直接损失，以及由于上述行为所引起的共同海损牺牲、分摊和救助费用。但对在罢工期间由于劳动力短缺或不能使用劳动力所造成的被保险货物的损失，包括因罢工而引起的动力或燃料缺乏使冷藏机停止工作所致的冷藏货物的损失，以及无劳动力搬运货物，使货物堆积在码头淋湿受损，不负赔偿责任。

罢工险对保险责任起讫的规定与其他海运货物保险险别一样，采取"仓至仓"条款。按国际保险业惯例，已投保战争险后另加保罢工险，不另增收保险费。如仅要求加保罢工险，就按战争险费率收费。

三、专门险

专门险条款又称为特种货物保险条款，可以单独投保，属于基本险性质。我国海上保险市场上目前常用的特种货物海运保险条款主要有海洋运输冷藏货物保险条款和海洋运输散装桐油保险条款。

（一）海洋运输冷藏货物保险条款

海洋运输冷藏货物保险条款（Ocean Marine Insurance Clause—Frozen Products）包括冷藏险（Risks for Frozen Products）和冷藏一切险（All Risks for Frozen Products）。

冷藏险与海运货物水渍险的责任范围相同，除了承保冷藏货物在运输途中由于海上自然灾害或意外事故造成的腐败或损失外，还对由于冷藏机器停止工作连续达24小时以上所造成的腐败和损失负责。

冷藏一切险的责任范围是在冷藏险的责任范围基础上，增加承保"一般外来原因所致的腐败和损失"。

海运冷藏货物保险的除外责任包括海洋运输货物保险条款的除外责任，但对以下两种情况不负赔偿责任。

（1）被保险货物在运输过程中的任何阶段因未放在有冷藏设备的仓库或运输工具中，或辅助工具没有隔温设备所造成的货物腐败。

（2）被保险货物在保险责任开始时未保持良好状态，包括整理加工和包扎不妥、冷冻上不合乎规定及肉食骨头变质所引起的货物腐败和损失。

海洋运输冷藏货物保险的责任起讫与海洋运输货物三种基本险的责任起讫基本相同。然而，货物到达保险单所载明的最后目的港后，如在30天内卸离海轮，并将货物存入岸上冷藏仓库，那么保险责任继续有效，但以货物全部卸离海轮时起算满10天为限。在上述期限内货物一经移出冷藏仓库，保险责任即告终止。如果货物卸离海轮后不存入冷藏仓库，那么保险责任至卸离海轮时终止。

（二）海洋运输散装桐油保险条款

海洋运输散装桐油保险（Ocean Marine Insurance Clauses—Woodoil Bulk）除了承保海运货物保险条款的保险责任以外，还承保因任何原因所致保险桐油的短量、渗漏超过免赔率部分损失，被保险桐油的玷污和变质的损失及共同海损、分摊和救助费用、施救费用。

海洋运输散装桐油保险的责任起讫也按"仓至仓"条款负责，但是，如果被保险散装桐油运抵目的港不及时卸载，则自海轮抵达目的港时起满15天，保险责任即行终止。

第四节 伦敦保险业协会海运货物保险条款

一、伦敦保险业协会海运货物保险条款的种类

英国伦敦保险业协会的《协会货物条款》（*Institute Cargo Clauses*，ICC）最早制定于1912年。为了适应新的发展需要，伦敦保险业协会多次对条款进行修改。最近一次修改完成于1982年1月1日，并于1983年4月1日开始在伦敦保险市场使用"伦敦协会货物保险新条款"。

现行的ICC主要有六套，代表六个险种：协会货物（A）险条款（Institute Cargo Clause A，ICC（A））；协会货物（B）险条款（Institute Cargo Clause B，ICC（B））；协会货物（C）险条款（Institute Cargo Clause C，ICC（C））；协会战争险条款（货物）（Institute War Clauses—Cargo）；协会罢工险条款（货物）（Institute Strikes Clauses—Cargo）；恶意损害险条款（Malicious Damage Clauses）。

在上述六种险别条款中,除了恶意损害险外,其余五种险别均按条文的性质同意划分为八个部分,内容是:承保风险(Risks Covered);除外责任(Exclusion);保险期间(Duration);索赔(Claims);保险的利益(Benefit of Insurance);减少损失(Minimizing Losses);防止迟延(Avoidance of Delay);法律和惯例(Law Practice)。

以上八项内容中,除了前三项外,其他五项在 ICC(A)、ICC(B)、ICC(C)及 ICC 战争险和 ICC 罢工险中都是完全相同的。各个险别条款的结构统一,体系完整。因此,除了 ICC(A)、ICC(B)、ICC(C)三种可以单独投保外,战争险和罢工险在需要时也可作为独立的险别进行投保。

二、伦敦协会货物保险新条款的主要内容

(一)承保范围

1982 年协会货物条款 ICC(A)、ICC(B)、ICC(C)的承保责任范围是由三个条款构成的,它们是承保风险条款、共同海损条款和船舶互有过失碰撞责任条款。三种险别的区别,主要反映在风险条款中。

1. 风险条款(Risks Clause)

(1) ICC(A)的承保风险。ICC(A)关于承保风险的规定采用"一切险减除外责任"的概括说明方式,因此对 ICC(A)的全面理解有赖于对它的"除外责任"的理解。

ICC(A)承保的风险具体包括以下几项:ICC(B)承保的所有风险;海盗行为;恶意损害行为;外来风险造成的货物损失。

(2) ICC(B)的承保风险。ICC(B)对承保风险的规定采用列明风险方式。

ICC(B)承保的具体风险如下。灭失或损害可合理归因于下列原因者:火灾或爆炸;船舶或驳船遭受搁浅、触礁、沉没或倾覆;陆上运输工具的倾覆或出轨;船舶、驳船或运输工具同水以外的任何外界物体碰撞;在避难港卸货;地震、火山爆发或雷电。灭失或损害由于下列原因造成者:共同海损牺牲;抛货或浪击落海;海水、湖水或河水进入船舶、驳船、运输工具、集装箱、大型海运箱或储存处所;货物在船舶或驳船装卸时落海或跌落造成任何整件的全损。

(3) ICC(C)的承保风险。ICC(C)对承保风险的规定采用的是列明风险方式。ICC(C)只承担重大意外事故,而不承担自然灾害及非重大意外事故所造成的货损。

ICC(C)承保的具体风险如下。灭失或损害合理归因于下列原因者:火灾、爆炸;船舶或驳船搁浅、触礁、沉没或倾覆;陆上运输工具倾覆或出轨;船舶、驳船或运输工具同水以外的任何外界物体碰撞;在避难港卸货。灭失或损害由于以下原因造成者:共同海损牺牲;抛货。

为了便于理解,将 ICC(A)、ICC(B)及 ICC(C)三种险别中保险人承保的风险列于表 4-1 进行比较。

表 4-1　ICC（A）、ICC（B）及 ICC（C）三种险别中保险人承保的风险比较

承保风险	ICC（A）	ICC（B）	ICC（C）
（1）火灾、爆炸	√	√	√
（2）船舶、驳船的触礁、搁浅、沉没、倾覆	√	√	√
（3）陆上运输工具的倾覆或出轨	√	√	√
（4）船舶、驳船或运输工具同出水以外的任何外界物体碰撞	√	√	√
（5）在避难港卸货	√	√	√
（6）地震、火山爆炸或雷电	√	√	×
（7）共同海损牺牲	√	√	√
（8）共同海损分摊和救助费用	√	√	√
（9）运输合同订有"船舶互撞责任"条款，根据该条款的规定应由货方偿还船方的损失	√	√	√
（10）投弃	√	√	√
（11）浪击落海	√	√	×
（12）海水、湖水或河水进入船舶、驳船、运输工具、集装箱、大型海运箱或贮存处所	√	√	×
（13）货物在船舶或驳船装卸时落海或跌落，造成任何整体的全损	√	√	×
（14）由于被保险人以外的其他人（如船长、船员等）的故意违法行为所造成的损失或费用	√	×	×
（15）海盗行为	√	×	×
（16）由于一般外来原因造成的损失	√	×	×

说明：① "√"代表承保风险；"×"代表免责风险或不承保风险；
　　　② 第（13）项即"吊索损害"，第（14）项即"恶意损害"。

2．共同海损条款（General Average Clause）

共同海损条款的具体内容是："本保险承保共同海损和救助费用，其理算与确定应依据海上货物运输合同和/或准据法及习惯。该项共同海损和救助费用的产生，应为避免任何原因所造成的或与之有关的损失所引起的，但本保险规定的不保风险和除外责任引起的除外。"

3．船舶互撞责任条款（Both to Blame Collision Clause）

船舶互撞责任条款的具体内容是："本保险扩大对被保险人的赔偿范围，根据运输契约'船舶互撞责任'条款的规定，应由被保险人承担的比例责任，视为本保险单项下应予赔偿的损失。如果船舶所有人根据上述条款提出任何索赔要求，被保险人同意通知保险人，保险人有权自负费用为被保险人就此项索赔进行辩护。"

（二）除外责任

为了明确保险人的责任，方便合同当事人，新条款将保险人的除外责任明确地列举出来。它包括一般除外责任、不适航与不适货除外责任、战争险除外责任和罢工险除外责任。

1. 一般除外责任（General Exclusions Clause）

（1）可归因于被保险人的蓄意恶行的灭失、损害或费用。

（2）保险标的自然渗漏，重量、体积的自然损耗或自然磨损。

（3）保险标的包装或准备不足、不当引起的灭失、损害或费用。

（4）保险标的固有缺陷或性质引起的灭失、损害或费用。

（5）迟延直接造成的灭失、损害或费用，即使该迟延是由承保风险引起的。

（6）因船舶所有人、经理人、承租人或经营人的破产或财务困难产生的灭失、损害或费用。

（7）因使用原子、核裂变或核聚变、其他类似反应、放射性力量或货物所制造的战争武器而产生的灭失、损害或费用。

ICC（A）、ICC（B）、ICC（C）对于一般除外责任的规定基本上是一致的。但 ICC（A）仅对被保险人的故意不法行为所致损失和费用不赔偿，而 ICC（B）、ICC（C）则规定对任何人的故意不法行为对保险标的造成的损失和费用不赔偿。

2. 不适航与不适货除外责任（Unseaworthiness and Unfitness Exclusion Clause）

（1）保险货物在装船时，如被保险人或其雇用人员已经知道船舶不适航，以及船舶、驳船、运输工具、集装箱或起重运货车的不适货，则由不适航与不适货而造成保险货物的灭失、损害或费用，保险人不负赔偿责任。

（2）只要被保险人或雇用人员知道船舶等运输工具的不适航、不适货，则保险人对因违反船舶适航性及适货性的默示保证造成的货物损失就不承担赔偿责任。

ICC（A）、ICC（B）、ICC（C）关于不适航与不适货除外责任的规定是完全一致的。

3. 战争险除外责任条款（War Exclusion Clause）

战争险除外责任条款中的各项责任均为协会战争险条款承保的风险责任，鉴于有协会战争险条款承保战争风险，因此将战争险承保的各项责任列为标准条款，即 ICC（A）、ICC（B）、ICC（C）的除外责任。

海运货物保险人对于以下风险造成的货物损失不承担责任。

（1）战争、内战、革命、造反、叛乱及由此引起的内乱或任何交战方之间的敌对行为。

（2）捕获、扣押、扣留、拘禁或羁押（海盗除外）和由此种行为引起的后果或进行此种行为的企图。

（3）被遗弃的水雷、鱼雷、炸弹或其他被遗弃的战争武器。

ICC（A）、ICC（B）、ICC（C）关于战争险除外责任的规定基本是一致的，但 ICC（A）承保海盗风险，ICC（B）、ICC（C）不承保海盗风险。

4. 罢工险除外责任条款（Strikes Exclusion Clause）

罢工险除外责任条款中的各项责任均为协会罢工险条款承保的风险责任，鉴于有协会罢工险条款承保罢工风险，因此将罢工险承保的各项责任列为标准条款即 ICC（A）、ICC（B）、ICC（C）的除外责任。

海运货物保险人不承担下列损失、损害或费用。
(1) 罢工者、被迫停工工人，以及参加工潮、暴动或民变的人员造损者。
(2) 罢工、停工、工潮、暴动或民变造损者。
(3) 恐怖分子或出于政治动机而行为的人员造损者。
ICC（A）、ICC（B）、ICC（C）关于罢工险除外责任的规定基本是一致的。

（三）保险期限

ICC（A）、ICC（B）、ICC（C）三个条款有关保险期限的规定是完全一致的，主要包含"运输条款"（Transit Clause）、"运输合同终止条款"（Termination of Contract of Carriage Clause）和"变更航程条款"（Change of Voyage Clause）。

（四）索赔事宜（Claims）

如果保险标的发生了保险责任范围内的保险事故，就要进行索赔。ICC（A）、ICC（B）、ICC（C）条款关于索赔事宜的规定是基本一致的，主要包括"可保利益条款"（Insurable Interest Clause），"续运费用条款"（Forwarding Charges Clause），"推定全损条款"（Constructive Total Loss Clause）和"增加价值条款"（Increased Value Clause）。

第五节 其他运输方式下的货运保险

在国际贸易中，货物运输除了主要采用海洋运输方式外，还有陆上运输、航空运输、邮政包裹运输，以及由其中的两种或两种以上的运输方式组成的多式联运的方式。

一、陆上运输货物保险

陆上运输货物保险（Overland Transportation Cargo Insurance）承保以火车、汽车为主要交通工具运输货物的风险。中国人民保险公司于1981年1月1日修订的《陆上运输货物保险条款》（Overland Transportation Cargo Insurance Clauses）规定，陆运货物保险的基本险有"陆运险"（Overland Transportation Risks）和"陆运一切险"（Overland Transportation All Risks）两种，另外，还有专设的基本险"陆上运输冷藏货物保险"（Overland Transportation Insurance—frozen products）以及附加险"陆上运输货物战争险（火车）"（Overland Transportation Cargo War Risks—by train）。

（一）陆运险

陆运险与海洋运输货物保险条款中的"水渍险"或 ICC（B）承保的责任范围相似。保险人负责赔偿被保险货物在运输途中遭受暴风、雷电、洪水、地震等自然灾害，或由于运输工具遭受碰撞、倾覆、出轨或在驳运过程中因驳运工具遭受搁浅、触礁、沉没、碰撞，或由于遭受隧道坍塌、崖崩、失火、爆炸等意外事故所造成的全部或部分损失。此外，对于施救、防止或减少货损的措施而支付的合理费用，保险人也负责赔偿，但以不超过此批被救货物的保险金额为限。

（二）陆运一切险

陆运一切险与海洋运输货物保险条款中的"一切险"或 ICC（A）承保的范围相似。保险人除了承保陆运险的赔偿责任外，还负责被保险货物在运输途中由于偷窃、短量、渗漏、碰损等一般外来原因所造成的全部或部分损失。

以上责任范围均适用于火车和汽车运输，并以此为限。

陆运险和陆运一切险与海洋运输货物险的除外责任基本相同。

（三）陆上运输冷藏货物险

陆上运输冷藏货物险是陆上货物运输险中的一种专门保险。它除了负责陆运险所列举的自然灾害和意外事故所造成的全部或部分损失外，还负责赔偿由于冷藏机器或隔温设备在运输途中损坏所造成的被保险货物解冻溶化而腐败的损失。

一般的除外责任适用于本条款，另外，本条款对于战争、罢工或运输延迟所造成的被保险货物的损失，以及被保险冷藏货物在保险责任开始时冷藏不合格、包扎不妥等造成的损失不负赔偿责任。

陆上运输冷藏货物险的责任自被保险货物运离保险单所载起运地点的冷藏仓库装入运送工具开始运输时生效，包括正常的陆运和与其有关的水上驳运在内，直至货物到达保险单所载明的目的地收货人仓库为止。但是最长保险责任的有效期限以被保险货物到达目的地车站后 10 天为限。

陆上运输冷藏货物险的索赔实效为：从被保险货物在最后目的地车站全部卸离车辆后算起，最多不超过两年。

（四）陆上运输货物战争险

该险承保火车在运输途中由于战争、类似战争行为、敌对行为、武装冲突及各种常规武器所致的损失。但对于敌对行为中使用原子弹或核武器所造成的损失和费用，保险人不负赔偿责任。此险为陆上运输货物险的附加险，只有在投保了陆运险或陆运一切险的基础上经过投保人与保险公司协商后方可加保此险，但目前仅限于火车运输。

陆上运输货物战争险的责任起讫与海运战争险相似，以货物置于运输工具时为限。

二、航空运输货物保险

航空运输货物保险（Air Transportation Cargo Insurance）是承保以飞机装载的航空运输货物为保险标的的一种保险。中国人民保险公司于 1981 年 1 月 1 日修订的《航空运输货物保险条款》（*Air Transportation Cargo Insurance Clauses*）规定，我国航空运输货物保险包括"航空运输货物险"（Air Transportation Risks）和"航空运输一切险"（Air Transportation All Risks）

两种基本险及"航空运输货物战争险"（Air Transportation Cargo War Risks）附加险条款。

（一）航空运输险

航空运输险与海洋运输货物保险条款中的"水渍险"或 ICC（B）承保的范围基本相同，保险人负责赔偿被保险货物在运输途中因遭受雷电、火灾、爆炸，以及由于飞机遭受恶劣气候、其他危难事故而被抛弃，或由于飞机遭受碰撞、倾覆、坠落、失踪等自然灾害或意外事故所造成的全部或部分损失。

（二）航空运输一切险

航空运输一切险除了承保航空运输险的损失外，还负责赔偿被保险货物由于被偷窃、短少等一般外来原因所造成的全部或部分损失。

航空运输险和航空运输一切险与海洋运输货物险的除外责任基本相同。同时，这两种基本险的保险责任也采用"仓至仓"条款，但与海洋运输的"仓至仓"责任条款有所不同。

（三）航空运输货物战争险

保险人负责赔偿在航空运输途中由于战争、类似战争行为、敌对行为或武装冲突及各种常规武器（包括地雷、炸弹）所造成的货物的损失，但不包括因使用原子弹或热核武器所致的损失。该险属于航空运输货物险的附加险，只有在投保了航空运输险或航空运输一切险的基础上经过投保人与保险公司协商方可加保。

航空运输货物战争险的保险责任是自被保险货物装上保险单所载明的起运地的飞机时开始，直到卸离保险单所载明的目的地的飞机时为止。

三、邮包运输保险

邮包运输保险（Parcel Post Insurance）主要承保通过邮局以邮包递运的货物因邮包在运输途中遭到自然灾害、意外事故或外来原因造成的货物损失。中国人民保险公司于1981年1月1日修订并公布了一套较为完备的《邮包保险条款》（*Parcel Post Insurance Clauses*），包括"邮包险"（Parcel Post Risks）、"邮包一切险"（Parcel Post All Risks）两种基本险及"邮包战争险"（Parcel Post War Risks）一种附加险。

（一）邮包险

邮包险承保被保险邮包在运输途中由于恶劣气候、雷电、海啸、地震、洪水、自然灾害，或由于运输工具搁浅、触礁、沉没、出轨、倾覆、坠落、失踪或由于失火和爆炸等意外事故所造成的全部或部分损失，同时，还包括被保险人对遭受承保责任内风险的货物采取抢救、防止或减少货损的措施而支付的合理费用，但不能超过该批被救货物的保险金额。

（二）邮包一切险

邮包一切险除了承保邮包险的全部责任外，还负责被保险邮包在运输途中由于一般外来原因所致的全部或部分损失。

但是，在这两种险别下，保险公司对因战争、敌对行为、类似战争行为、武装冲突、海盗行为、工人罢工所造成的损失，直接由于运输延迟或被保险物品本质上的缺点或自然损耗所造成的损失，以及属于寄件人责任和被保邮包在保险责任开始前已存在的品质不良或数量短差所造成的损失，被保险人的故意行为或过失所造成的损失，不负赔偿责任。

（三）邮包战争险

邮包战争险承保在邮包运输过程中由于战争、类似战争行为、敌对行为、武装冲突、海盗行为及各种常规武器（包括水雷、鱼雷、炸弹）所造成的损失。此外，保险公司还负责被保险人对遭受上述承保风险的物品采取抢救、防止或减少损失的措施而支付的合理费用。但保险公司不承担因使用原子弹或热核武器所致的损失。此险为附加险，只有在投保了邮包险或邮包一切险的基础上经过投保人与保险公司协商后方可加保此险。

必须指出的是，在附加险方面，除了战争险外，海洋运输货物保险中的一般附加险和特殊附加险险别和条款均可适用于陆、空、邮运输货物保险。

第六节 进出口货物运输保险实务

一、投保险别的选择

海运货物保险是国际贸易正常进行的必要保障，只有选择了适当的险别，才能得到充分的经济补偿。由于不同的险别，保险人承保的责任不同，被保险人受保障的程度不同，保险费率也不同。为了使被保险货物得到充分的保障，又要减少不必要的保费支出，所以在选择险别时要慎重，主要受以下几个因素影响。

（一）标的物的自然属性和特点

由于不同的货物属性不同，其在运输途中所遇到的风险也不同，从而遭受的损失也不尽相同。比如，茶叶容易吸潮、串味，谷粮容易遭虫、鼠咬食，油脂容易粘在舱壁上等。因此，根据此类商品的特性，在投保水渍险的基础上加保受潮受热险、串味险、玷污险、短量险等，也可投保一切险。

（二）标的物的包装

货物在运输途中，往往由于包装破损而造成不必要的损失，因此，在选择险别时，货物的包装因素必须考虑在内。但是属于装运前发货人的责任，包装不良或不当造成货物损失时，保险人不负赔偿责任。

（三）运输路线及港口情况

货物在运输途中所遇的风险大小与其选择的运输路线及所停泊的港口的安全情况有很大的关系。比如，海洋运输的风险比陆上运输的风险大。在政局不稳，已经发生战争的海域内航行，遭受意外损失的可能性自然增大。

（四）运输季节

不同的运输季节，给运输货物带来的风险和损失也不同。例如，夏季转运粮食、果品，极易出现发霉、腐烂或者生虫的现象。因此，在选择险别时，应注意季节的影响。

二、保险金额的确定

保险金额是被保险人对保险标的的实际投保金额，它是保险人承担保险责任和损失赔偿的最高限额。那么，保险金额是如何确定的呢？下面我们从进出口两方面进行分析。

（一）出口货物保险金额的确定

在 CIF 条件成交情况下，由出口方投保货运险。在我国出口业务中，保险金额一般按 CIF 加成 10% 计算，这样既弥补了被保险人货物的损失，又可以使运费和保险费的损失得到补偿。如果国外商人要求将加成率提高到 20% 或 30%，则其差额部分应由国外买方负担。

保险金额的计算公式是：

$$保险金额 = CIF 货价 \times (1+加成率)$$

如果出口按 CFR 成交，那么保险金额的计算公式是：

$$保险金额 = CFR 货价 \times (1+加成率)/[1-(1+加成率)\times 保险费率]$$

（二）进口货物保险金额的确定

我国进口货物的保险金额以估算的 CIF 价格为标准，不另加成。如投保人要求在 CIF 价基础上加成投保，保险公司也可接受。

如果按照 CFR 或 FOB 价格成交，则按照预约保险合同适用的特约保险费率和平均运费率直接计算保险金额。

按 CFR 进口时：

$$保险金额 = CFR 货价 \times (1+特约保险费率)$$

按 FOB 进口时：

$$保险金额 = FOB 货价 \times (1+平均运费率+特约保费率)$$

三、保险费率的计算

投保人向保险人交付保险费，换取保险人承担相应的赔偿责任。保险费是用于支付保险赔款的保险金额的主要来源，它以保险金额为基础，按一定保费率计算出来，其计算公式如下：

$$保险费 = 保险金额 \times 保险费率$$

如按 CIF 加成投保，则公式为：

$$保险费 = CIF 货价 \times (1+加成率) \times 保险费率$$

（一）出口货物保险费率

保险费率是保险人根据保险标的危险性大小、损失率高低、经营费用多少等原因，按照不同商品、不同目的地及不同的投保险别加以规定的。目前，中国人民保险公司出口货物保险费率分为一般货物费率和指明货物加费费率两大类。

1. 一般货物费率

一般货物费率适用于所有海运出口的货物，凡投保基本险别的均须依照"一般货物费率表"所列标准核收保险费。

2. 指明货物加费费率

由于某些货物在运输途中因外来风险引起短少、破碎和腐烂等损失率极高，因此，针对这些易损失货物在"一般货物费率"的基础上加收一种附加费率，将它们单独列出，并称之为"指明货物"。

（二）进口货物保险费率

我国进口货物保险也有两种费率，即"特约费率"和"进口货物费率"。

"特约费率"仅适用于同保险公司签订有预约保险合同的各投保人。"进口货物费率"适用于未与保险公司订有预约保险合同的逐笔投保的客户，分为一般货物费率和指明货物加费费率两项。

四、保险单的填制

当投保人办妥投保手续后，保险公司即根据投保单填制保险单。保险单上有以下重点栏目。

（1）被保险人（insured）。被保险人一般为信用证的受益人。在 CIF 术语下，卖方是为了买方的利益保险的，保险单的背书转让十分重要，应视信用证的要求进行背书。

（2）唛头（Mark & Nos.）。应与发票、提单上的唛头一致。如信用证无要求，可简单填"As per invoice No. …"。

（3）包装及数量（packing and quantity）。应与商业发票一致。以包装件数计价的，可只填件数；以净重计价的，可填件数及净重；以毛作净的，可填件数及毛重；散装货物，可填"In Bulk"，然后再填重量。

（4）保险货物项目（description of goods）。若名称繁多，可用统称，但应与提单、产地证书等单据一致，并不得与信用证相抵触。

（5）保险金额（amount insured）。 除非信用证另有规定，否则保险单据必须使用与信用证相同的货币。

（6）总保险金额（total amount insured）。即保险金额的大写，其数额和币种应与小写的保险金额和币种保持一致。

（7）保费和费率（premium and rate）。一般填"As Arranged"。但如果信用证要求具体列出保费和费率，则应明确填上。

（8）装载运输工具（per conveyance S.S.）。如为海运，且为直达船，则在栏内直接填上船名、航次；如为中途转船，则应在填上第一程船名后，再加填第二程船名；如为其他运输方式，则填 "By Railway" 或 "By Train, Wagon No. ..."（陆运）等。

（9）开航时间（slg. on or abt.）。按运输单据的日期填制，海运且运输单据为提单时可填 "As Per B/L"。

（10）运输起讫地（from ... to ...）。按运输单据填制。如中途转船，须填上 "With Transshipment ..."。

（11）保险险别（conditions）。按照信用证的规定办理，通常包括险别及所依据的保险条款。

（12）赔款偿付地点（claim payable at）。按信用证的规定填制。如信用证未规定，则填目的港名称。有的信用证要求注明偿付货币名称，应照办，如 "At London in USD"。

（13）保险勘查办理人（insurance survey agent）。由保险公司选定，地址必须详细。

（14）签发地点和日期（place and date of issue）。签发地点应为受益人所在地，一般在保险单上已印制好。签发日期应早于或等于运输单据的签发日期。除非信用证另有规定，否则银行对签发日期迟于运输单据注明的装船、发运或接受监管日期的保险单将不予接受。

（15）签署（authorized signature）。保险单从表面上看，必须经保险公司（Insurance Co.）或承保人（Underwriters）或由他们的代理人签署才有效。除非信用证特别授权，否则银行将不接受由保险经纪人（Broker）签发的暂保单（Cover Notes）。

五、保险条款的拟订

保险条款是国际货物买卖合同的重要组成部分之一，必须订得明确、合理。保险条款的内容因选用术语的不同而有所区别。采用不同的贸易术语，办理保险的人就不同。

（1）以 FOB、CFR 或 FCA、CPT 条件成交的合同，由买方办理保险。保险条款可订为：

    Insurance: To be covered by the Buyers.（保险：由买方自理。）

如买方委托卖方代为保险，则应明确规定保险金额、投保险别、按什么条款保险以及保险费由买方负担等。

（2）以 CIF 或 CIP 条件成交的合同，条款内容必须明确规定由谁办理保险、保险险别和保险金额的确定方法、按什么条款保险，并注明该条款的生效日期。保险条款可订为：

Insurance: To be covered by the sellers for ... % of total invoice value against ... as per and subject to the relevant Ocean Marine Cargo Clauses of the People's Insurance Company of China dated 1/1, 1981.（保险：由卖方按发票金额的×××%投保××险，按照中国人民保险公司1981年1月1日生效的有关《海洋货物运输保险条款》为准。）

如国外客户要求按伦敦保险业协会的《协会货物条款》或我方保险公司可以承保的其

他保险条款投保,我方出口企业可以接受。如接受,也应在合同的保险条款中明确规定。

【本章小结】

货物在运输途中必然会遇到各种风险,因此,国际货物运输保险是国际贸易顺利进行的重要保证。本章通过对保险基本原则的介绍,让学生掌握海上国际货物运输保险的相关知识,并且学会操作货运保险的基本业务。

【本章关键词】

可保利益(Insurable Interest)　　　　　共同海损(General Average)
推定全损(Constructive Total Loss)　　委付通知(Notice of Abandonment)
仓至仓条款(Warehouse to Warehouse Clauses)

【复习与思考】

(一)简答题

1. 保险的基本原则有哪些?
2. 构成实际全损有哪几种情况?
3. 共同海损的内容包括什么?
4. 在选择险别时,应考虑哪些因素?

(二)技能训练题

有一批货物出口,其成本为100万元,运费为8万元,保险费率为3%,并按CIF价格的10%加成投保,试计算保险费。

(三)案例分析题

A公司以CIF价格条件引进一套英国产检测仪器,因合同金额不大,合同采用简式标准格式,保险条款一项只简单规定"保险由卖方负责"。到货后,A公司发现一部件变形影响其正常使用。A公司向外商反映要求索赔。外商答复,仪器出厂经严格检验,有质量合格证书,非他们责任。后经商检局检验认为是运输途中部件受到震动、挤压造成的。A公司提供的保单上只保了ICC(C)。

问题:(1)ICC(C)的承保范围是什么?
　　　(2)保险公司是否给予赔偿?

第五章　进出口商品的价格

【学习目标】

通过本章学习，要求学生了解掌握进出口商品价格的基本原则、计价货币的选用和买卖合同中价格条款的规定方法以及佣金、折扣的计价和支付等知识。

【案例索引】

我某出口公司拟出口化妆品去中东某国。正好该国某中间商主动来函与该出口公司联系，表示愿为推销化妆品提供服务，并要求按每笔交易的成交金额给予佣金5%。不久，经该中间商中介与当地进口商达成CIFC5%总金额50 000美元的交易，装运期为订约后2个月内从中国港口装运，并签订了销售合同。合同签订后，该中间商即来电要求我出口公司立即支付佣金2 500美元。我出口公司复电称：佣金须待货物装运并收到全部货款后才能支付。于是，双方发生了争议。

试问：这起争议发生的原因是什么？我出口公司应接受什么教训？

货物的价格是国际货物买卖的主要交易条件；价格条款是买卖合同中必不可缺的合同条款。价格条款的确定不仅直接关系到买卖双方的利益，而且与合同中的其他条款也有密切联系。在对外贸易中，我外贸企业在与国外客户磋商和订约时，除了应按照国际市场价格水平，结合经营意图和国别地区政策确定价格外，还应正确选择计价货币，适当地选用贸易术语，列明作价方法，必要时，还须规定价格调整条款。同时，对佣金和折扣应视交易的具体情况，正确地加以运用和规定。

第一节　价格的掌握

价格的掌握是一项很复杂而又十分重要的工作。为了做好这项工作，从事外经贸的人员必须正确贯彻我国进出口商品的作价原则，切实了解国际市场价格变动趋势，充分考虑影响价格的各种因素，做好比价工作和加强成本核算，并掌握价格换算方法。

一、正确贯彻作价原则和掌握合理的差价

我国进出口商品的作价原则是，在贯彻平等互利的前提下根据国际市场价格水平，结

合国别（地区）政策，并按照具体的购销意图确定适当的价格。由于价格构成因素不同，影响价格变化的因素也多种多样，因此，在确定进出口商品价格时，必须充分考虑影响价格的种种因素，并注意同一商品在不同情况下应有合理的差价，防止出现不区分情况，采取全球同一价格的错误做法。

为了正确掌握我国进出口商品价格，除了应遵循上述作价原则外，还须考虑下列因素。

（一）要考虑商品的质量和档次

在国际市场上，一般都贯彻按质论价的原则，即好货好价，次货次价；品质的优劣，档次的高低，包装装潢的好坏，式样的新旧，商标、品牌的知名度，都影响商品的价格。

（二）要考虑运输距离

国际货物买卖，一般都要通过长途运输。运输距离的远近，影响运费和保险费的开支，从而影响商品的价格。因此，确定商品价格时，必须核算运输成本，做好比价工作，以体现地区差价。

（三）要考虑交货地点和交货条件

在国际贸易中，由于交货地点和交货条件不同，买卖双方承担的责任、费用和风险有别，因此，在确定进出口商品价格时，必须考虑这些因素。例如，同一运输距离内成交的同一商品，按 CIF 价格术语成交同按 EXW 条件成交，其价格应当不同。

（四）要考虑季节性需求的变化

在国际市场上，某些节令性商品，如赶在节令前到货，抢先应市，即能卖上好价。过了节令的商品，其售价往往很低，甚至以低于成本的"跳楼价"出售。因此，应充分利用季节性需求的变化，切实掌握好季节性差价，争取以有利的价格成交。

（五）要考虑成交数量

按国际贸易的习惯做法，成交量的大小影响价格。即成交量大时，在价格上应给予适当优惠，或者采用数量折扣的办法；反之，如成交量过少，甚至低于起订量时，也可以适当提高出售价格。那种不论成交量多少，都采取同一个价格成交的做法是不当的，所以应当掌握好数量方面的差价。

（六）要考虑支付条件和汇率变动的风险

支付条件是否有利和汇率变动风险的大小，都影响商品的价格。例如，同一商品在其他交易条件相同的情况下，采取预付货款和凭信用证付款方式下，其价格应当有所区别。同时，确定商品价格时，一般应争取采用对自身有利的货币成交，如采用不利的货币成交时，应当把汇率变动的风险考虑到货价中去，即适当提高出售价格或压低购买价格。

此外，交货期的远近，市场销售习惯和消费者的爱好与否等因素，对确定价格也有不同程度的影响。因此必须在调查研究的基础上通盘考虑，权衡得失，然后确定适当的价格。

二、注意国际市场商品供求变化和价格走势

国际市场价格因受供求变化的影响而上下波动，有时甚至出现瞬息万变的情况，因此，

在确定成交价格时,必须考虑供求状况和价格变动的趋势。当市场商品供不应求时,国际市场价格就会呈上涨趋势;反之,当市场商品供过于求时,国际市场价格就会呈下降趋势。由此可见,切实了解国际市场供求变化状况,有利于对国际市场价格的走势作出正确判断,也有利于合理地确定进出口商品的成交价格,该涨则涨,该落则落,避免价格掌握上的盲目性。

三、做好比价工作和加强成本核算

（一）做好比价工作

确定商品的成交价格应有客观依据,应从纵向和横向进行比价,不能凭主观随意性盲目定价,尤其在进口方面,更要注意做好比价工作。要将成交商品的历史价和现价进行比较,将成交商品在各不同市场上的价格进行比较,将同一市场上不同客户的同类商品的价格进行比较,真正做到"货比三家",防止确定的成交价格偏离市场价格的实际水平。

（二）加强成本核算

为了合理确定成交价格,以提高经济效益,在价格掌握上,要防止不计成本、不管盈亏和单纯追求成交量的偏向,尤其在出口商品价格的掌握上,更要注意这方面的问题。过去,我国在出口业务中,发生过盲目坚持高价或随意削价竞销的偏向,给我们带来了不应有的损失,出口商品作价过高不仅会削弱我国出口商品的竞争能力,而且会刺激其他国家发展该项商品的生产或增加代用品来同我国产品竞销,从而产生对我国不利的被动局面。反之,不计成本,在国内高价抢购,到国外削价竞销,盲目扩大出口,这不仅在外销价格方面造成了混乱,导致"肥水流入外人田",使国家蒙受经济损失,而且还会使一些国家借此对我国出口产品采取限制措施,并导致反倾销投诉案件增多。例如,纺织品服装自2005年1月1日进入"后配额"时代以来,江苏对欧美出口规模和增幅均达历史最高水平,市场份额比2004年底同期上升10个百分点,然而出口价格却不升反降,尤其是对欧美出口出现"井喷"的3类服装,出口规模增长了10倍以上,价格却下降了3至4成。纺织服装出口"量增价跌"的新动向,不仅使我国的利润大大受损,而且还遭到欧美等发达国家对我国纺织品展开的所谓"特保调查"。因此,我们应该加强成本核算,构建战略联盟等措施以防止这种偏向。

四、掌握价格换算方法

在国际贸易中,不同的贸易术语表示其价格构成因素不同,即包括不同的从属费用。例如:FOB术语中不包括从装运港至目的港的运费和保险费;CFR术语中则包括从装运港至目的港的通常运费;CIF术语中除了包括从装运港至目的港的通常运费外,还包括保险费。在对外洽商交易过程中,有时一方按某种贸易术语报价时,对方要求改报其他术语所表示的价格，如一方按 FOB 报价，对方要求改按 CIF 或 CFR 报价，这就涉及价格的换算问题。了解贸易术语的价格构成及其换算方法，乃是从事国际贸易人员所必须掌握的基本知识和技能。现将最常用的 FOB、CFR 和 CIF 三种价格的换算方法及公式介绍如下。

（一）FOB 价换算为其他价

CFR 价＝FOB 价＋运费

CIF 价＝FOB 价＋运费＋保险费

CIF 价＝(FOB 价＋运费)/[1－保险费率×(1＋保险加成率)]

（二）CFR 价换算为其他价

FOB 价＝CFR 价－运费

CIF 价＝CFR 价/[1－保险费率×(1＋保险加成率)]

（三）CIF 价换算为其他价

FOB 价＝CIF 价×[1－保险费率×(1＋保险加成率)]－运费

CFR 价＝CIF 价×[1－保险费率×(1＋保险加成率)]

例如，某公司出口货物一批，对外报价为每公吨 2000 美元 CIF NEW YORK。该种货物每公吨出口运费为 150 美元，投保一切险费率为 1%，该货物 FOB 价应为：

FOB 价＝CIF 价×[1－保险费率×(1＋保险加成率)]－运费

＝2000×[1－1%×(1＋10%)]－150

＝1828（美元）

第二节　作价办法

在国际货物买卖中，作价的方法多种多样，我们可以根据不同情况，分别采取下列作价办法。

一、固定价格

货物的价格，通常是指货物的单价，简称单价（Unit Price）。在机电产品交易中，有时也有一笔交易含有多种产品或多种不同规格的产品而只规定一个总价的。国际贸易的单价远较国内贸易的单价复杂，一般须由计量单位、单位价格金额、计价货币和贸易术语四项内容组成。

条款示例 5-1

每公吨	300	美元	CIF 纽约
计量单位	单位价格金额	计价货币	贸易术语

单价和成交数量的乘积即为该批货物的总值。在价格条款合同中，总值项下一般也同时列明价格术语，总值所使用的货币名称必须与单价所使用的货币名称一致。

上面所提及的单价，如买卖双方对此无其他特殊约定，应理解为固定价格。

我国进出口合同，绝大部分都是在双方协商一致的基础上，明确地规定具体价格，这也是国际上常见的做法。

按照各国法律的规定，合同价格一经确定，就必须严格执行，任何一方都不得擅自更改，在合同中规定固定价格是一种常规做法。它具有明确、具体、肯定和便于核算的特点。

不过，由于国际市场行情的多变性，价格涨落不定。因此，在国际货物买卖合同中规定固定价格，就意味着买卖双方要承担从订约到交货付款以至转售时价格变动的风险。况且，如果行市变动过于剧烈，这种做法还可能影响合同的顺利执行，一些不守信用的商人很可能为逃避巨额损失，而寻找各种借口撕毁合同。为了减少价格风险，在采用固定价格时，首先，必须对影响商品供需的各种因素进行仔细研究，并在此基础上，对价格的前景作出判断，以此作为决定合同价格的依据；其次，对客户的资信进行了解和研究，慎重选择订约的对象。但是，国际商品市场的变化往往受各种临时性因素的影响，变幻莫测。特别是从20世纪60年代末期以来，由于各种货币汇价波动不定，商品市场变动频繁，剧涨暴跌的现象时有发生，在此情况下，固定价格给买卖双方带来的风险比过去更大，尤其是在价格前景捉摸不定的情况下，更容易使客户裹足不前。因此，为了减少风险，促成交易，提高合同的履约率，在合同价格的规定方面，也日益采取一些变通做法。

二、非固定价格

（一）非固定价格的种类

从我国进出口合同的实际做法看，非固定价格，即一般业务上所说的"活价"，大体上可分为下述几种。

1. 只规定作价方式而具体价格留待以后确定

这种规定又可分为下列两种方式：一是在价格条款中明确规定定价时间和定价方法。例如，"在装船月份前50天，参照当地及国际市场价格水平，协商议定正式价格"；或"按提单日期的国际市场价格计算"。二是只规定作价时间，如"由双方在××年×月×日协商确定价格"。这种方式由于未就作价方式作出规定，容易给合同带来较大的不稳定性，双方可能因缺乏明确的作价标准，而在商订价格时各执己见、相持不下，导致合同无法执行。因此，这种方式一般只应用于双方有长期交往，已形成比较固定的交易习惯的合同。

2. 暂定价格

即在合同中先订立一个初步价格，作为开立信用证和初步付款的依据，待双方确定最后价格后再进行最后清算，多退少补。

3. 部分固定价格，部分非固定价格

有时为了照顾双方的利益，解决双方在采用固定价格或非固定价格方面的分歧，也可采用部分固定价格、部分非固定价格的做法，或是分批作价的办法，交货期近的价格在订约时固定下来，余者在交货前一定期限内作价。

4. 滑动作价

滑动作价法是指交易双方在签订合同时，先规定一个基础价格，并同时订立价格调整条款，约定价格调整的百分比，交货时再根据工资、物价的变动情况对原定价格进行调整，计算出最终的成交价格。

在价格调整条款中，通常使用下面的公式来调整价格：

$$P = P_0 \times (A + B \times M/M_0 + C \times W/W_0)$$

式中：P 代表成交的最后价格；

P_0 代表签约时约定的基础价格；

M 代表计算最后价格时引用的有关材料的平均价格或指数；

M_0 代表签约时有关材料的平均价格或指数；

W 代表计算最后价格时引用的有关工资的平均价格或指数；

W_0 代表签约时有关工资的平均价格或指数；

A 代表经营管理费用和利润在价格中所占的比重；

B 代表原料在价格中所占的比重；

C 代表工资在价格中所占的比重。

A、B 和 C 通常为 30%、60% 和 10%。

滑动作价法主要适用于市场价格变动较大的大宗交易，如农产品、矿产品，尤其适用于加工周期长的大型机器设备的交易。

（二）采用非固定价格的利弊

非固定价格是一种变通做法，在行情变动剧烈或双方未能就价格取得一致意见时，采用这种做法有一定好处，表现在如下方面。

（1）有助于暂时解决双方在价格方面的分歧，先就其他条款达成协议，早日签约。

（2）解除客户对价格风险的顾虑，使之敢于签订交货期长的合同。数量、交货期的早日确定，不但有利于巩固和扩大出口市场，也有利于生产、收购和出口计划的安排。

（3）对进出口双方而言，虽不能完全排除价格风险，但对出口人来说，可以不失时机地做成生意；对进口人来说，可以保证一定的转售利润。

但应当看到，这种做法是先订约后作价，对合同的关键条款——价格，是在订约后由双方按一定的方式来确定的。这就不可避免地给合同带来较大的不稳定性，存在着双方在作价时不能取得一致意见，而使合同无法执行的可能；或由于合同作价条款规定不当，而使合同失去法律效力的危险。

（三）采用非固定价格条款应注意的问题

1. 酌情确定作价标准

为减少非固定价格条款给合同带来的不稳定因素，消除双方在作价方面的矛盾，明确订立作价标准就是一个重要的、必不可少的前提，作价标准可根据不同商品酌情作出规定。例如，以某商品交易公布的价格为准，或以某国际市场价格为准等。

2. 明确规定作价时间

关于作价时间的确定，可以采用下列几种做法。

（1）在装船前作价。一般是规定在合同签订后若干天或装船前若干天作价。采用此种作价办法，交易双方仍要承担自作价至付款转售时的价格变动风险。

（2）装船时作价。一般是指按提单日期的行市或装船月的平均价作价。这种做法实际上只能在装船后进行，除非有明确的客观的作价标准，否则卖方不会轻易采用，因为他怕承担风险。

（3）装船后作价。一般是指在装船后若干天，甚至在船到目的地后始行作价，采用这类做法，卖方承担的风险也较大，故一般很少使用。

（四）非固定价格对合同成立的影响

在采用非固定价格的场合，由于双方当事人并未就合同的主要条件——价格取得一致，因此，就存在着按这种方式签订的合同是否有效的问题。目前，大多数国家的法律都认为，合同只要规定作价办法即是有效的，有的国家法律甚至认为合同价格可留待以后由双方确立的惯常交易方式决定。《联合国国际货物销售合同公约》允许合同只规定"如何确定价格"，但对"如何确定价格"却没有具体规定或作进一步的解释，为了避免争议和保证合同的顺利履行，在采用非固定价格时，应尽可能将作价办法作出明确具体的规定。

三、价格调整条款

在国际货物买卖中，有的合同除了规定具体价格外，还规定有各种不同的价格调整条款。例如，"如卖方对其他客户的成交价高于或低于合同价格 5%，对本合同未执行的数量，双方协商调整价格"。这种做法的目的是把价格变动的风险规定在一定范围之内，以提高客户经营的信心。

值得注意的是，在国际上，随着许多国家通货膨胀的加剧，有一些商品合同，特别是加工周期较长的机器设备合同，都普遍采用所谓"价格调整（修正）条款"（Price Adjustment [Revision] Clause），要求在订约时只规定初步价格（Initial Price），同时规定如原料价格、工资发生变化，卖方保留调整价格的权利。

上述"价格调整条款"的基本内容，是按原料价格和工资的变动来计算合同的最后价格。在通货膨胀的条件下，它实质上是出口厂商转嫁国内通货膨胀、确保利润的一种手段。这种做法已被联合国欧洲经济委员会纳入它所制定的一些"标准合同"之中，而且其应用范围已从原来的机械设备交易扩展到一些初级产品交易,因而具有一定的普遍性。

由于这类条款是根据原料价格的变动作为调整价格的依据,因此,在使用这类条款时,就必须注意工资指数和原料价格指数的选择,并在合同中予以明确。

第三节 计价货币的选择

计价货币(Money of Account)是指合同中规定用来计算价格的货币。**支付货币**(Money of Payment)是指合同中规定用来结算货款的货币,合同中两者可以是同一货币,也可以是不同的货币。

在国际贸易中,虽然买卖双方的立场不同,对使用货币的出发点不同,但双方所考虑的问题却是相同的。主要有两个:一是外汇风险负担问题。二是要考虑货币的自由兑换性,既有利于调拨和运用,在必要时还可转移货币汇价的风险。

在国际贸易中,把具有上浮(升值)趋势的货币称为"硬币",把具有下浮(贬值)趋势的货币称为"软币"。通常情况下,在出口贸易中,应当选择"硬币"作为计价货币;在进口贸易中,应当选择"软币"货币作为计价货币。在金额较大的进出口合同中,为了缓冲汇率的急升急降,应当采用多种货币组合来计价,称之为"一篮子货币计价法"。在当前国际金融市场普遍实行浮动汇率制的情况下,货币价值不是一成不变的,买卖双方都将承担一定的汇率变化的风险,因此在选择使用何种货币时,就不能不考虑货币汇价升降的风险。

一、合理选择计价货币应遵循的原则

(一)遵循"收硬付软"的原则

"收硬付软"原则即在出口贸易中,力争选择硬货币来计价结算;在进口贸易中,力争选择软货币计价结算。但是在实际业务中,货币选择并不是一厢情愿的事,因为交易双方都希望选择对自己有利的货币,从而将汇率风险转嫁给对方。因此交易双方在计价货币的选择上往往产生争论,甚至出现僵局。为打开僵局,促成交易,使用"收硬付软"原则要灵活多样。比如,可以采用"硬币"和"软币"组合的方法,使升值的货币所带来的收益用以抵消贬值的货币所带来的损失。如果在交易中对方坚持选择货币,则可通过协商,使买卖双方互不吃亏。

(二)进口、出口货币一致的原则

一个外贸企业,如果进口商品使用某种货币计价,那么,出口商品也应采用该货币计价,这样做可以将外汇风险通过一"收"一"支"相互抵消。比如,计价货币升值,则进口成本因此而升高,企业遭损失;然而,出口收益却因此而增加,企业有盈利;二者相抵,

风险降低或消除。

（三）借、用、收、还货币一致的原则

当今世界，任何一种货币都无法长期保持坚挺的地位，在企业借款的整个过程——借、用、收、还四个环节中，只要发生货币兑换，就存在汇率风险。因此，应尽量争取使这四个环节币种相一致，避免汇率风险，保证按时偿还。

（四）要综合考虑汇率和利率变动趋势

企业在国际市场上筹集资金时要特别注意，低利率的债务不一定就是低成本的债务，高利率的债务也不一定就是高成本的债务，必须把利率和汇率变动趋势综合起来考虑。一般地，硬币利率低，软币利率高。例如，有 A 和 B 两笔债务 A 债务，以美元计价，年利率 12%；B 债务以日元计价，年利率 8%，而美元将贬值 4%，日元将升值 4%。这样，A 债务的实际利率是 8%，B 债务的实际利率是 12%。因而，实际上 A 债务的成本比 B 债务的成本低。当企业对汇率预测把握不大的情况下，从稳妥着眼，在市场允许的情况下，借入多种货币共同构成一笔借款比较合适，这样可以分散风险。

（五）以本币作计价货币的原则

在国际经济交易中，如果用本币计价结算，进出口商不需要买卖外汇，也就不承担汇率变动的风险。但这种方法给贸易谈判带来一定困难，因为这实际上是将汇率风险转嫁给了对方，所以只能在价格或期限上作出让步，作为给对方的风险补偿，交易才能做成。由于人民币还未成为自由兑换货币，所以总的来说在国际贸易中使用有限。

二、利用货币保值条款

在签订贸易、信贷或投资等协定时，若确定以某种货币作为计价支付手段，则按当时的市场汇率将该货币折算成相应的"一篮子货币"额，到结汇时再按结汇时的市场汇价将"一篮子货币"额折算成相应数额的计价货币进行偿付。"一篮子货币"是多种货币的组合货币，它实际上是利用多种货币之间的负相关效应，来综合抵消以降低风险。目前"一篮子货币"中使用较多的是特别提款权（SDR），它是一种以美元、欧元、日元、英镑四种货币加权平均成的一个"一篮子"计价单位，币值较稳定，是理想的保值工具。

第四节　佣金和折扣的运用

一、佣金

在价格条款中，有时会有佣金或折扣的规定。从这个角度看，价格条款中所规定的价格，可分为包含佣金或折扣的价格和不包含这类因素的净价（Net Price）。包含佣金的价格，在业务中通常称为"含佣价"。

佣金（Commission）是代理人或经纪人为委托人进行交易而收取的报酬。上述代理人或经纪人就是我们通常所说的中间商，委托人是指买方或者卖方。在国际货物买卖中，往往表现为出口商付给销售代理人、进口商付给购买代理人的酬金。因此，它适用于与代理人或佣金商签订的合同。凡在合同中表示佣金的，都称为"明佣"；不在合同中表示佣金，而由双方另行约定的，称为"暗佣"。按照一定的含佣价给予中间商佣金的百分比称为"佣金率"。价格中所包含的佣金也可用绝对数表示，如每公吨付佣金 30 美元，或每公吨折扣 5 美元等。

在商品价格中包含佣金时，通常以文字来说明。

条款示例 5-2

每公吨 1000 美元 CIF 香港，佣金 3%
USD 1000 per M/T CIF Hong Kong including 3% Commission

也可以在贸易术语上加注佣金的英文字母"C"和佣金的百分比来表示。

条款示例 5-3

每公吨 1 000 美元 CIFC3% 上海
USD 1000 per M/T CIFC3% ShangHai

在规定佣金的条件下，不但佣金的高低会影响双方的实际利益，而且如何计算佣金，对双方的经济利益也会产生直接影响。计算佣金可以有不同的方法，最常见的是以合同价格直接乘以佣金率，得出佣金额。例如，CIFC3%每公吨 1 000 美元，佣金额为 1 000×0.03=30 美元。

但也可规定，CIFC3%以 FOB 值计算。这样，在计付佣金时，以 CIF 价减去运费、保险费，求出 FOB 值，然后乘以 0.03，得出佣金额。关于计算佣金的公式如下：

$$单位货物佣金额＝含佣价×佣金率$$
$$净价＝含佣价－单位货物佣金额$$

在实践操作中，只有先确定净价，然后才能算出含佣价。如佣金额计算的基数是含佣价，则净价换算含佣价的计算公式为：

$$含佣价＝净价/(1－佣金率)$$

在这里，值得注意的是，如在洽商交易时，我方报价为 10 000 美元，对方要求 3%的佣金，在此情况下，我方改报含佣价，按净价换算含佣价计算公式算出应为 10 309.3 美元，这样才能保证实收 10 000 美元。

如佣金额计算的基数是净价，则含佣价换算净价的计算公式为：
$$净价＝含佣价×(1-佣金率)$$
此外，也可用净价作为计算佣金的基数，计算公式为：
$$单位货物佣金额＝净价×佣金率$$
另外，还有按成交商品的数量来计算佣金，公式为：
$$佣金额＝成交商品的数量×每单位数量佣金$$

无论采用何种方法作为计算佣金的基数，都应该在有关交易当事人之间事先加以确定，而且还要明确以何种贸易术语成交金额作为计佣基数。如：CIF 发票金额为 10 000 美元，佣金率为 2%，则应付佣金为 200 美元；CFR 发票金额为 9 900 美元，佣金率 2%，则应付佣金为 198 美元。也有的规定以 FOB 价值作为计算佣金的基础，即不管成交的贸易术语是 CIF 还是 CFR 或其他，都应该换算到 FOB，然后计算。

从理论上讲，计佣的基数以 FOB 净价比较合理。如果以发票金额作为计佣基数，则意味着有时中间商还要从运费和保险费中，甚至佣金本身中获得佣金，这是不合理的。

二、折扣

（一）折扣的含义

折扣（Discount；Rebate），是指卖方按原价给予买方一定百分比的价格减让，即在价格上给予适当的优惠。国际贸易中使用的折扣，名目很多，除一般折扣外，还有为扩大销售而使用的数量折扣（Quantity Discount）、为实现某种特殊目的而给予的特别折扣（Special Discount）以及年终回扣（Turnover Bonus）等。凡在价格条款中明确规定折扣率的，都叫做"明扣"；凡交易双方就折扣问题已达成协议，而在价格条款中却不明示折扣率的，都叫做"暗扣"。折扣直接关系到商品的价格，货价中是否包括折扣和折扣率的大小，都影响商品价格，折扣率越高，则价格越低。折扣如同佣金一样，都是市场经济的必然产物，正确运用折扣，有利于调动采购商的积极性和扩大销路，在国际贸易中，它是加强对外竞销的一种手段。

（二）折扣的规定办法

在国际贸易中，折扣通常在合同价格条款中用文字明确表示出来。例如："CIF 伦敦每公吨 200 美元，折扣 3%"（USD 200 per Metric Ton CIF London including 3% discount）。此例也可这样表示："CIF 伦敦每公吨 200 美元，减 3%折扣"（USD 200 per Metric Ton CIF London less 3% discount）。此外，价格中所包含的折扣也可用绝对数表示，如每公吨折扣 5 美元等。

在实际业务中，也有用"CIFD"或"CIFR"来表示 CIF 价格中包含折扣。这里的"D"和"R"是"Discount"和"Rebate"的缩写。鉴于在贸易往来中加注的"D"或"R"含义不清，可能引起误解，故最好不使用此缩写语。交易双方采取暗扣的做法时，在合同价格中不予规定，有关折扣的问题，按交易双方暗中达成的协议处理，这种做法属于不公平竞争。公职人员或企业雇佣人员拿"暗扣"，应属于贪污受贿行为。

（三）折扣的计算与支付方法

折扣通常是以成交额或发票金额为基础计算出来的。

例如：CIF 伦敦，每公吨 2000 美元，折扣 2%，卖方的实际净收入为每公吨 1960 美元。其计算方法如下：

$$单位货物折扣额 = 原价（或含折扣价）\times 折扣率$$
$$卖方实际净收入 = 原价 - 单位货物折扣额$$

折扣一般在买方支付货款时预先予以扣除。也有的折扣金额不直接从货价中扣除，而按暗中达成的协议另行支付给买方，这种做法通常在给"暗扣"或"回扣"时采用。

三、佣金的支付

佣金的支付通常有两种做法：一种是由中间代理商直接从货价中扣除；另一种是在委托人收清货款之后，再按事先约定的期限和佣金比率，另外付给中间代理商。按照一般惯例，在独家代理情况下，如委托人同约定地区的其他客户直接达成交易，则即使未经独家代理商过手，也得按独家代理协议规定的佣金比率付给其佣金。在支付佣金时，要防止错付、漏付和重付事故发生。

第五节 价格条款的规定

一、单价条款的四部分内容

在前面的固定价格中已经提到，进出口合同中的价格条款，一般包括商品的单价和总值两项基本内容，单价通常由四个部分组成，包括计量单位、单位价格金额、计价货币和贸易术语。例如，每公吨 CIF 洛杉矶 2 000 美元（USD 2 000 per M/T CIF Los Angeles）。总值（或称总价）是单价同数量的乘积，也就是一笔交易的货款总金额。

二、拟订价格条款的注意事项

拟订价格条款的注意事项如下。

（1）合理地确定商品的单价，防止偏高或偏低。

（2）根据船源、货源等实际情况，选择适当的贸易术语。

（3）争取选择有利的计价货币，必要时可加订保值条款。

（4）灵活运用各种不同的作价办法，尽可能避免承担价格变动的风险。

（5）参照国际贸易的习惯做法，注意佣金和折扣的合理运用。

（6）如交货品质、交货数量有机动幅度或包装费另行计价时，应一并订明机动部分作价和包装费计价的具体办法。

（7）单价中的计量单位、计价货币和装运地或卸货地名称，必须书写清楚，以利于合同的履行。

【本章小结】

进出口商品价格涉及买卖双方的利害关系，是双方当事人最为关心的问题，故成交价格往往成为买卖双方洽商的重点。我国进出口商品的作价原则是：根据平等互利的原则，参照国际市场价格水平，结合国别（地区）政策，按我方经营意图，确定适当的价格。在价格掌握上，要求加强成本核算，防止不计成本、不管盈亏、单纯追求成交量的偏向。进出口商品的定价办法很多，合理选择适当的定价办法，不仅有利于避免承担价格变动的风险，而且有利于促成交易。佣金与折扣都是市场经济的产物，按照国际贸易习惯做法，合理选择和运用佣金和折扣，有利于利用中间代理商的购销渠道的扩大贸易。

【本章关键词】

单价（Unit Price） 总价（Total Amount）
佣金（Commission） 折扣（Discount）
净价（Net Price） 含佣价（Price Including Commission）

【复习与思考】

（一）计算题

1. 在实际交易过程中，我方对某一产品报价为 10 000 美元，对方要求 3%的佣金，此时我方应改报含佣价，请问应报多少？

2. 我国某公司对某种商品报价为：CIF 鹿特丹每公吨人民币 1 950 元。应荷兰某公司请求，改报美元，应报多少（汇率为 USD 100＝CNY 826.74/829.22）？

3. 我国甲公司某商品对外报价为每箱 CIF 100 美元，佣金率 5%，英方要求改报 FOB 大连，佣金率不变。已知每箱货物运费为 10 美元，投保加 1 成，保险费率为 0.5%，请问甲公司应如何报价？

（二）案例分析题

中国某出口公司按 CFRC5%的价格条件出售一批货物，合同总金额为 52 500 美元。外商开来的信用证金额为 49 875 美元，并注明"议付时扣 5%系给某中间商的佣金"。由于卖方审单时，忽视核对信用证金额，故在缮制发票和汇票时，都以合同金额 52 500 美元为准。议付时，中国银行扣除 5%的佣金，即按 49 875 美元借记开证行北京账户。开证行接单后，以发票金额超过信用证金额为由拒付。后经与开证行及中间商多次交涉无效，只好在信用证有效期内另行按信用证金额 49 875 美元，再扣除 5%的佣金，赶制发票与汇票，结果重复支付了一笔佣金。试分析，通过本案应吸取什么教训？

第六章 国际贸易货款的收付

【学习目标】

通过本章的学习，学生能够认识国际贸易货款收付的各种方式，了解不同支付方式的特点，掌握相关的国际惯例，在国际货款结算过程中灵活运用各种支付方式，培养订立进出口合同条款中支付条款的能力。

【案例索引】

我某食品进出口公司向澳洲某国出口鲜活品一批，双方规定以即期信用证为付款方式。买方在合同规定的开证时间内开来信用证，信用证中规定："一俟开证申请人收到单证相符的单据并承兑后，我行立即付款。"我方银行在审核信用证时，把问题提出来，要求受益人注意该条款。但该食品进出口公司的业务员认为该客户为老客户，应该问题不大，遂根据信用证的规定装运出口。当结汇单据交到付款行时，付款行以开证行认为单据不符不愿承兑为由拒付。试对该案例中开证银行的做法、我方进出口公司业务员的做法加以评析。

国际贸易中，货款的收付直接影响着买卖双方的资金周转和融通，并且采用不同的国际货款收付方式给买卖双方带来的金融风险和费用负担各不相同，直接关系到买卖双方的利益。因此，进出口商在订立合同的货款收付条款时，都力争使用对己方有利的收付方式。

我国进出口贸易通常通过外汇的收付来结算货款。结算货款主要涉及支付工具、付款时间、付款地点及支付方式等方面的问题，买卖双方必须就以上各项取得一致，并在合同中以支付条款的形式固定下来。

第一节 支付工具

在国际货款收付时，采用现金结算的较少，大多使用非现金结算，即使用代替现金作为支付工具的信用工具来结算国际债权债务关系。金融票据是国际上通行的支付工具，可以流通转让。国际贸易中使用的作为支付工具的金融票据主要有汇票（Bill of Exchange; Draft）、本票（Promissory Note）和支票（Cheque; Check），其中汇票的使用最为频繁。

一、汇票

（一）汇票的含义和基本内容

我国《票据法》第 19 条规定：汇票是出票人签发的，委托付款人在见票时或者在指定日期无条件支付确定金额给收款人或持票人的票据。

按照各国广泛引用或参照的《英国票据法》的规定，汇票是"一个人（出票人，Drawer）向另一个人（受票人/付款人，Drawee/Payer）签发的，要求该受票人在见票时、将来可确定的时间或将来特定日期对某人、其指定人或持票人（受款人，Payee）支付一定金额的无条件的书面支付命令"。

虽然各国票据法对汇票内容的规定不尽相同，但均认为汇票必须要式齐全，即应当具备必要的内容。以我国票据法对汇票的规定为例，第 22 条明确规定：汇票必须记载下列事项。

（1）表明"汇票"字样。
（2）无条件支付的命令。
（3）确定的金额。
（4）付款人名称。
（5）收款人名称。
（6）出票日期。
（7）出票人签章。

汇票上未记载上述规定事项之一的，汇票无效。

在实际业务中，汇票通常还需要列明付款日期、付款地点和出票地点等内容。上述内容为汇票的要项，但并不是汇票的全部内容。按照各国票据法的规定，汇票的要项必须齐全，否则受票人有权拒付。此外，汇票上还可以有一些票据法允许记载的其他内容，如利息、利息率、付一不付二、禁止转让等。

（二）汇票的种类

从不同的角度可以将汇票划分为不同的种类。

1. 按出票人的不同划分

按此方法，汇票分为银行汇票（Bank's Draft）和商业汇票（Commercial Draft）。前者的出票人和受票人都是银行。后者的出票人是商号或个人，付款人可以是商号、个人，也可以是银行。

2. 按有无随附商业单据划分

按此方法，汇票可分为光票（Clean Bill）和跟单汇票（Documentary Bill）。光票是不附带商业单据的汇票，银行汇票多为光票。跟单汇票是附带商业票据的汇票，商业汇票一般是跟单汇票。

3. 按付款时间的不同划分

按此方法，汇票可以分为即期汇票（Sight Draft）和远期汇票（Time Bill；Usance Bill）。前者见票即付，后者则是在见票后一定期限或特定日期付款。对于远期汇票的付款时间有以下几种规定。

（1）见票后若干天付款（At … days after sight）。
（2）出票后若干天付款（At … days after date）。

(3) 提单签发日后若干天付款（At … days after date of B/L）。
(4) 指定日期付款（At a fixed date in future）。
4. 按承兑人的不同划分

按此方法，汇票可分为商业承兑汇票（Commercial Acceptance Draft）和银行承兑汇票（Bank's Acceptance Draft）。前者由工商企业或个人承兑远期汇票，后者则由银行承兑远期商业汇票。

一张汇票往往可以同时具备几种性质。例如，一张商业汇票既可以是即期的跟单汇票，同时又是银行承兑汇票。

（三）汇票的使用

即期汇票的使用需要经过出票、提示和付款三个程序，远期汇票的使用则需要经过出票、提示、承兑和付款四个程序。转让汇票通常需要背书。当汇票遭到拒付时，还要制作拒绝证书并进行追索。

1. 出票

出票（Issue）是指出票人在汇票上填写汇票内容，经签字交给受票人的行为。出票时，对受票人通常有三种填写方式。

（1）限制性抬头。例如，"仅付××公司"（Pay ×× Co. only）。这种抬头的汇票不能流通转让，只限××公司收取票款。

（2）指示性抬头。例如，"付××公司或指定人"（Pay ×× Co. or order 或 Pay to the order of Co.）。这种抬头的汇票，除了××公司可以收取票款外，也可以通过背书转让给第三者。

（3）来人抬头。例如，"付给来人"（Pay bearer）。这种抬头的汇票，无须持票人背书，仅凭交付汇票即可转让。

2. 提示

提示（Presentation）是指持票人将汇票提交付款人要求承兑或付款的行为。据此可以将提示分为付款提示和承兑提示，前者是指持票人向付款人提交汇票要求付款；后者是指持票人向付款人提交远期汇票，付款人见票后办理承兑手续，承诺到期时付款的行为。付款人看到汇票即为见票（Sight）。

3. 承兑

承兑（Acceptance）指持票人向付款人提交远期汇票，付款人见票后办理承兑手续，承诺到期时付款的行为，即在汇票上写上"承兑"字样，注明承兑日期，并由承兑人签名，交还持票人。

4. 付款

付款（Payment）即指付款人将汇票款项支付给持票人。对于即期汇票是见票即付；对于远期汇票，则是付款人先承兑，再在汇票到期日付款。

5. 背书

背书（Endorsement）即持票人在汇票的背面签上自己的名字（空白背书），或再加上受让人（Transferee），即被背书人的名称（记名背书），将汇票交给背书人。

6. 拒付

持票人提示汇票要求承兑时，遭到拒绝承兑，或持票人提示汇票要求付款时，遭到拒绝付款，均称**拒付**（Dishonour），也称退票。

除了拒绝承兑和拒绝付款外，付款人拒不见票、死亡或宣告破产，以致付款事实上已不可能时，也称拒付。

二、本票

（一）本票的含义和基本内容

我国《票据法》第 73 条规定，本票是出票人签发的，承诺自己在见票时无条件支付确定金额给收款人或持票人的票据。本法所称本票，是指银行本票。第 74 条规定，本票的出票人必须具有支付本票金额的可靠资金来源，并保证支付。

根据《英国票据法》的规定，本票是一个人向另一个人签发的，保证于见票时或在可以确定的将来的时间，对某人、其指定人或持票人支付一定金额的无条件的书面承诺。简而言之，本票是出票人对受款人承诺无条件支付一定金额的票据。

各国的票据法对本票内容的规定不尽相同。以我国《票据法》的规定为例，要求本票必须记载下列内容：表明"本票"字样；无条件的支付承诺；确定的金额；收款人的名称；出票日期；出票人签字。本票上未记载上述规定事项之一的被视为无效。

（二）本票的种类

本票可以分为商业本票和银行本票。由工商企业或个人签发的称为商业本票或一般本票。由银行签发的称为银行本票。商业本票有即期与远期之分，银行本票则都是即期的。在国际贸易货款结算中使用的本票，大都是银行本票。有的银行发行见票即付、不记载收款人的本票或是来人抬头的本票，这种本票的流通性与纸币相似。

（三）本票与汇票的区别

本票与汇票主要有以下四个区别。

1. 当事人

汇票有出票人、付款人和收款人三个基本当事人；本票只有出票人和收款人两个基本当事人，因为本票的付款人就是出票人自己。

2. 份数

汇票能够开出一式多份（银行汇票除外）；而本票只能一式一份。

3. 承兑

远期汇票在付款前需要先办理承兑手续；而由于本票的出票人即是付款人，因此远期本票无须办理承兑手续。

4. 责任

汇票在承兑前由出票人负责，承兑后则由承兑人负主要责任，出票人负次要责任；而本票则在任何情况下，出票人都是绝对的主债务人。

三、支票

（一）支票的含义与主要内容

我国《票据法》第 82 条规定，支票是出票人签发的，委托办理支票存款业务的银行或其他金融机构在见票时无条件支付确定金额给收款人或持票人的票据。

按《英国票据法》的规定，支票是以银行为付款人的即期汇票，即存款人对银行的无条件支付一定金额的委托或命令。出票人在支票上签发一定的金额，要求受票的银行于见票时立即支付一定金额给特定人或持票人。

出票人在签发支票后，应负票据上的责任和法律上的责任。即出票人签发支票时，不仅要对收款人担保支票的付款，而且应在付款银行存有不低于票面金额的存款。如果存款不足，支票的持票人在向付款银行提示支票要求付款时就会遭到拒付。这种支票被称为空头支票。开出空头支票的出票人要负法律上的责任。

我国《票据法》第 85 条规定，支票必须记载下列事项。

（1）表明"支票"字样。
（2）无条件支付的委托。
（3）确定的金额。
（4）付款人名称。
（5）出票日期。
（6）出票人签章。

支票上未记载上述规定事项之一的，支票无效。

（二）支票的种类

按照我国《票据法》规定，支票可分为现金支票和转账支票两种，用以支取现金或是转账，均应分别在支票正面注明。现金支票只能用于支取现金；转账支票只能用于通过银行或其他金融机构转账结算。但是支票一经划线就只能通过银行转账，而不能支取现金。因此，就有"划线支票"和"非划线支票"之分。划线支票通常在其左上角划两道平行线，注明"A/C payee only"。支票既可由出票人，也可由收款人或银行划线，视需要而定。对于未划线支票，收款人既可通过自己的往来银行向付款行收款，存入自己的账户，也可径自到付款银行提取现款。

按各国票据法规定，支票可由付款银行加"保付"（Certified to Pay）字样并签字而成为保付支票。付款银行保付后就必须付款。支票经保付后身价提高，有利于流通。

（三）支票的使用

支票的使用有一定的效期，由于支票是代替现金的即期支付工具，所以效期较短。我国《票据法》规定，支票的持票人应当自出票日起 10 日内提示付款；异地使用的支票，其提示付款的期限由中国人民银行另行规定。超过付款期限的，付款人可以不予付款；付款人不予付款的，出票人仍应当对持票人承担票据责任。

（四）支票与汇票、本票的区别

支票与汇票、本票虽均具有票据的一般特性，但也存在明显差异。主要表现在以下几个方面。

1. 当事人

汇票和支票均有三个基本当事人，即出票人、付款人和收款人；而本票的基本当事人只有两个，即出票人和收款人。

2. 证券的性质

汇票与支票均是委托他人付款的证券，所以它们都属于委托支付证券；而本票是由出票人自己付款的票据，所以它属于自付证券或承诺证券。

3. 到期日

支票均为见票即付；而汇票和本票除见票即付外，还可作出不同到期日的记载，如定日付款、出票后定期付款和见票后定期付款。在进出口货款结算中使用的跟单汇票，还有运输单据出单日期后定期付款记载。

4. 承兑

远期汇票需要付款人履行承兑手续；本票由于出票时出票人就负有保证付款的责任，因此无须提示承兑，但见票后定期付款的必须经出票人见票后才确定到期日，因此又有提示见票（即"签见"）的必要；支票均为即期付款，故无需承兑。

5. 出票人与付款人的关系

汇票的出票人对付款人没有法律上的约束，付款人是否付款或承兑，是付款人自己的独立行为，但是一经承兑，承兑人就应承担到期付款的绝对责任；本票的付款人即出票人自己，一经出票，出票人即承担付款的责任；支票的付款人只有在出票人在付款人处有足以支付支票金额存款的条件下才负有付款义务。

第二节　汇付与托收

汇付和托收都是国际贸易中经常采用的支付方式，它们都是由买卖双方根据合同互相提供信用，所以都属于商业信用。根据资金的流向是否与支付工具的传递方向一致，可以将支付方式划分为顺汇和逆汇两种方法。汇付方式，资金流向与支付工具传递方向一致，采用的是顺汇方法；托收方式，资金流向与支付工具的传递方向相反，采用的是逆汇方法。

一、汇付

（一）汇付的含义及其当事人

1. 汇付的含义

汇付（Remittance），又称汇款，即付款人主动通过银行或其他途径将款项汇给收款人，是最简单的支付方式。

2. 汇付的当事人

在汇付业务中，通常需要涉及如下四方当事人。

（1）汇款人（Remitter）。即付款人，通常为进口商。

（2）收款人（Payee；Beneficiary）。又称受益人，通常为出口商。

（3）汇出行（Remitting Bank）。指受汇款人委托汇出款项的银行，通常是进口商所在地银行。

（4）汇入行（Receiving Bank）。又称解付行（Paying Bank），指受汇出行的委托，解付款项给收款人的银行，通常为汇出行的代理行。

（二）汇付的种类

按照汇出行向汇入行发送解付授权书的方式，可以将汇付分为以下三种。

1. 信汇（Mail Transfer，M/T）

汇出行应汇款人的申请，将信汇委托书寄给汇入行，授权解付一定金额给收款人的汇款方式。信汇方式具有费用低廉的优点，但是收款人收到汇款的时间较迟。

2. 电汇（Telegraphic Transfer，T/T）

汇出行应汇款人的申请，拍发加押电报、电传或通过 SWIFT 给另一国家的分行或代理行（即汇入行）指示解付一定金额给收款人的汇款方式。通过电汇方式收款人可以迅速收到汇款，但费用较高。

电汇和信汇的业务程序如图 6-1 所示。

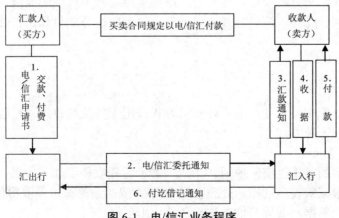

图 6-1　电/信汇业务程序

3. 票汇（Demand Draft，D/D）

汇出行应汇款人的申请，开立以其分行或代理行为解付行的银行即期汇票，支付一定金额给收款人的汇款方式。票汇与信汇、电汇的不同之处在于，票汇的汇入行无须通知收款人取款，收款人将持票登门取款。

票汇的业务程序如图6-2所示。

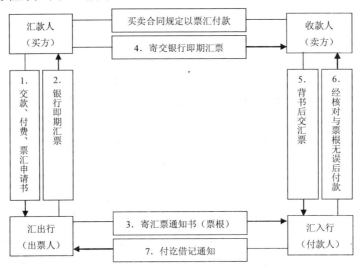

图6-2 票汇业务程序

（三）汇付方式的适用范围

汇付方式通常用于预付货款、订货付现和赊销等。采用预付货款或订货付现，对卖方来说，就是先收款、后交货，这对其最为有利。相反，采用赊销交易时，对卖方来说，就是先交货、后收款，卖方不仅要占用资金，还要承担买方不付款的风险，对卖方不利，但对买方却最为有利。此外，汇付方式还用于定金、运费、分期付款、货款尾数、佣金等小金额的支付。

二、托收

托收是国际结算中经常使用的一种支付方式。用于货款结算时，托收是出口人委托银行向进口人收款的一种方式。

（一）托收的含义

国际商会制定的《托收统一规则》（URC 522）对托收作了如下定义：托收是指由接到托收指示的银行根据所收到的指示处理金融单据和/或商业单据以便取得付款或承兑，凭付款或承兑交出商业单据，或凭其他条款或条件交出单据。

简而言之，托收是指债权人（出口人）出具债权凭证（汇票等）委托银行向债务人（进口人）收取货款的一种支付方式。

在托收业务中涉及的金融单据（Financial Documents）是指汇票、本票、支票、付款收据或其他用于取得付款或款项的凭证。托收中使用的商业票据（Commercial Documents）是指发票、运输单据、物权单据或其他类似单据，或除金融单据以外的其他单据。

托收方式一般通过银行办理，所以又称为银行托收。银行托收的基本做法是：出口人根据买卖合同先行发运货物，然后开立汇票连同商业单据，向出口地银行申请托收货款，委托出口地银行（托收行）通过其在进口地的代理行或往来银行（代收行）向进口人收取货款。

出口人在委托银行办理托收时，须附具一份托收指示书，用以明确指示办理托收的有关事项。银行接受托收申请后，即按托收指示书的指示办理托收。URC 522 第 4 条规定，一切寄出的托收单据均须附有托收指示书，注明该托收按照 URC 522 办理，并给予完整明确的指示，银行必须根据托收指示书所给予的指示及本规则办理托收。

（二）托收的当事人

根据 URC 522 第 3 条的规定，托收方式涉及的当事人主要如下。

（1）委托人（Principal）。即委托银行办理托收的人，一般是出口方。

（2）托收行（Remitting Bank）。即接受委托人的委托，办理托收业务的银行，常为出口地银行。

（3）代收行（Collecting Bank）。即接受托收行的委托，向付款人收取票款的银行，常为进口地银行。

（4）提示行（Presenting Bank）。是指将汇票和单据向付款人提示的银行，常由代收行兼任。

（5）付款人（Drawee；Payer）。是指根据托收指示进行付款的人，通常为进口方。

在托收业务中，如果发生拒付，委托人可以指定付款地的代理人代为料理货物仓库、转售、运回等事宜，这个代理人叫做"需要时的代理"（Principal's representative in case of need）。委托人如果指定需要时的代理人，必须在托收指示书上写明此代理人的权限。

（三）托收的种类

根据托收过程中是否要求附有商业单据，可以将托收分为光票托收和跟单托收两类。

1. 光票托收

光票托收（Clean Collection）是指金融单据不附有商业单据的托收，即提交金融单据委托银行代收货款。光票托收如以汇票作为收款凭证，则使用光票汇票。

国际贸易中，光票托收主要用于小额交易、预付货款、分期付款以及收取贸易的从属费用等。

2. 跟单托收

跟单托收（Documentary Collection）是指金融单据附有商业单据或不用金融单据的商

业单据的托收。跟单托收如果以汇票作为收款凭证，则使用跟单汇票。

国际贸易中，货款的收取大多采用跟单托收，根据向进口人交单的条件不同，又可分为付款交单和承兑交单两种。

（1）付款交单（Documents against Payment，D/P）。付款交单是指出口人的交单是以进口人的付款为条件。其基本做法是：卖方根据买卖合同先行发货，取得货运单据，然后将汇票连同整套商业单据交给银行办理托收，并指示银行只有在买方付清货款时才能交出货运单据。

付款交单按照付款的时间不同，又可以分为即期付款交单（Documents against Payment at sight，D/P sight）和远期付款交单（Documents against Payment after sight，D/P after sight）两种。前者使用即期汇票，见票即付，付款赎单；后者使用远期汇票，见票承兑，到期付款，付款赎单。

无论是即期付款交单还是远期付款交单，进口人都只有在付清货款之后才能得到单据，进而提取货物或转售货物。在远期付款交单的条件下，如果付款日和实际的到货日基本一致，则不失为对进口人的一种资金融通。如果付款日晚于到货日，那么进口人为了抓住有利的时机转售货物，可采取两种做法：一是在付款到期日之前付款赎单，扣除提前付款日至原付款日之间的利息，作为进口人享受的一种提前付款的现金折扣；另一种做法是代收行对于资信较好的进口人，允许其凭信托收据（Trust Receipt）借取货运单据，先行提货，于汇票到期时再付清货款。这是代收行自己向进口人提供的信用便利，与出口人无关。因此，如果代收行借出单据，不能如期收回货款，则代收行应对委托人负全部责任。

但是，如果是出口人指示代收行借单，由出口人主动授权银行凭信托收据借单给进口人，即所谓"远期付款交单凭信托收据借单"（D/P·T/R），那么进口人在承兑汇票后可以凭借信托收据先行借单提货。日后如果汇票到期时被拒付，则与代收银行无关，应由出口人自己承担风险。这种做法的性质与承兑交单类似，因此要慎重使用。

（2）承兑交单（Documents against Acceptance，D/A）。承兑交单是指代收行的交单以进口方在汇票上承兑为条件。即出口人在装运货物后开具远期汇票，连同商业单据，通过银行向进口人提示，进口人承兑汇票后，代收行即将商业单据交给进口人；在汇票到期时，进口人履行付款义务。承兑交单方式只适用于远期汇票的托收。

由于承兑交单是只要进口人承兑汇票之后，即可取得商业票据，凭以提取货物，也就是说，进口商在付款前就可以取得单据，凭以提货，出口人先交出商业单据，其货款的收取完全依赖进口人的信用，一旦进口人到期拒付，出口人便会遭到货物与货款全部落空的损失，因此应谨慎采用D/A方式。

图 6-3～图 6-5 分别是即期付款交单、远期付款交单和承兑交单一般业务程序示意图。

说明：① 出口人按买卖合同规定装货后，填写托收申请书，开立即期汇票，连同货运单据（或不开立汇票，仅将货运单据）交托收行委托代收货款。
② 托收行根据托收申请书缮制托收委托书，连同汇票（或没有汇票）、货物单据寄交进口地代收银行委托代收。
③ 代收行按照委托书的指示向进口人提示汇票与单据（或仅提示单据）。
④ 进口人审单无误后付款。
⑤ 代收行交单。
⑥ 代收行办理转账并通知托收行款已收妥。
⑦ 托收行向出口人交款。

图 6-3　即期付款交单收付程序

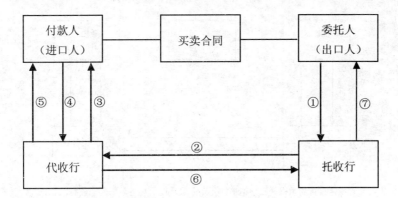

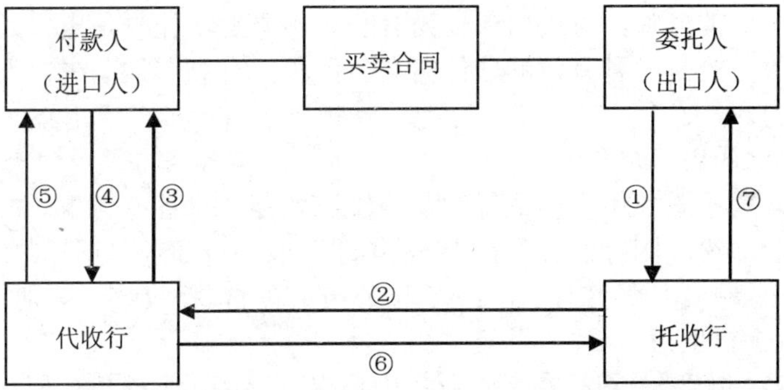

说明：① 出口人按买卖合同规定装货后填写托收申请书，开立远期汇票，连同货运单据交托收行，委托代收货款。
② 托收行根据托收申请书缮制托收委托书，连同汇票、货运单据寄交代收行委托代收。
③ 代收行按照委托书的指示向进口人提示汇票与单据，进口人经审核无误在汇票上承兑后，代收行收回汇票与单据。
④ 进口人到期付款。
⑤ 代收行交单。
⑥ 代收行办理转账，并通知托收行：款已收到。
⑦ 托收行向出口人交款。

图 6-4　远期付款交单收付程序

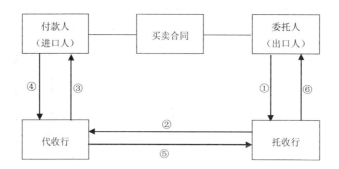

说明：① 出口人按买卖合同规定装货后填写托收申请书，开立汇票，连同货运单据交托收行，委托代收贷款。
② 托收行根据托收申请书缮制托收委托书，连同汇票、货运单据寄交代收行委托代收。
③ 代收行按照托收委托书的指示，向进口人提示汇票和单据，进口人在汇票上承兑，代收行在收回汇票的同时，将货运单据交给进口人。
④ 进口人到期付款。
⑤ 代收行办理转账，并通知托收行款已收到。
⑥ 托收行向出口人交款。

图 6-5 承兑交单收付程序

（四）托收方式的适用范围

在托收业务中虽然有银行介入，但银行仅起到代收货款的作用，托收仍然属于商业信用，对出口人有一定的风险，对进口人较为有利。实质上，托收是出口人对进口人的资金融通。因此，托收方式是一种有效的非价格竞争手段，有利于调动进口人的积极性，提高出口商品的竞争力。

（五）关于托收的国际惯例

国际贸易中，为了避免由于各银行的业务做法差异、对各方当事人权利义务的解释不同所导致的争议和纠纷，国际商会早在1958年即草拟了《商业单据托收统一规则》，并建议各国银行采用该规则。后经修订，于1995年公布了新的《托收统一规则》，简称 URC 522，并于1996年1月1日生效。

按照 URC 522 的解释，银行在托收业务中只提供服务，不提供信用。银行只是以委托人的代理人的身份行事，既无保证付款人必然付款的责任，也无检查审核货运单据是否齐全、是否符合买卖合同要求的义务。因此，托收方式与汇付方式一样，同样属于商业信用的性质。

URC 522 不提倡 D/P 远期。其第 7 条规定托收不应含有远期汇票，而又同时规定商业单据要在付款后才交付。如果托收含有远期汇票，那么托收指示书应明确注明商业单据是凭承兑交单（D/A）交付款人，还是凭付款交单（D/P）交付款人。如无此项注明，则商业单据仅能凭付款交单，代收行对因迟交单产生的任何后果不负责任。

URC 522 包括七部分内容，请参看本章末的参考资料。

（六）使用托收方式时的注意事项

为了保证收汇安全，出口方在办理托收时，应注意以下几点。

（1）认真调查进口商的资信状况、经营能力和经营作风，成交金额应妥善掌握，不宜超出其信用额度。一般采用 D/P，对 D/A 应严格控制。

（2）了解进口国的贸易管制和外汇管制情况，以免货到目的地后，由于不准进口或收不到货款而遭受损失。

（3）了解进口国商业习惯，具体问题具体处理。如拉美国家的银行习惯上将远期 D/P 按 D/A 处理。

（4）应争取按 CIF、CIP 条件成交，由出口人办理运输保险，或投保出口信用险。在采用 CFR、CPT、FOB、FCA 等贸易术语成交时，应投保"卖方利益险"，以便出险后可以向保险公司索赔。

（5）运输单据一般应做成"空白指示抬头"，如须做代收行抬头时，应先与代收银行联系并经认可后办理。被通知方一栏，必须详列进口方名称和地址，以便承运人到货时及时通知。

（6）严格按照合同装运货物、制作单据，以防被买方找到借口拒付货款。

（七）合同中的托收条款

现将合同中有关托收的条款举例如下，以便订立合同时参考。

1. 即期付款交单（D/P at sight）

"买方对卖方开具的即期跟单汇票于见票时立即付款，付款后交单。"

2. 远期付款交单（D/P after sight）

（1）"买方对卖方开具的见票后××天付款的跟单汇票，于第一次提示时应即予以承兑，并应于汇票到期日立即予以付款，付款后交单。"

（2）"买方应凭卖方开具的跟单汇票，于提单日后××天付款，付款后交单。"

（3）"买方应凭卖方开具的跟单汇票，于汇票出票日后××天付款，付款后交单。"

3. 承兑交单（D/A）

（1）"买方对卖方开具的见票后××天付款的跟单汇票，于第一次提示时应即予以承兑，并应于汇票到期日立即付款，承兑后交单。"

（2）"买方对卖方开具的跟单汇票，于第一次提示时予以承兑，并应于提单日后（或出票日后）××天付款，承兑后交单。"

第三节 信用证

随着国际贸易的发展，银行与金融机构逐渐参与国际贸易结算，信用证（Letter of

Credit，L/C）支付方式应运而生。信用证支付方式把由进口人履行付款责任转为由银行来付款，为出口人安全、迅速地收款提供了保证，同时买方也可以按时收到货运单据。信用证支付方式在一定程度上解决了进出口人之间互不信任的矛盾；同时也为进出口双方提供了资金融通的便利。如今，信用证付款已经成为国际贸易中被普遍采用的一种支付方式。

一、信用证的定义及其特点

（一）信用证的定义

信用证是开证行根据申请人的要求，向受益人开立的一种有条件的书面付款保证。开证行保证在收到受益人交付全部符合信用证规定的单据的条件下，向受益人或其指定人履行付款的责任。简而言之，信用证是一种银行开立的有条件的承诺付款的书面文件。

从信用证的定义中不难发现，在信用证支付方式下，开证行成为第一付款人，属于银行信用。

（二）信用证的特点

银行信用比商业信用更可靠，因此信用证支付方式与汇付方式、托收方式相比较，具有不同的特点。

1. 信用证付款是一种银行信用

信用证支付方式是一种银行信用，由开证行以自己的信用做出付款保证。《跟单信用证统一惯例》规定，信用证是一项约定，按此约定，根据规定的单据在符合信用证规定条件的情况下，开证行向受益人或其指定人进行付款、承兑或议付。即信用证是开证行的付款承诺，对受益人独立承担责任。

2. 信用证是独立于合同之外的一种自足的文件

信用证根据买卖合同而开立，但一旦信用证开出，就不再受买卖合同的约束。*UCP* 600 规定，信用证按其性质与凭以开立信用证的销售合同或其他合同，均属不同的业务，即使信用证中提及该合同，银行也与该合同无关，且不受其约束。所以，信用证是独立于有关合同之外的契约，相关银行只按信用证的规定行事。因此，一家银行做出付款、承兑并支付汇票或议付及/或履行信用证项下其他义务的承诺，不受开证申请人与开证行或与受益人已有关系下产生的索偿或抗辩的制约。

3. 信用证业务是一种纯粹的单据业务

在信用证支付方式下，实行的是凭单付款的原则。*UCP* 600 规定："在信用证业务中，各有关方面处理的是单据，而不是与单据有关的货物、服务及/或其他行业。"因此，信用证业务是一种纯粹的单据业务。银行虽然有义务"合理小心地审核一切单据"，但是这种审核只是用以确定单据表面上是否符合信用证条款的规定，开证行只对表面上符合信用证条款规定的单据付款。所以，银行对任何单据的形式、完整性、准确性及伪造或法律效力，或单据上规定的或附加的一般和/或特殊条件概不负责。在信用证条件下，实行严格符合的原则,不仅要做到"单证一致"(受益人提交的单据在表面上与信用证的条款一致),还要做到"单单一致"(受益人提交的各种单据之间的表面上一致)、"单内一致"(受益人提交的每份单据上的信息要表面上一致)。

二、信用证业务涉及的当事人

信用证业务主要涉及申请人、开证行和受益人三个基本当事人,以及与信用证有关的通知行、议付行、付款行和保兑行等其他当事人。

(1) 开证申请人(Applicant),指向银行申请开立信用证的人,通常是进口方。

(2) 开证行(Issuing Bank),指接受申请人委托开立信用证的银行,开证行承担第一付款责任,一般是进口人所在地的银行。

(3) 受益人(Beneficiary),指信用证指定的有权使用该证的人,即出口人或实际供货人。

(4) 通知行(Advising Bank),是接受开证行的委托,将信用证转交出口人的银行。通知行只证明信用证的真实性,并不承担其他义务。通知行一般是出口人所在地的银行。

(5) 议付行(Negotiating Bank),指愿意买进受益人交来跟单汇票的银行。议付行可以是指定银行,也可以是非指定银行,这取决于信用证的议付条款。

(6) 付款行(Paying Bank),即信用证上指定付款的银行,它通常是汇票的受票人。开证行一般兼任付款行,但是付款行也可以是开证行指定的代为付款的另一家银行,取决于信用证相关条款的规定。付款行的付款是终局性的,一经付款,对收款人就无追索权。

(7) 偿付行(Reimbursing Bank),又称"清算行"(Clearing Bank),是指受开证行的指示或授权,对有关议付行的索偿予以照付的银行。它是开证行的偿付代理人,有开证行的存款账户。此偿付不视作开证行的终局性付款,偿付费由开证行承担。

(8) 保兑行(Confirming Bank),是指应开证行请求在信用证上加具保兑的银行,它具有与开证行相同的责任和地位。保兑行对受益人独立负责,承担必须付款或议付的责任。在已经付款或议付后,无论开证行倒闭或无理拒付,都不能向受益人追索。保兑行通常由通知行兼任,也可以由其他银行加具保兑。

三、信用证的主要内容

各国银行所使用的信用证并无统一的格式,其内容和格式则因信用证种类的不同而有所差别,但是信用证所包括的基本内容却主要是下列几方面。

(1) 信用证本身的说明,如信用证的性质、种类、信用证号、开证行名、开证日期、有效期和到期地点等。

(2) 信用证当事人,即开证行、受益人、开证申请人、通知行等,有的信用证还指定议付行、付款行、偿付行等。

（3）汇票条款，包括汇票的种类、出票人、受票人、付款期限、汇票金额等。

（4）装运条款，如装运港或发货地、卸货港或目的地、装运期限、可否分批和中途可否转运等。

（5）标的物条款，包括商品名称、品质、规格、数量、包装、价格、金额、唛头等。

（6）单据条款，①货物单据：商业发票、装箱单或重量单、商检证书、产地证；②运输单据：海运提单（B/L）、航空运单（AWB）、邮政收据、承运货物收据（Cargo Receipt）；③保险单据；④随附单据：受益人证明装船通知副本等。

（7）附加条款，根据每一具体交易的需要加列，如要求船龄在15年以内、要求通知行加具保兑等。

（8）开证行责任文句，开证行对受益人及汇票持有人保证付款的责任条款。

（9）开证行指示文句，对议付行的指示，要求议付行如何向开证行寄交单据、索偿货款等。

（10）适用 UCP 600 规定的声明等。用 SWIFT 传递信用证时，如未表明，则表示适用 UCP 600。信开本信用证必须由开证行两人手签或盖章，电开本信用证须加密押。

四、信用证的开立形式

信用证主要通过信开信用证和电开信用证开立。

（一）信开信用证

信开信用证（To Open by Airmail）是指开证行通过采用印就的信函格式的信用证，开证后以空邮寄送通知行。目前，通过这种形式开立的信用证已经很少。

（二）电开信用证

电开信用证（To Open by Cable）是指开证行使用电报、电传、传真、SWIFT 等各种电讯方法将信用证条款传达给通知行。电开信用证可以分为以下几种。

（1）简电本（Brief Cable），即开证行只是通知已经开证，将信用证主要内容，如信用证号码、受益人名称、地址、开证人名称、金额、货物名称、数量、价格、装运期及信用证有效期等，预先通告通知行，详细条款将另外航寄通知行。值得注意的是，简电本信用证不具有法律效力，不足以作为交单议付的依据。简单本有时注明"详情后告"（Full Details to Follow）等类似词语。

（2）全电本（Full Cable），即开证行以电讯方式开证，把信用证全部条款传达给通知行。全电本信用证是一个内容完整的信用证，可以作为交单议付的依据。

（3）SWIFT 信用证。SWIFT 是"环球金融银行电讯协会"的英文简称。该协会于 1973 年在比利时布鲁塞尔成立，该组织设有自动化的国际金融电讯网，该协定的成员银行可以通过该电讯网办理信用证业务。目前已有一千多家银行加入该组织，凡成员银行均可以使用 SWIFT 办理信用证业务。凡是通过 SWIFT 开立或通知的信用证均可称为 SWIFT 信用证，也有的称为"环银电协信用证"。

采用 SWIFT 信用证后，信用证更加具有标准化、固定化和统一化的特性，并且传递速度快，成本也较低。目前 SWIFT 信用证已经被许多国家和地区的银行广泛使用，我国银行的信用证业务中，SWIFT 信用证已占有很大比重。

五、信用证的种类

可以从信用证的性质、期限、流通方式等不同的角度，将信用证划分为不同的种类。

（一）跟单信用证和光票信用证

根据信用证项下的汇票是否随附货运单据，信用证可以分为跟单信用证和光票信用证。

（1）**跟单信用证**（Documentary L/C），是指开证行凭跟单汇票或仅凭单据付款的信用证。国际贸易中使用的信用证绝大部分都是跟单信用证。

（2）**光票信用证**（Clean L/C），是开证行凭借不附单据的汇票付款的信用证，主要用于预付货款。

（二）保兑信用证和不保兑信用证

（1）**保兑信用证**（Confirmed L/C），是指开证银行开出的信用证，由另一银行保证对符合信用证条款规定的单据履行付款义务。

值得注意的是，应将信用证的"保兑"与"不可撤销"区分开来。信用证的"不可撤销"是指开证行对信用证的付款责任；而信用证的"保兑"则是指开证行以外的银行对信用证的付款责任。不可撤销的保兑信用证，则意味着对于该信用证不仅有开证行的不可撤销的付款保证，而且还有保兑行的兑付保证。保兑行和开证行一样承担第一性的付款责任。因此，不可撤销的保兑信用证为出口商提供了双重收款保证，对出口商最为有利。保兑行付款后对受益人或其指定人无追索权。

（2）**不保兑信用证**（Unconfirmed L/C），是指开证行开出的信用证没有经另一家银行保兑。当开证行的资信好或成交金额不大时，往往使用不保兑的信用证。

（三）即期信用证和远期信用证

（1）**即期信用证**（Sight L/C），是指开证行或付款行收到符合信用证条款的跟单汇票及装运单据后，立即履行付款义务的信用证。

（2）**远期信用证**（Usance L/C），是指开证行或付款行收到信用证要求的单据后，在规定期限内履行付款义务的信用证。远期信用证主要包括承兑信用证（Acceptance L/C）和延期付款信用证（Deferred Payment L/C）。

（3）**假远期信用证**（Usance L/C Payable at Sight），这种信用证规定受益人开立远期汇票，由付款行负责贴现，并规定一定利息和费用由进口人负担。从表面上看，它是一种远期信用证，但是受益人却可以即期收到全部货款，因此对出口人而言，实际上是即期收款，但是对进口人来说，则可以等到远期汇票到期时再付款给付款行。因此，假远期信用证又被称作买方远期信用证。

(四) 付款信用证、承兑信用证与议付信用证

(1) 付款信用证 (Payment L/C),即指定某一银行付款的信用证,一般不要求受益人开立汇票,而仅凭受益人提交的单据付款。付款行一经付款,对受益人均无追索权。付款信用证有即期信用证和延期付款信用证。

(2) 承兑信用证 (Acceptance L/C),是指定某一银行承兑的信用证,即当受益人向指定银行开具远期汇票并提示时,指定银行即行承兑,俟汇票到期日再付款。

(3) 议付信用证 (Negotiation L/C),是指开证行允许受益人向某一指定银行或任何银行交单议付的信用证。议付是指由议付行对汇票和(或)单据付出对价,只审单而不付对价,不能构成议付。即开证行在信用证中,邀请其他银行买入汇票和(或)单据的信用证。

议付信用证又可以分为公开议付(自由议付)信用证(Open Negotiation L/C)和限制议付信用证(Restricted Negotiation L/C)。前者指受益人可以向任何银行办理议付,而后者是开证行指定某一银行或开证行自己进行议付的信用证。两种议付信用证的到期地点都在议付行所在地。信用证经议付后,如议付行不能向开证行索得票款,议付行有权对受益人行使追索权。

(五) 可转让信用证和不可转让信用证

(1) 可转让信用证 (Transferable L/C),指信用证的受益人(第一受益人)可以要求授权付款、承担延期付款责任、承兑或议付的银行(统称"转让银行"),或信用证是自由议付信用证时,可以要求信用证中特别授权的转让银行,将信用证全部或部分转让给一个或数个受益人(第二受益人)使用的信用证。可转让信用证中须明确标注"可转让"(Transferable)字样。如果信用证上注有"可分割"、"可让度"、"可分开"、"可转移"等字样,银行可以不予理睬。

可转让信用证只能转让一次,即只能由第一受益人转让给第二受益人,第二受益人不能要求将信用证转让给其后的第三受益人;但是,第二受益人可以再转让给第一受益人。如果信用证不禁止分批装运,那么在总和不超过信用证金额的前提下,可分别按若干部分办理转让,该项转让的总和,将被认为只构成信用证的一次转让。

信用证只能按原证规定条款转让,但是信用证金额、商品单价可以减少,到期日、交单日及最迟装期可以提前,投保加成可增加,开证申请人可以变动。信用证在转让后,第一受益人有权以自身的发票和汇票替换第二受益人的发票和汇票,其余额不得超过信用证规定的原金额。如信用证规定了单价,应按原单价开立。在替换发票和汇票时,第一受益人可在信用证项下取得自身发票和第二受益人发票之间的差额。

要求开立可转让信用证的第一受益人往往是中间商。为了赚取差额利润,中间商可将信用证转让给实际供货人,由供货人办理出运手续。但是,信用证转让并不等于买卖合同转让,如果作为第二受益人的供货人不能按时交货或单据有问题,则第一受益人仍要负买卖合同上的卖方责任。

(2) 不可转让信用证（Non-transferable L/C），是指受益人不能将信用证的权利转让给他人的信用证。凡是信用证中未注明"可转让"字样的就是不可转让信用证。

（六）循环信用证

循环信用证（Revolving L/C），指在一定时间内信用证被全部或部分使用后，能够重新恢复信用证原金额并再度使用，周而复始，直至达到该证规定的次数或累计总金额用完为止。循环信用证适用于分批等装、分批支款的长期供货合同。其优点是，进口方不必多次开证，不仅节省了开证费用，同时也简化了出口方的审证、改证等手续，便于合同的履行。循环信用证又可以分为按时间循环信用证和按金额循环信用证。

（七）对开信用证

对开信用证（Reciprocal L/C）是易货贸易或进料加工和补偿贸易业务中使用的一种结算方式。因交易的双方都担心对方凭第一张信用证出口或进口后，另外一方不履行进口或出口的义务，于是，就采用这种相互联系、互为条件的开证办法，彼此约束。其特点是：第一张信用证的受益人和开证申请人是第二张回头信用证的开证申请人和受益人，第一张信用证的开证行和通知行分别是第二张信用证的通知行和开证行。两张信用证的金额可以相等，也可以不相等。两张信用证可以同时互开、同时生效，也可以先后开立、先后生效。

（八）对背信用证

对背信用证（Back to Back L/C），又称转开信用证，指受益人要求原证的通知行或其他银行以原证为基础，另开一张内容相似的新证。对背信用证的受益人可以是国外的，也可以是国内的，其主要适用于：中间商转售他人货物，从中图利；两国之间不能办理进出口贸易而需要通过第三方沟通贸易；原证是不可转让的；原证受益人不能提供全部规定货物等。

对背信用证的内容除了开证人、受益人、金额单价、转运期限、有效期等可有变动外，其他条款一般与原证相同。由于对背信用证的条款修改时，新证开证人须得到原证开证人的同意，所以修改比较困难，而且所需时间较长。应当注意的是，对背信用证不同于可转让信用证：可转让信用证是一张信用证，由一个开证行保证付款；对背信用证的原证和对背证是两张信用证，由两个银行分别保证付款。

（九）预支信用证

预支信用证（Anticipatory L/C），指开证行授权代付行（通常是通知行）向受益人预付信用证的全部或一部分，由开证行保证偿付并负担利息的信用证。预支信用证与远期信用证相反，开证人付款在先，受益人交单在后。预支信用证可分为全部预支和部分预支。预支信用证凭出口人的光票或一份负责补交信用证规定单据的声明书付款。如果出口人以后不交单，开证行和代付行不承担责任。当交付货运单据后，代付行在付给剩余款时，将扣除预支货款的利息。这种预支货款的信用证，预支条款常用红字标明，因此习惯上称作"红条款信用证"（Red Clause L/C）。

六、信用证的收付程序

信用证的收付程序随信用证类型的不同而有所差异，但就其基本流程而言，大体要经过申请、开证、通知、议付、索偿、偿付、赎单等环节。由于在以信用证方式结算的情况下，结算工具（汇票、单据、索偿证明等）与资金流向相反，因此，信用证付款属于逆汇。现以最为常见的即期不可撤销跟单议付信用证为例，简要说明其收付程序。

即期不可撤销跟单议付信用证收付程序示意图如图6-6所示。

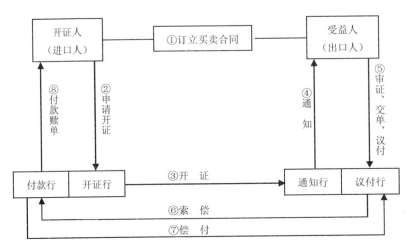

图6-6 即期不可撤销跟单议付信用证收付程序示意图

七、国际商会《跟单信用证统一惯例》

随着国际贸易的发展，信用证方式逐渐成为国际贸易中通常使用的一种支付工具，但是因为缺乏统一的解释和公认的准则，争议和纠纷经常发生。国际商会为了减少因解释和习惯不同而引起的争端，制定了《商业跟单信用证统一惯例》（*Uniform Customs and Practice for Commercial Documentary Credits*），于1933年正式公布，并于1951年、1962年、1974年、1983年、1993年和2006年进行了六次修订。自1962年第二次修订本起，改称为《跟单信用证统一惯例》（*Uniform Customs and Practice for Documentary Credits*，UCP）。目前使用的是2007年的修订本，称为《国际商会第600号出版物》（*International Chamber of Commerce Publication No. 600*），即UCP 600，2007年7月1日起正式实施。目前，世界上已有一百六十多个国家的银行采用了《跟单信用证统一惯例》，各国法院几乎都把《跟单信用证统一惯例》作为裁决跨国信用证纠纷的"法律准则"。但是《跟单信用证统一惯例》毕竟不是一个国际性的法律规章，只是一项国际贸易惯例，因此要得到法律的保护，必须在信用证上注明根据《跟单信用证统一惯例》某号出版物开立。

UCP 600 适用于跟单信用证和备用信用证，它是对国际贸易有关习惯做法的编纂，体现了信用证交易的一般原则。必须指出的是，虽然 UCP 600 是国际惯例，获得了世界范围内的普遍采用，但是它不具有强制性，只有在当事人同意适用时，才对该当事人有约束力。一般在信用证中注明"按 UCP 600 办理"，如"This credit is subject to Uniform Customs and Practice for Documentary Credits 2007 Revision, ICC Publication No. 600"。SWIFT 网络传送和开列的每个信用证都自动适用 UCP，如果当事人不愿用 UCP，则须在 SWIFT 信息中明确宣称"信用证不适用统一惯例"。当信用证条款与 UCP 600 有冲突时，一般采用信用证条款的规定。如果 UCP 600 与国家法律冲突，则以国家法律为准。

八、合同中的信用证条款

在进出口贸易合同中，若约定以信用证方式结算货款，则买卖双方应将开证日期、信用证类别、付款时间、信用证金额、信用证的有效期和到期地点等事项明确具体地作出规定。现将我国出口合同中信用证支付条款举例如下。

（一）即期信用证支付条款

（1）"买方应通过卖方所接受的银行于装运月份前××天开立并送达卖方不可撤销即期信用证，有效期至装运月份后第 15 天在中国议付。"

（2）"买方应于×年×月×日前（或接受卖方备货通知后×天内或签约后×天内）通过银行开出以卖方为受益人的（由××银行保兑的）不可撤销的（可转让的）全部发票金额的即期信用证。信用证有效期延至装运日期后 15 天在中国到期。"

（二）远期信用证支付条款

"买方应于×年×月×日前（或接到卖方通知后×天内或签约后×天内）通过××银行开立以卖方为受益人的不可撤销的（可转让的）见票后×天（或装船日后×天）付款的银行承兑信用证。信用证议付有效期延至上述装运期后 15 天在中国到期。"

（三）循环信用证支付条款

"买方应通过卖方所接受的银行于第一批装运月份前×天开立并送达卖方不可撤销即期循环信用证，该证在××××年期间，每月自动可供××（金额），并保持有效期至××××年 1 月 15 日在北京议付。"

第四节 银 行 保 函

在国际经济贸易交往中，交易双方往往缺乏信任和了解，而给交易的达成和合同的履行造成一定的障碍。当一方担心对方不履行合同义务，需要银行出具保证文件而同时又不宜使用信用证时，往往要求对方通过银行或其他金融机构开具银行保函（即银行保证书）。担保人保证申请人履行双方签订的有关商务合同或其他经济合同项下的某种责任或义务，从而保证交易的顺利进行。银行保函是银行开立的保证文件，属于银行信用，它通常在履行期限较长、交易条件比较复杂的交易中使用。银行保函不仅适用于货物贸易，也适用于承包工程、融资等有关国际经济合作的领域。

一、银行保函的含义及其性质

保函（Letter of Guarantee，L/G）是指银行、保险公司、担保公司或个人（保证人）应申请人的请求，向第三方（受益人）开立的一种书面信用担保凭证，保证在申请人未能按双方协议履行其责任或义务时，由担保人代其履行一定金额、一定期限范围内的某种支付责任或经济赔偿责任。

银行保函（Banker's Letter of Guarantee）又称银行保证书，是由银行开立的承担付款责任的一种担保凭证。银行根据保函的规定承担绝对付款责任。保函的内容根据交易的不同而有所差别，在形式和条款方面也无一定格式，对有关当事人的权利和义务主要以文件本身条文进行解释和处理。

二、银行保函的当事人

银行保证书的基本当事人有三个，即委托人、保证人和受益人。另外，有时还可以有转递行、保兑行和转开行。

（1）委托人（Principal），又称申请人，即要求银行开立保函的一方，是与受益人订立合同的执行人和债务人。在投标保函项下为投标人；在出口保函项下为出口商；在进口保函项下为进口商；在还款保函项下为定金和预付款的收受人。

（2）保证人（Guarantor），也称担保人，即开立保函的银行，有时也可能是其他金融机构。保证人根据委托人的申请，并在委托人提供一定担保的条件下向受益人开具保函。

（3）受益人（Beneficiary），即为收到保函并凭以要求银行担保的一方，是与委托人订立合同的执行人和债权人。

（4）转递行（Transmitting Bank），即根据开立保证书的银行的要求将保函转递给受益人的银行。

（5）保兑行（Confirming Bank），即在保函上加具保兑的银行。受益人可以得到双重担保。

（6）转开行（Reissuing Bank），即接受保证银行的要求，向受益人开出保函的银行。这种保函发生赔付时，受益人只能向转开行要求赔付。

三、银行保函的主要内容

银行保函并无统一的格式,内容也因具体交易不同而异,但主要有以下各项。

(1)基本栏目,包括保证书的编号、开立日期,各当事人的名称、地址、国家名称,有关合约或标的的编号、日期,有关工程项目或其他标的物的名称等。

(2)责任条款,即开立保证书的银行在保证书中承诺的责任条款,这是银行保证书最主要的内容。

(3)保证金额,保证金额是出具保证书的银行所承担责任的最高金额。可以是一个具体金额,也可以是有关合同金额的某个百分率。如果保证人可以按委托人履行合同的程度减免责任,则必须作出具体说明。

(4)有效期,即最迟索赔期限,或称到期日。它可以是一个具体日期,也可以是在有关某一行为发生后的一定时期到期,例如在交货后 3 个月或 6 个月、工程结束后 30 天等。

(5)索偿方式,即索偿条件,是指受益人在何种情况下方可向保证人提出索赔。对此,国际上有两种不同说法:一种是无条件的或称"见索即偿"保证书(first demand guarantee);另一种认为银行保函应是附有某些条件的保证书(accessary guarantee)。但事实上完全无条件的保函是没有的,只是条件的多少、宽严程度不同而已。如按国际商会《见索即付保函统一规则》的规定,索偿时受益人也要递交一份声明书。因此,银行保证书通常均按不同情况,规定不同的索偿条件。

四、银行保函的种类

银行保函根据不同的用途可分为许多种,但概括起来,主要有投标保证书和履约保证书两种。

1. 投标保函

投标保函(Tender Guarantee)是银行(保证人)根据投标人(委托人)的申请向招标人(受益人)开立的保证书。保证投标人在开标前不中途撤标或片面修改投标条件,中标后不拒绝签约;不拒绝交付履约金,否则,银行负责赔偿招标人的损失。投标保函的支付金额一般为项目金额的 2%~5%。

2. 履约保函

履约保函(Performance Guarantee)是银行(保证人)应货物买卖、劳务合作或其他经济合同当事人(委托人)的申请向合同的另一方当事人(受益人)开出的保证书,保证如果委托人不履行其与受益人之间订立的合同义务,那么银行应对受益人支付一定金额的款项。履约保证书的支付金额一般为项目金额的 10%~15%。

用于进出口贸易的履约保证书,又可分为进口履约保函和出口履约保函两种。

(1)进口履约保函(Import L/G)。这是指银行(保证人)应进口商(委托人)的申请,开给出口商的信用文件。如出口商按合同交货后,进口商未能按期付款,由银行负责偿付一定金额的款项。

（2）出口履约保函（Export L/G）。这是指银行（保证人）应出口商（委托人）的申请，开给进口商（受益人）的信用文件。如出口商未能按期交货，则由银行负责赔偿进口商的损失。

3. 还款保函

还款保函（Re-payment Guarantee）又称预付款保函（Advance Payment Guarantee）或退还预付款保函（Refundment Guarantee for the Advance Payment），是银行应供货人或承包商的委托向买方或业主开出的保证书。保证在委托人未能按合同规定发货或未能按合同规定使用预付款时，由银行退还受益人已经支付的全部或部分预付款本息。

4. 付款保函

付款保函（Payment Guarantee）是指外国贷款人要求借款人提供的到期一定还款的保证书；或在凭货物付款而不是凭单付款的交易中，进口方向出口方提供的银行担保，保证在出口方交货后、货到后或货到目的地经买方检验与合同相符后，进口方一定付款；如买方不付，则担保行一定付款；或在技术交易中，买方向卖方提供银行担保，保证在收到与合同相符的技术资料后，买方一定付款，如买方不付，则担保行代为付款。上述三种银行保证书的金额即合同金额。

5. 特殊贸易保函

特殊贸易保函指担保人为特殊形式的贸易活动出具的保证书。如补偿贸易保函、融资租赁保函以及用于进出口成套设备用的保留款保函。这些贸易的特点主要在于合同的一方获得对方商品形式的融资，而偿还大多不以现金支付为形式。比如来料加工、来件装配、来样加工和补偿贸易的偿还，均以产品或加工品等实物形式。

第五节 各种支付方式的选用

为了保证安全、迅速地收取外汇，加速资金周转，促进贸易的发展，进出口双方可以选择对自己有利的支付方式。在一般的进出口合同中，通常单独使用一种支付方式，但是在特定情况下，也可以在同一笔交易中结合使用两种或两种以上不同的支付方式。

一、影响支付方式选择的因素

由于各种支付方式各有其优、缺点，因此在实际业务中应针对具体情况采用不同的支付方式或组合。通常，首先应考虑收汇的安全问题，其次须考虑资金占用时间的长短，最后还要考虑各种支付方式相应的费用成本。因此，在选择支付方式的时候，应该考虑以下几方面的因素。

（一）客户信用

在国际货物买卖中，客户的信用是合同能否顺利得到履行的关键因素。因此，要在出口业务中做到安全收汇，在进口业务中做到安全用汇，即安全收到符合合同的货物，就必须事先做好对国外客户（即交易对方）的信用调查，以便有针对性地选用一定的支付方式，这是选用结算方式成败的关键和基础。对于信用状况不佳或者不十分了解的客户，应选择风险较小的支付方式。例如，在出口业务中，一般可采用跟单信用证方式，争取以前 T/T 方式预付货款支付当然更好。若与信用等级高的客户交易，交易风险较小，则可选择手续比较简单、费用较少的方式，例如，在出口业务中可以采用付款交单（D/P）的托收方式等。至于承兑交单（D/A）或赊销（O/A），应仅限于本企业的联号或分支机构，或者确有把握的个别对象，一般客户应从严掌握，原则上不能采用。

（二）贸易术语

如前所述，国际货物买卖合同中采用不同的贸易术语，它所表明的交货方式与适用的运输方式是不同的。而在实际业务中，也不是每一种交货方式和运输方式都能适用于任何一种结算方式。例如，在使用 CIF、CFR 等属于象征性交货方式的交易时，卖方交货与买方收货不在同时发生，转移货物所有权是以单据为媒介，就可选择跟单信用证方式；在买方信用较好时，也可采用跟单托收方式收取货款。但在使用 EXW、DES 等属于实际交货方式术语的交易中，由于是卖方或通过承运人向买方直接交货，卖方无法通过单据控制物权，因此一般不能使用托收。因为如果通过银行向进口方收款，其实质是货到付款，即属于赊销交易性质，卖方承担的风险极大。即使是以 FOB、FCA 条件达成的买卖合同，虽然在实际业务中也可凭运输单据，例如凭提单和多式联合运输单据交货付款，但这种合同的运输由买方安排，由卖方将货物装上买方指定的运输工具，或交给买方指定的承运人，卖方或接受委托的银行很难控制货物，所以也不宜采用托收方式。

（三）运输单据

若货物通过海上运输，则出口人装运货物后得到的运输单据为海运提单，而提单是货物所有权凭证，是凭以在目的港向船公司或承运人提取货物的凭证，所以，在交付给进口人前，出口人尚能控制货物，故可适用于信用证和托收方式结算货款。若货物通过航空、铁路或邮政运输时，则出口人装运货物后得到的运输单据为航空运单、铁路运单或邮包收据，这些都不是货物所有权凭证，收货人提取货物时也不需要这些单据，因此，在这些情况下都不适宜采用托收方式。

二、不同贸易方式的结合使用

由于不同的支付方式各有利弊，对于买卖双方来说，没有哪一种支付方式能够使得买卖双方所要承担的风险、费用负担完全平衡。因此，为了取长补短，做到安全收汇的同时尽量少地占用资金，同时也为了促进交易达成，在同一笔交易中不妨选择两种或两种以上的支付方式结合使用。

（一）信用证与汇付相结合

部分货款用信用证支付，余数用汇付方式结算。例如，对于矿砂等初级产品的交易，双方约定，信用证规定凭装运单据先付发票金额的若干成，余数待货到目的地后根据检验的结果，按实际品质或重量计算确切金额，用汇付方式支付。

（二）信用证与托收相结合

部分货款用信用证支付，余数用托收方式结算。一般做法是：信用证规定出口人开立两套汇票，属于信用证部分的货款凭光票付款，而全套单据附在托收部分汇票项下，按即期或远期付款交单方式托收。但信用证上必须订明"在发票金额全部付清后才可交单"的条款，以求安全。其合同的支付条款通常如下订立：

"货款××%应用不可撤销即期信用证，其余××%见票即付或见票后××天付款交单，全套单据随付于托收部分，在到期时发票金额全数付清后方予交单。如××%托收金额未被交付时，开证行应掌握单据听凭卖方处理。"

（三）托收与银行保函相结合

跟单托收对出口人来说，有一定的风险。如果在使用跟单托收时，结合使用银行保函，由开证行进行保证，则出口人的收款就将安全许多。具体做法是，出口人在收到符合合同规定的银行保函后，如果买方到期拒绝付款，出口人就可凭光票与声明书向银行收回货款。

（四）汇付、托收和信用证的结合

在国际贸易实践中，对于那些成交金额大、产品生产周期较长的交易，需要分期付款时，往往采用汇付、托收和信用证相结合的方式。

1. 分期付款

买卖双方在合同中规定，投产前买方可采用汇付方式先交部分订金，其余货款可按不同阶段分期支付，买主开立不可撤销信用证，即期付款，但最后一笔货款在交货或卖方承担质量保证期满时付清。货物所有权则在付清最后一笔货款时转移。交货时货款基本已付清。

2. 延期付款

成套设备和大宗交易金额较大，买方一时难以付清全部货款，可采用延期付款。买方预付一小部分订金，大部分货款是在交货后若干年内分期摊付，即采用远期信用证支付。延期支付的那部分货款，实际是一种赊销，等于是卖方给买方提供的商业信贷，买方应承担延期付款的利息。货物所有权一般在交货时转移。

3. 分期付款与延期付款的区别

采用延期付款，其做法虽然与分期付款类似，但两者又存在一定区别。

（1）采用分期付款时，其货款是在交货时付清或基本付清；而采用延期付款时，大部分货款是在交货后一个相当长的时间内分期摊付。

（2）采用分期付款时，只要付清最后一次货款，货物所有权即行转移；而采用延期付款时，货物所有权一般在交货时转移。

（3）采用分期付款时，买方没有利用卖方的资金，因而不存在利息问题，而采用延期付款时，由于买方利用卖方的资金，所以买方须向卖方支付利息。

延期付款是买方利用外资的一种形式，一般货价较高。因此，在按延期付款条件签订合同时，应结合利息、费用和价格等因素进行考虑，权衡得失，然后做出适当的选择。

★ **参考资料** *URC 522 的相关知识*

在国际贸易中，各国银行办理托收业务时，往往由于当事人各方对权利、义务和责任的解释不同，各个银行的具体业务做法也有差异，因而会导致争议和纠纷。国际商会为调和各有关当事人之间的矛盾，以利于国际贸易和金融活动的开展，早在1958年即草拟了《商业单据托收统一规则》并建议各国银行采用该规则。后几经修订，于1995年公布了新的《托收统一规则》，简称 URC 522，并于1996年1月1日生效。

URC 522 包括7部分：总则及定义，托收的方式及结构，提示方式，义务与责任，付款，利息、手续费及费用，其他规定，共26条。主要内容及新增条款介绍如下。

1. 银行办理托收业务应以托收指示为准。一切寄出的托收单据均须附有托收指示，并注明该项托收按照 URC 522 办理。托收指示是银行及有关当事人办理托收的依据。

2. 托收指示中应包括的主要内容如下。

（1）托收行、委托人、付款人、提示行的情况，如全称、邮编和 SWIFT 地址、电话、电传及传真号码。

（2）托收金额及货币。

（3）所附单据及其份数。

（4）光票托收时据以取得付款和/或承兑的条款及条件；跟单托收时据以交单的条件（付款和/或承兑）及其他条件。

（5）应收取的费用，同时须注明该费用是否可以放弃。

（6）应收取的利息（如果有），同时须注明该项是否可以放弃，并应包括利率、计息期和计算方法（如一年是按360天还是365天计算）。

（7）付款的方式和付款通知的形式。

（8）发生拒付、不承兑和/或执行其他指示情况下的指示。

应当指出，上述 URC 522 规定托收指示应包括的内容仅具有指南性质，一笔具体的托收业务的托收指示不一定仅局限于上述内容。

3. 不提供 D/P 远期。URC 522 第7条规定：托收不应含有远期汇票而又同时规定商业单据要在付款后才交付。如果托收含有远期付款的汇票，托收指示书应注明商业单据是凭承兑（D/A）交付款人还是凭付款（D/P）交付款人。如无此项注明，商业单据仅能凭付款交付，代收行对因迟交单据产生的任何后果不负责任。如果托收单据中含有远期付款汇票，且托收指示注明凭付款交付商业单据，则单据只能凭付款交付，代收行对于因任何迟交单据所产生的后果概不负责。

4. 除非事先征得银行同意，货物不应直接运交银行，不应以银行或其指定人为收货人。银行对跟单托收项下的货物没有义务采取任何行动，对此项货物的风险和责任由发货人承担。

5. 银行必须核实其所收到的单据与托收指示所列的内容表面是否相符，若发现单据缺少，银行有义务用电讯或其他快捷方式通知委托人。除此之外，银行没有进一步审核单据的义务。银行对于任何单据的形式、完整性、准确性、真伪性或法律效力，或对于单据上规定的或附加的一般性和/或特殊条件概不承担责任；银行对于任何单据所表示的货物的描述、数量、重量、质量、状况、包装、交货、价值或存在与否，对于发货人、承运人、运输行、收货人、保险人或其他任何人的诚信、行为和/或疏忽、偿付能力、行为能力也概不负责。

6. 如果委托人在托收指示中指定一名代表，在遭到拒绝付款或拒绝承兑时作为"需要时的代理"，则应在托收指示中明确而且完整地注明此项代理的权项，如是否有权提货、指示减价转售货物等；否则，银行将不接受该"需要时的代理"的任何指示。

7. 托收如被拒付，提示行应尽力确定拒绝付款和/或拒绝承兑的原因并须毫不延误地向发出托收指示的银行送交拒付的通知。委托行收到此项通知后，必须对单据如何处理给予相应的指示。提示行如在发出拒付通知后60天内仍未收到此项指示，则提示行可将单据退回发出托收指示的银行，而不再负任何责任。

URC 522还对托收的提示方式、付款、承兑的程序、利息、托收手续费和费用的负担，托收被拒付后做成拒绝证书等事宜作了具体规定。

URC 522公布实施后，已成为托收业务具有一定影响的国际惯例，并已被各国银行采纳和使用。但应指出，只有在有关当事人事先约定的条件下，才受该惯例的约束。我国银行在办理国际贸易结算，使用托收方式时，也参照该规则的解释办理。

【本章小结】

汇票是国际贸易结算中最常使用的结算工具，进出口贸易商由于处于不同的国家或地区，因此通过汇付、托收及信用证方式进行货款结算。汇付和托收方式都属于商业信用，采用这两种方式结算货款，进口方和出口方的资金、费用及风险负担并不平衡，因此往往在小额货款、佣金、折扣的结算以及与信用优良的老客户交易时使用。信用证支付方式将银行信用引入，是较为安全的国际支付方式；但是信用证支付方式对于买方（进口方）来说，资金占用负担较大，而且开证、审证、改证等手续烦琐。因此，在国际货款结算实践中，汇付、托收及信用证三种支付方式往往结合使用。

【本章关键词】

汇票（Bill of Exchange；Draft）　　　　　　本票（Promissory Note）
承兑交单（Documents against Acceptance，D/A）　汇付（Remittance）
付款交单（Documents against Payment，D/P）　支票（Cheque；Check）
不可撤销信用证（Irrevocable L/C）　　　　　跟单信用证（Documentary L/C）

【复习与思考】

（一）简答题

1．国际货款结算中常使用的支付工具有哪些？它们之间有哪些异同点？
2．国际贸易中主要使用的货款结算方式有哪些？它们之间有哪些相同点与不同点？
3．为什么说国际支付方式中托收方式仍然是一种商业信用？
4．信用证的性质、特点和作用如何？为什么它会成为国际贸易中被广泛使用的支付方式？
5．在国际贸易中常见的信用证有哪些种类？
6．什么是银行保函？见索即付保函与有条件保函的区别是什么？

（二）案例讨论题

1．某公司从国外某商行进口一批钢材，货物分两批装运，支付方式为不可撤销即期信用证，每批分别由中国银行开立一份信用证。第一批货物装运后，卖方在有效期内向银行交单议付，议付行审单后，即向该商行议付货款，随后，中国银行对议付行作了偿付。我方在收到第一批货物后，发现货物品质与合同不符，因而要求开证行对第二份信用证项下的单据拒绝付款，但遭开证行拒绝。问：开证行这样做是否合理？为什么？

2．某纺织品进出口公司与国外H公司按CFR条件签订一份棉织品出口合同，合同规定装运期为10月份，但未规定具体开证日期。外商拖延开证，我方见装运期快到，从9月底开始连续多次电催外商开证。10月5日，收到开证的简电通知书（详情后告），我方因怕耽误装运期，即按简电办理装运。10月28日，外商开来信用证正本，正本上对有关单据作了与合同不符的规定。我方审证时未予注意，交银行议付时，银行也未发现，开证行即以单证不符为由，拒付货款。试分析：我方应从此事件中吸取哪些教训？

3．我某轻工业进出口公司向国外客户出口某商品一批，合同中规定以即期不可撤销信用证为付款方式，信用证的到期地点规定在我国。为保证款项的收回，应议付行的要求，我商请香港地区某银行对中东某行（开证行）开立的信用证加以保兑。在合同规定的开证时间内，我方收到通知银行（即议付行）转来的一张即期不可撤销保兑信用证。我出口公司在货物装运后，将有关单据交议付银行议付。不久接保兑行通知："由于开证行已破产，我行将不承担该信用证的付款责任。"问：（1）保兑行的做法是否正确？为什么？（2）对此情况，我方应如何处理？

★ 附件   信用证

      LETTER OF CREDIT
      FORM OF DC: IRREVOCABLE
      DC NO.:   BD1540
      DATE OF ISSUE: 05APRIL, 2003
      EXPIRY DATE AND PLACE: 15JUNE, CHINA
      ISSUING BANK: SAUDI BRITISH BANK,
                                                      P.O.BOX 109, DUBAI
      APPLICANT: XYZ COMMERCIAL CO. LTD.
                                                      P.O.BOX 111, DUBAI
                                                      TEL:6444800, FAX:6444300.
      BENEFICIARY: YANG TRADING CO.LTD
                                                       33FL.ZHONGSHAN BLDG.
                                                       NANJING – CHINA.
      DC AMT: MAX.USD15600.00
      AVAILABLE WITH/BY: ANY BANK BY NEGOTIATION
      DRAFTS AT: AT SIGHT
      DRAWEE: ISSUING BANK
      PARTIAL SHIPMENTS: ALLOWED
      TRANSHIPMENT: ALLOWED
      LOADING/DISPATCH AT /FROM:
      SHANGHAI PORT, CHINA
      FOR TRANSPORTATION TO: DUBAI
      GOODS: 520DOZ.100%COTTON BOY'S PANTS
      SIZE: 24'300DOZ, 26"220DOZ
      UNIT PRICE: USD30.00/DOZ.
      AS PER S/C NO.T523
      CIF DUBAI

      DOCUMENTS REQUIRED:
      1）SIGNED COMMERCIAL INVOICES IN TRIPLICATE, CERTIFING THE FOLLOWING DETAILS ON THE INVOICE(S): A)EACH PIECE TO CARRY

'MADE IN CHINA' LABEL.   B) FOB VALUE, FREIGHT CHARGES AND INSURANCE PREMIUM SEPARATELY   C) THE SHIPPING MARKS: XYZ / T523 / DUBAI / MADE IN CHINA

2）DETAILED PACKING LIST IN DUPLICATE.

3）CERTIFICATE OF ORIGIN SIGNED BY CHAMBER OF COMMERCE.

4）FULL SET CLEAN 'ON BOARD' OCEAN BILLS OF LADING MADE OUT TO ORDER OF SHIPPER AND BLANK ENDORSED MARKED FREIGHT PREPAID AND NOTIFY XYZ COMMERCIAL CO. LTD.

BILL OF LADING MUST INDICATE THE NAME, ADDRESS AND TELEPHONE/TELEX NUMBER OF THE SHIPPING AGENT AT THE PORT OF DISCHARGE..

5）A SIGNED CERTIFICATE FROM THE SHIPPING COMPANY STATING THAT THE AGE OF THE CARRYING VESSEL AS AT THE DATE OF LOADING IS NO MORE THAN 15 OPERATING YEARS.

6）BENEFICIARY'S CERTIFICATE STATING THAT THE CARRYING VESSEL BELONGS TO CONFERENCE LINE.

7）MARINE INSURANCE POLICY IN THE CURRENCY OF THE CREDIT ENDORSED IN BLANK FOR CIF VALUE PLUS 10 PCT MARGIN COVERING ALL RISKS OF PICC CLAUSES   INDICATING CLAIMS PAYABLE IN DUBAI,INCL.IOP

ADDITIONAL CONDITIONS:
DOCUMENTS MUST BE MADE OUT IN ENGLISH LANGUAGE.
ALL DOCUMENTS MUST INDICATE THIS L/C NUMBER.

WE HEREBY ENGAGE WITH THE DRAWERS AND/OR BONAFIDE HOLDERS THAT DRAFTS DRAWN AND NEGOTIATED IN CONFORMITY WITH THE TERMS OF THIS CREDIT WILL BE DULY HONOURED ON PRESENTATION.

ON RECEIPT OF DOCUMENTS CONFORMING TO THE TERMS OF THIS DOCUMENTARY CREDIT, WE UNDERTAKE TO REIMBURSE YOU IN THE CURRENCY OF THIS DOCUMENTARY CREDIT IN ACCORDANCE WITH YOUR INSTRUCTIONS.

DETAILS OF CHARGES:

ALL CHGS OUTSIDE COUNTRY OF ISSUE ARE FOR ACCOUNT OF BENEFICIARY/EXPORTER
PERIOD FOR PRESENTATION: WITHIN 015 DAYS AFTER THE DATE OF SHIPMENT BUT WITHIN THE VALIDITY OF THE CREDIT
CONFIRMATION INSTRUCTIONS: WITHOUT

INFO TO PRESENTING BK:
IMMEDIATELY AFTER NEGOTIATION DOCUMENTS MUST BE DESPATCHED BY DHL COURIER SERVICE IN ONE COVER TO SAUDI BRITISH BANK, P.O.BOX 109, DUBAI
TEL. 6512121 FAX 6515917.

** END OF DC **

第七章　商品检验、索赔、不可抗力与仲裁

【学习目标】

通过本章学习，帮助学生了解商品检验的重要意义；认识到贸易纠纷发生后，受损方通过索赔维护自身权益的重要性；掌握不可抗力事件和仲裁对发生争议的双方当事人的影响，培养订立商品检验条款、索赔条款、不可抗力条款及仲裁条款的能力。

【案例索引】

我国某出口企业以 CIF 纽约的条件与美国某公司订立了 200 套家具的出口合同。合同规定某年 12 月交货。11 月底，我企业出口商品仓库发生雷击火灾，致使一半左右的出口家具烧毁。我企业以发生不可抗力事故为由，要求免除交货责任，美方不同意，坚持要求我方按时交货。我方无奈经多方努力，于次年 1 月初交货，美方要求索赔。试对本案例中我方要求免除交货责任的要求以及美方的索赔要求进行评析。

在国际贸易中，一般需要对交易的商品进行检验；如果交易双方中的任何一方违约，受害方都有权提出索赔；合同签订后，如果是由于人力不可抗拒事件致使合同不能履行或不能如期履行，可按合同中不可抗力条款的规定，免除违约方的责任；买卖双方在履约过程中产生的争议，如难以和解，可以通过仲裁方式加以解决。因此，买卖双方商订合同时，有必要在合同中订立检验、索赔、不可抗力及仲裁条款。

第一节　商　品　检　验

一、商品检验的重要意义

国际货物买卖中的**商品检验**（Commodity Inspection），简称商检，是指商品检验机构对卖方拟交付货物或已交付货物的品质、规格、数量、重量、包装、卫生、安全等项目所进行的检验、鉴定和管理的工作。

商品检验是随着国际贸易的发展而产生和发展起来的，它在国际贸易中占有十分重要的地位。国际贸易过程中，由于交易双方处于不同的国家或地区，货物须经过长途运输才能抵达目的地，期间难免会发生残损、短少，甚至灭失，尤其是在象征性交货条件下，买

卖双方对所交货物的品质、数量等问题更易产生分歧。因此，为了便于查明货损原因，确定责任归属，以利于货物的交接和交易的顺利进行，就需要一个公正的第三者，即商品检验机构，对货物进行检验或鉴定。可见，商品检验是国际贸易中不可缺少的一个重要环节。

由于商品检验直接关系到买卖双方在货物交接方面的权利与义务，特别是某些进出口商品的检验工作还直接关系到本国的国民经济能否顺利协调发展、生态环境能否保持平衡、人民的健康和动植物的生长能否得到保证，以及能否促进本国出口商品质量的提高和出口贸易的发展，因此，许多国家的法律和国际公约都对商品的检验问题作了明确规定。

《中华人民共和国进出口商品检验法》第5条规定，凡列入《商检机构实施检验的进出口商品种类表》的进出口商品和其他法律、行政法规规定须经商检机构检验的进出口商品，必须经过商检机构或者国家商检部门、商检机构指定的检验部门检验。该条款同时规定，凡是列入《商检机构实施检验的进出口商品种类表》的进出口商品，除非经国家商检部门审查批准免予检验的，进口商品未经检验或经检验不合格的，不准销售、使用；出口商品未经检验合格的，不准出口。

英国《1893年货物买卖法》（1979年修订）第34条规定："除非双方另有约定，当卖方向买方交付货物时，买方有权要求有合理的机会检验货物，以确定它们是否与合同规定的相符。"买方在未有合理机会检验货物之前，不能认为他已经接受了货物。

《联合国国际货物销售合同公约》第38条也对货物的检验问题作出了明确规定："买方必须在按实际情况可行的最短时间内检验货物或由他人检验货物。如果合同涉及货物运输，检验可推迟到货物到达目的地后进行。"

尽管上述有关商品检验的规定不完全相同，但是它们都体现了一个共同的原则——"除非买卖双方另有约定，买方在接受货物之前应享有对所购买的货物进行检验的权利。"值得注意的是，买方对货物的检验权并不是强制性的，它不是买方接受货物的前提条件，也就是说，如果买方没有利用合理的机会检验货物，那么他就自动放弃了检验货物的权利。另外，如果合同中的检验条款规定，以卖方的检验为准，此时，就排除了买方对货物的检验权。

综上所述，有关商品检验权的规定是直接关系到买卖双方权利与义务的重要问题。因此，交易双方应在买卖合同中通过检验条款对与商品检验有关的问题作出明确具体的规定。

二、合同检验条款

国际货物买卖合同中的检验条款主要包括检验时间与地点、检验机构、检验证书、检验依据与方法、商品的复验等内容。

（一）检验时间和地点

根据国际惯例做法和我国对外贸易实践，关于买卖合同中检验时间与地点的规定，基本上有以下几种做法。

1. 在出口国检验

这种检验方法又可分为产地检验和装运前或装运时检验。

(1) 产地检验，即在货物离开生产地点（如工厂、农场或矿山）之前，由卖方或其委托的检验机构人员对货物进行检验或验收。卖方承担货物离开产地之前进行检验或验收为止的责任，而在运输途中出现的品质、数量等方面的风险则由买方承担，这是国际贸易中普遍采用的习惯做法。

(2) 装运前或装运时在装运港或装运地检验，即出口货物在装运港装船前或在起运地装运时，以双方约定的商检机构验货后出具的品质、重量、数量和包装等检验证明，作为决定商品品质和重量的最后依据，叫做"离岸品质、离岸重量"(Shipping Quality and Shipping Weight)。离岸品质和离岸重量所代表的是风险转移时的质量和重量，至于货物在运输途中所发生的货损，买方仍然有权向有关责任方面索赔。至于装船时检验，是指用传送带或机械操作的办法进行装船的散装货，在装船的过程中进行抽样检验或衡量。这与装船前检验一样，也属于离岸品质和离岸重量。

2. 在进口国检验

货到进口国目的港卸货后，由双方约定的目的港商检机构验货并出具品质、重量、数量检验证明作为最后依据，叫做"到岸品质、到岸重量"(Landed Quality and Landed Weight)。如发现货物的品质或重量与合同规定不符而责任属于卖方时，买方可向其提出索赔或按双方事先约定处理。

3. 出口国装运港检验，进口国目的港复验

出口国装运港商检机构验货后出具的检验证明，作为卖方向银行议付货款的单据之一，而不作为最后依据。货到目的港后由双方约定的检验机构在规定的时间内复验，如发现货物的品质、重量（数量）与合同规定不符而责任属于卖方时，买方可根据检验机构出具的复验证明，向卖方提出异议，并作为索赔的依据。这种检验办法对买卖双方都有好处，且比较公平合理，因而在国际贸易中应用广泛。

4. 装运港检验重量，目的港检验品质

这种做法是以装运港检验机构验货后出具的重量证书及目的港检验机构出具的品质证书为最后依据，这叫做"离岸重量、到岸品质"。这种做法多应用于大宗商品交易的检验中，以调和买卖双方在检验问题上存在的矛盾。

(二) 检验机构

1. 国外的检验机构

在国际贸易中，商品的检验工作一般由专业的检验机构负责办理。有官方机构，也有同业工会、协会或民间私人经营的机构或半官方的机构；有综合机构，也有专业机构。检验机构名称也是多种多样，如检验公司、公证行、鉴定公司、公证鉴定人、实验室或宣誓衡量人等。

国际上比较著名的检验机构有：美国粮谷检验署（FGES）、美国食品药物管理局（Food

and Drugs Administration，FDA）、法国国家实验室检测中心、日本通商产业检查所等由国家政府设置的官方检验机构，以及瑞士日内瓦通用鉴定公司（Societe General De Surveillance S.A.，S.G.S.）、美国保险人实验室（Underwriters Laboratory，UL）、英国劳合氏公证行（Lloyd's Surveyor）、日本海事鉴定协会（Japan Marine Surveyors & Sworn Measurer's Association，NKKK）、香港天祥公证化验行等民间或社团检验机构等。这些商品检验机构都是提供进出口商品的检验服务，独立于贸易企业，且它们是与合同买卖双方无利害关系的第三者。它们有的是由政府授权代表政府行使某项商品或某一方面的检验管理工作。

2. 我国的商品检验机构

新中国成立后，我国的官方商品检验机构是中华人民共和国进出口商品检验局，在各省、自治区、直辖市，以及商品进出口口岸、集散地都设有进出口商品检验局及其分支机构。1980 年建立了中国进出口商品检验总公司（China Import and Export Commodity Inspection Corporation，CCIC），并在各地设立分公司，代表国家商检局从事进出口商品的检验或鉴定工作。1998 年 7 月中国出入境检验检疫局（China Exit and Entry Inspection and Quarantine Bureau，CIQ）正式成立，主管全国进出口商品的检验工作，其设在各地的地方检验检疫局管理其辖区内的进出口商品检验工作，实施法定检验，办理鉴定业务，对进出口商品的检验工作实施监督管理。2001 年国务院将原国家质量技术监督局和 CIQ 合并，成立了国家质量监督检验检疫总局，简称国家质检总局（AQSIQ），主管全国出入境卫生检验、动植物检疫、商品鉴定、检验、认证和监督管理工作。国家质检总局设在各地的出入境检验检疫局负责管理其辖区内的进出口商品检验工作。

改革开放以来，我国商检机构在一些国家或地区设立了独资或合资的检验机构，与不少国际和地区的检验机构建立了委托代理业务关系或达成了长期或短期的合作协议。同时，经国家质检总局审核同意，外国的商检机构可以在中国境内设立检验鉴定机构，在一定范围内可接受委托办理进出口商品检验、鉴定。

（三）检验证书

检验证书（Inspection Certificate）是检验机构对进出口商品进行检验、鉴定后签发的书面证明文件。

国际贸易中使用的检验证书种类繁多，卖方究竟需要提供哪种检验证书，要根据商品的特性、种类、习惯及有关法规的规定作出选择。在实际业务中，常见的检验证书主要如下。

（1）品质检验证书（Inspection Certificate of Quality）。

（2）重量检验证书（Inspection Certificate of Weight）。

（3）数量检验证书（Inspection Certificate of Quantity）。

（4）兽医检验证书（Veterinary Inspection Certificate）。

（5）卫生检验证书（Sanitary Inspection Certificate）。

（6）消毒检验证书（Disinfecting Inspection Certificate）。

（7）产地检验证书（Inspection Certificate of Origin）。
（8）价值检验证书（Inspection Certificate of Value）。
（9）验残检验证书（Inspection Certificate on Damaged Cargo）。
（10）船舱检验证书（Inspection Certificate on Tank/Hold）。

为了明确要求，分清责任，在检验条款中应订明所需证书的类别。

检验证书作为一种证明文件，其作用可以体现在以下四个方面。

（1）作为证明卖方所交货物的品质、重量（数量）、包装及卫生条件等是否符合合同规定的依据。

（2）作为买方对品质、重量、（数量）、包装等条件提出异议、拒收货物、要求索赔、解决争议的凭证。

（3）作为卖方向银行议付货款的单据之一。

（4）作为海关验关放行的凭证。

（四）检验标准

进出口商品的检验标准，就是据以衡量进出口货物是否合格的依据。凡我国法律、行政法规所规定的强制性检验标准或其他必须执行的检验标准，或对外贸易合同所约定的检验标准，均构成进出口商品的检验依据。一般来说，进出口业务中商品的检验依据主要有成交样品、标样、合同、信用证、标准等。合同中约定作为检验依据的检验标准不能同国家有关法律、行政法规的规定等相冲突，否则该项合同内容是无效的。

目前我国已有许多产品按照有关国际标准的要求进行生产和出口，如国际标准化组织的"ISO 9000 族标准"、国际羊毛局的"IWS"（International Wool Secretariat 的简称）、美国的"UL"（Underwriters Laboratory 的简称）和美国威尔科克斯公司的"B&W"等标准。其中 ISO 标准是国际标准化组织为适应国际贸易发展的需要而制定的国际质量保证系列标准，它涉及产品自开发到售后服务的全过程，具有很强的指导性和实用性。

（五）复验

买方对到货有复验权。复验权既不是强制性的，也不是接受货物的前提条件，复验与否由买方自理。如果复验，则应在合同中对复验的期限、复验机构和复验地点等规定清楚。

第二节　索　赔

在国际贸易中，由于种种原因往往会引起索赔事件。根据造成损失的原因和责任的不同，索赔有三种不同情况：凡属于承保范围内的货物损失，向保险公司索赔；如系承运人的责任所造成的货物损失，向承运人索赔；如系合同当事人的违约责任造成的损失，则向违约方提出索赔。本章仅介绍因最后一种情况而引起的索赔。

一、约定索赔的意义

国际贸易涉及的面很广,情况复杂多变,在履约过程中如一个环节出现问题,就可能影响合同的履行。加之市场情况千变万化,如出现对合同当事人不利的变化,就可能导致一方当事人违约或毁约,而给另一方当事人造成损害,从而引起争议。受损害的一方为了维护自身权益,向违约方提出**索赔**。违约方对受损害方的索赔要求进行处理,称为**理赔**。由此可见,索赔与理赔是一个问题的两个方面,即对守约方而言是索赔,对违约方而言是理赔。在国际贸易中,索赔情况时有发生,特别是在市场剧烈动荡和价格瞬息万变的时候,更是频繁出现。索赔事件多发生在交货期、交货品质和数量等问题上。一般来说,买方向卖方提出索赔的情况较多。当然,买方不按期接运货物或无理拒收货物和拒付货款的情况也时有发生,因此,也有卖方向买方索赔的情况。在我国进出口业务中,履行出口合同时,多系外商向我方索赔;履行进口合同时,则由我方向外商索赔的情况较多。为了便于处理这类问题,买卖双方在合同中,一般都应订立索赔条款。

二、索赔条款

进出口货物买卖合同中,索赔条款通常可以有两种规定方式,即异议与索赔条款和罚金条款。在一般买卖合同中,多数只订异议与索赔条款;只有在买卖大宗商品和机械设备一类商品的合同中,除了订明异议与索赔条款外,还须加订罚金条款。

(一)异议与索赔条款

异议与索赔条款(Discrepancy and Claim Clause),一般是针对卖方交货品质、数量或包装不符合同规定而订立的。内容除了规定如一方违反合同另一方有权索赔外,还包括索赔期限、索赔依据和索赔金额及索赔的处理方法等。索赔依据部分主要规定索赔必须具备的证据和出证机构。**索赔期限**是指索赔方向违约方提出赔偿要求的有效时限,逾期提出索赔,违约方可不予受理。除了机器设备等性能特殊的商品外,索赔期限一般不宜规定过长,以免使卖方承担过重的责任;但也不宜规定过短,以免使买方无法行使索赔权。关于处理索赔的办法和索赔金额,通常只在合同中作一般笼统规定,因为违约的情况比较复杂,究竟在哪些业务环节上违约和违约的程度如何等,订约时难以预料。因此,对于违约的索赔金额也难以预定,所以在合同中不作具体规定。

(二)罚金条款

此条款一般适用于卖方延期交货或买方延期接运货物、拖延开立信用证、拖欠货款等场合。在买卖合同中规定罚金或违约金条款,是促使合同当事人履行合同义务的重要措施,能起到避免和减少违约行为发生的预防性作用,在发生违约行为的情况下,能对违约方起到一定的惩罚作用,对守约方的损失能起到补偿性作用。可见,约定此项条款,采取违约责任原则,对合同当事人和全社会都是有益的。

罚金或违约金与赔偿损失虽有相似之处,但仍存在差异。其差别在于前者不以造成损失为前提条件,即使违约的结果并未发生任何实际损害,也不影响对违约方追究违约金责任。违约金数额与实际损失是否存在与损失的大小没有关系,法庭或仲裁庭也不要求请求人就损失举证,故其在追索程序上比后者简便得多。

违约金的数额一般由合同当事人商定,我国现行《合同法》也没有对违约金数额作出规定,而以约定为主。按违约金是否具有惩罚性,可分为惩罚性违约金和补偿性违约金。世界大多数国家都以违约金的补偿性为原则,以惩罚性作为例外。根据我国《合同法》的规定,在确定违约金数额时,双方当事人应预先估计因违约可能发生的损害赔偿,确定一个合适的违约金比率。在此需要着重指出的是,在约定违约金的情况下,即使一方违约未给对方造成损失,违约方也应支付约定的违约金。为了体现公平合理原则,如一方违约给对方造成的损失大于约定的违约金,守约方可以请求法院或仲裁庭予以增加;反之,如约定的违约金过分高于实际造成的损失,当事人也可请求法院或仲裁庭予以适当减少。但如约定的违约金不是过分高于实际损失,则不能请求减少,这样做,既体现了违约金的补偿性,也在一定程度上体现了它的惩罚性。当违约方支付约定的违约金后,并不能免除其履行债务的义务。

第三节 不 可 抗 力

国际货物买卖合同成立之后,有时会发生买卖双方无法预料又不能控制的意外事故,致使遭受事故的一方不能履行或不能如期履行合同。对此,法律可以免除其责任,这就是免责。免责的条款有多种,为防止不必要的纠纷,维护当事人的各自利益而订立的不可抗力条款,就是其中之一。

不可抗力(Force Majeure)条款是指买卖合同签订后,不是由于合同当事人的过失或疏忽,而是由于发生了当事人既无法预见、预防,也无法避免和控制的意外事件,以致不能履行或不能如期履行合同,遭受意外事故的一方可以免除履行合同的责任或推迟履行合同。

一、不可抗力的含义

国际贸易中,不同法律法规对不可抗力的确切含义在解释上并不统一,叫法上也不一致,但其精神原则大体相同。主要包括以下几点:
(1)意外事故必须发生在合同签订以后。
(2)不是因为合同当事人双方自身的过失或疏忽而导致的。
(3)意外事故是当事人双方所不能控制的、无能为力的。

二、不可抗力条款

不可抗力条款的内容,主要包括不可抗力事故的范围、不可抗力事故的处理原则和办法、事故发生后通知对方的期限和通知方式以及出具事故证明的机构等。

（一）不可抗力事件的范围

不可抗力的事件范围较广,通常可分为两种情况:一种是由于"自然力量"引起的,如水灾、火灾、暴风雨、大雪、地震等;另一种是由于"社会力量"引起的,如战争、罢工、政府禁令等。关于不可抗力事件的范围应在合同中订明。通常有三种规定办法:概括规定、具体规定和综合规定（合同条款规定不可抗力事件的三种不同办法详见本章末参考资料7-1）。

（二）不可抗力事件的处理

发生不可抗力事故后,应按约定的处理原则和办法及时进行处理。不可抗力的后果有两种:结束合同、延期履行合同。究竟如何处理应视事件的原因、性质、规模及其对履行合同所产生的实际影响程度而定。

（三）不可抗力事件的通知和证明

不可抗力事件发生后如影响合同履行时,发生事故的一方当事人应按约定的通知期限和通知方式,将事件情况如实通知对方,对方在接到通知后应及时答复,如有异议也应及时提出。此外,发生事故的一方还应按约定办法出具证明文件,作为发生不可抗力事故的证据。在国外,这种证明文件一般由当地的商会或法定公证机构出具。在我国,则由中国国际贸易促进委员会出具。

第四节 仲 裁

一、仲裁是解决争议的一种重要的方式

在国际贸易中,情况复杂多变,买卖双方签订合同后可能会由于种种原因使合同没有履行,从而引起交易双方间的争议。解决争议的途径包括友好协商、调解仲裁和诉讼等方式。当国际贸易中的争议经友好协商、调解都未成功,而当事人又不愿意诉诸法院解决时,则可采用仲裁办法。

仲裁（arbitration）已成为被普遍采用的解决争议的方式,它具有灵活性、保密性、终局性和裁决易于得到执行等优点,从而为越来越多的当事人所选择并采用。

我国一向提倡并鼓励以仲裁的方式解决国际贸易中发生的争议。早在1956年,中国的涉外商事仲裁机构——中国国际经济贸易仲裁委员会,又称中国国际商会仲裁院,隶属于中国国际贸易促进委员会（中国国际商会）——便已宣告成立。50年来,该机构在审理案

件中，坚持根据事实、依照法律和合同规定，参照国际惯例，公平合理地处理争议和作出裁决，其裁决的公正性得到国内外的一致公认，中国已成为当今世界上主要的国际商事仲裁中心之一。

二、仲裁协议的形式和作用

仲裁协议有两种形式：一种是在争议发生之前订立的，它通常以合同的仲裁条款（Arbitration Clause）的形式出现；另一种是在争议发生之后订立的，当事人把已经发生的争议提交仲裁的协议（Submission Agreement）。这两种形式的仲裁协议的法律效力是相同的。

通过订立仲裁协议，一方面，明确了双方当事人在争议发生时解决争议的途径，约束双方当事人只能以仲裁方式解决争议，不得向法院起诉；另一方面，排除了法院对有关案件的管辖权；再一方面，保证仲裁机构取得对争议案件的管辖权。因此，如果双方当事人不愿将争议提交法院审理时，就应在争议发生前在合同中规定出仲裁条款，以免将来发生争议后由于达不成仲裁协议而不得不诉诸法院。

在中国进出口合同中一般都订有仲裁条款，以便在发生争议时通过仲裁方式解决争端。

三、仲裁条款

仲裁条款的规定应当明确合理，不能过于简单，其具体内容一般应包括仲裁地点、仲裁机构、仲裁程序、仲裁裁决的效力、仲裁费用的负担等。

（一）仲裁地点

除非仲裁协议另有规定，一般都适用审判地法律，即在哪个国家仲裁就往往适用哪个国家的仲裁法规。可见，仲裁地点不同，适用的法律可能不同，对买卖双方的权利、义务的解释就会有差别，其结果也会不同。因此，交易双方都力争在自己比较了解和信任的地方仲裁，尤其是力争在本国仲裁。在我国进出口合同中，关于仲裁地点往往规定：合同规定在中国仲裁；或规定在被申请人所在国仲裁；或规定在双方同意的第三国仲裁。

（二）仲裁机构

目前，世界上有许多国家和一些国际组织都设有专门从事处理商事纠纷、进行有关仲裁的管理与组织工作的常设仲裁机构。我国的常设仲裁机构是中国国际贸易仲裁委员会和海事仲裁委员会。仲裁机构有两种形式：

（1）由双方当事人在仲裁协议中规定一个常设的仲裁机构。我国常设的仲裁机构是设在北京的中国国际经济贸易仲裁委员会及其设在深圳和上海的分会。这些仲裁委员会不仅可以受理国内仲裁案件，也可以受理涉外仲裁案件。

（2）由双方当事人指定仲裁员所组成的临时仲裁庭，当争议案件处理完毕它立即自动解散。

(三)仲裁程序

仲裁程序主要是规定进行仲裁的手续、步骤和做法,各国仲裁机构一般都有自己的仲裁程序规则,但是如果当事人约定适用其他仲裁规则并征得仲裁委员会同意的,原则上也可以适用其他仲裁规则(一般的仲裁程序参看本章末参考资料 7-2)。

(四)仲裁裁决的效力

仲裁裁决是终局的,对双方当事人均有约束力。任何一方当事人不得向法院起诉,也不得向其他任何机构提出变更仲裁的请求。如败诉方不执行裁决,则胜诉方有权向法院起诉,请求法院强制执行。

(五)仲裁费用的负担

仲裁费用由谁负担,应在仲裁条款中订明。通常由败诉方承担,也有的规定由仲裁庭酌情决定,我国仲裁规则规定,败诉方所承担的费用不得超过胜诉方所得胜诉金额的 10%。

中国国际经济贸易仲裁委员会向中外当事人推荐如下示范仲裁条款。

"凡因本合同引起的或与本合同有关的任何争议,均应提交中国国际经济贸易仲裁委员会,按照申请仲裁时该会现行有效的仲裁规则进行仲裁。仲裁裁决是终局的,对双方均有约束力。"

此外,当事人还可以在仲裁条款(协议)中对仲裁员人数、国籍、开庭地点、普通程序或简易程序、适用法律及仲裁语言等事项作出约定,或者在仲裁条款(协议)达成之后,争议提交仲裁之前或者仲裁程序开始之前,以书面补充协议的形式进行补充约定。

★ 参考资料 7-1　　如何界定不可抗力事件范围

在国际贸易中,买卖双方洽谈交易时对成交后由于自然力量或社会原因而可能引起的不可抗力事件是无法预见、无法控制的。而且,世界各国(地区)对不可抗力事件及其引起的法律后果的解释上存在差异。为了避免因发生不可抗力事件而引起不必要的纠纷,防止合同当事人对发生不可抗力事件的性质、范围作任意的解释,有必要在合同的不可抗力条款中首先明确哪些事件可以作为不可抗力事件,即界定不可抗力事件的性质和范围。对于不可抗力事件的性质和范围,通常可以通过以下三种不同方法加以规定。

1. 概括规定。在合同中不具体规定哪些事件属于不可抗力事件,而只是笼统地规定:"由于公认的不可抗力原因,致使卖方不能交货或延期交货,卖方不负责任";或"由于不可抗力事件使合同不能履行,发生事件的一方可据此免除责任"。应当指出的是,采用概括规定的方法对不可抗力事件进行界定时,由于含义模糊、解释的伸缩性大,仍然容易引起争议,在实际业务中不宜采用。

2. 具体规定。在合同中详列不可抗力事件。采用这种一一列举的办法,虽然明确具体,但是文字繁琐,且可能出现遗漏的情况,如果发生未列入其中的不可抗力事件,则无法保护因该不可抗力事件而违约的交易方的合法权益。因此,具体规定法也不是最好的办法。

3. 综合规定。在合同条款中不仅列明经常发生的不可抗力事件(如战争、洪水、地震、火灾等），而且同时加上"以及双方同意的其他不可抗力事件"的文句。采用综合规定的办法界定不可抗力事件，既具体明确，又保持了一定的灵活性，是一种可取的办法。在我国的进出口合同中，一般都采用这种办法。

★ 参考资料 7-2　　　　　　一般的仲裁程序

仲裁程序是指双方当事人自发生争议、订立仲裁协议、提交仲裁机构、按规定仲裁至争议裁决的过程。各国的仲裁法律、仲裁庭的仲裁程序并不一致。我国的《中国国际经济贸易仲裁委员会仲裁规则》规定其程序大致如图 7-1 所示。

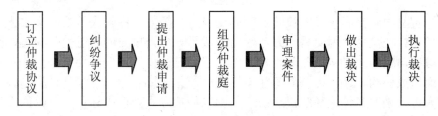

图 7-1　仲裁程序及内容示意图

当事人一方申请仲裁时，应向仲裁委员会提交签名仲裁申请书。该申请书应包括：申诉人和被诉人的名称、地址；申诉人所依据的仲裁协议；申诉人的要求及所依据的事实和证据。申诉人向仲裁委员会提交仲裁申请书时，须预缴一定数额的仲裁费。仲裁费一般按争议价值的 0.1%～1% 收取，最终由败诉方承担。如果委托代理人办理仲裁事项或参与仲裁时，应提交书面委托书。仲裁机构对申请书进行审查，以确认仲裁手续是否符合要求，所需证件是否齐备，争议是否属于仲裁协议范围，该争议是否被处理过以及仲裁时效是否过期等。凡符合要求者，即可受理，否则不予受理。

仲裁员一般为三人，申诉人和被诉人各自在仲裁委员会和仲裁员名册中指定一名仲裁员，并由仲裁委员会主席指定第三名仲裁员为首席仲裁员，共同组成仲裁庭审理案件。双方当事人也可在仲裁员名册中共同指定或委托仲裁委员会主席指定一名仲裁员为独任仲裁员，成立仲裁庭，单独审理案件。仲裁员实行回避制度。被指定的仲裁员如果与案件有利害关系，应当自行向仲裁委员会提出回避申请，其决定由仲裁委员会主席做出。仲裁员因回避或其他原因不能履行其职责时，仲裁委员会应按照原程序，重新指定仲裁员。当事人所指定的仲裁员，并不代表当事人的利益，而是按照仲裁程序，独立公正地审理案件，当事人对仲裁员如有要求和意见时，须以书面形式通过仲裁委员会转递仲裁员。

仲裁庭审理案件，一般按照先调解、后审理的程序进行，包括开庭、调解、收集证据和保全措施裁定、裁决等内容。保全措施裁定又称临时性保护措施，是指在仲裁开始后至做出裁决前的时期内，对当事人的财产进行临时性的强制保全措施。仲裁裁决应自仲裁庭组成之日起 6 个月内以书面形式做出。仲裁裁决应说明裁决所依据的理由，写明裁决是终局的、做出裁决书的日期与地点，并由仲裁员署名等。

由于仲裁是建立在双方当事人自愿基础上的，故一般情况下当事人承认其效力并能自动执行。如果一方当事人拒不执行仲裁裁决，另一方当事人可以向法院提出申请，请求法院强制执行。不过，各国对本国裁决和外国裁决是区别对待的。对本国裁决的承认与执行，几乎所有国家都规定了比较简易的程序。由于承认与执行外国裁决不但关系到双方当事人的切身利益，有时还涉及两个国家的国家利益，故各国多附加限制条件，如要求互惠或外国仲裁裁决不得违背本国公共秩序等。

【本章小结】

在国际贸易中对交易商品的检验是明确交易方、船方、保险人等多方当事人的责任归属的重要条件。在交易中因交易一方违约而造成另一方当事人的利益受到损害，受损的一方当事人可以向违约方提出索赔的要求，以补偿自己的损失。但是如果是由于不可抗力事件的发生而造成违约，则可以免除违约方当事人的违约责任。对于国际贸易中发生的争议，双方当事人可以采取多种途径解决纠纷，其中以仲裁方式处理国际贸易争议的做法已经被普遍接受和采用。

【本章关键词】

商品检验（commodity inspection）　　索赔（claim）
不可抗力（force majeure）　　　　　　仲裁（arbitration）

【复习与思考】

（一）简答题

1．商品检验地点的选择对交易双方利益会产生什么样的影响？作为我国的出口商，在与国外客户订立合同的检验条款时应如何规定商品检验地点？

2．什么是索赔？根据造成受损方损失的原因不同，索赔有哪几种情况？

3．什么是不可抗力？不可抗力事件的法律后果是什么？

4．国际贸易中，交易双方处理争议的方法有哪些？为什么仲裁会成为解决争议的最主要方法？仲裁方式中的仲裁协议起到什么样的作用？

（二）案例分析题

1．我A公司与美国B公司以CIF纽约的条件出口一批农产品，订约时，我A公司已知道该批货物要转销加拿大。该货物到纽约后，立即转运加拿大。其后纽约的买方B凭加拿大商检机构签发的在加拿大检验的证明书，向我方提出索赔。问：我方公司应如何对待加拿大的检验证书？

2. 有一份合同，印度 A 公司向美国 B 公司出口一批黄麻。在合同履行的过程中，印度政府宣布对黄麻实行出口许可证和配额制度。A 公司因无法取得出口许可证而无法向美国 B 公司出口黄麻，遂以不可抗力为由主张解除合同。问：印度公司能否主张这种权利？为什么？

3. 甲方与乙方签订了出口某种货物的买卖合同一份，合同中的仲裁条款规定："凡因执行本合同所发生的一切争议，双方同意提交仲裁，仲裁在被诉人所在国家进行。仲裁裁决是终局的，对双方具有约束力。"在履行合同的过程中，乙方提出甲方所交的货物品质与合同规定不符，于是双方将争议提交甲国仲裁。经仲裁庭调查审理，认为乙方的举证不实，裁决乙方败诉。事后，甲方因乙方不执行裁决向本国法院提出申请，要求法院强制执行，乙方不服。问：乙方可否向本国法院提请上诉？为什么？

第三篇

交易磋商和合同订立

第八章　国际货物买卖合同的商订

【学习目标】

通过本章的教学，使学生了解交易磋商谈判的原则，掌握一般交易磋商的主要环节及合同的形式和内容，能够撰写贸易函电及起草合同。

【案例索引】

我某公司与某外商洽谈进口交易一宗，经往来电传磋商，就合同的主要条件全部达成协议，但在最后一次我方所发的表示接受的传真中列有"以签订确认书为准"的字样。事后对方拟就合同草稿，要我方确认，但由于对某些条款的措辞尚待进一步研究，故未及时给予答复。不久，该商品的国际市场价格下跌，外商催我开立信用证，我方的做法是否合理？为什么？

在国际贸易中，交易双方通过反复磋商就各项交易条件取得一致协议后，交易即告达成，一般来说，就可以正式签订书面合同。交易磋商的过程是合同条款形成的过程，交易磋商的条件是签订合同的依据，合同是交易磋商的结果。

第一节　交易磋商的形式与内容

交易磋商（Business Negotiation）又称**合同磋商**（Contract Negotiation），是买卖双方就买卖某种货物的各项交易条件进行洽商，最后达成协议、签订合同的过程。一旦买卖双方就各项交易条件达成一致，合同即告成立，对双方都有约束力。因此交易磋商既是商务活动，又是法律行为，是一项政策性、策略性和技术性都很强的工作，要求从事此项工作的人员具有良好的专业素质和业务水平。

一、交易磋商的形式

商务合同的磋商有四种方式，即口头方式、书面方式、无纸贸易方式和行为表示方式。

（一）口头磋商方式

口头磋商方式即面对面的洽谈方式，也包括通过国际长途进行的电话联系和磋商。在交易会、洽谈会、出国推销、采购及客户前来时，通常是当面洽谈，达成交易后订立书面合同。口头磋商方式由于是面对面的直接交流，便于及时了解对方的诚意和态度，针锋相对地采取对策，并可根据进展情况及时调整谈判的策略，争取达到预期的目的。这对于谈判内容复杂、涉及问题多的交易尤为适合。

（二）书面磋商方式

书面磋商方式是通过信件、电报、电传和传真往来进行磋商。随着现代通讯技术的发展，书面洽谈也越来越简便易行，而且费用比口头谈判要低廉得多，它是日常业务中的通常做法。目前，较多企业使用传真进行洽谈。由于传真会褪色，不能长久保存，所以如通过传真达成交易，必须补寄正本文件或另行签订销售合同和确认书。

（三）无纸贸易方式

无纸贸易（Paperless Trade）方式即通过电子数据交易（Electronic Data Interchange，EDI）系统的磋商，也就是按照协议，通过具有一定结构的标准信息在计算机网络中进行交易。根据需要，它可以转变成书面形式。

（四）行为表示方式

行为表示方式即通过行为进行交易磋商，最典型的例子就是在拍卖市场的拍卖和购进。

二、交易磋商的内容

交易磋商的内容，即订立货物买卖合同条款的具体内容，也称为交易条件。根据贸易习惯中交易条件内容的变动性大小，又可以分为一般交易条件和主要交易条件。主要交易条件是重点磋商的交易条件，其变动性大，在每笔交易中都可能发生变化，如品质、数量、包装、价格、交货时间与地点以及货款的支付方式等。一般交易条件比较固定，在每笔交易中内容都基本一致，如商品的检验时间、地点、方法、索赔、仲裁和不可抗力等。在实际业务中，并非每次磋商都要对所有条款逐一商讨，洽谈的往往只是个别交易条件。由于长期的贸易习惯，为了节约时间，交易双方一般使用固定格式的合同，一般交易条件都列在其中，只要对方没有提出异议，这些条款就不用重新协商，也就成为双方交易的基础。

但关于商品的质量、数量、价格、交货期和货款支付方式等主要交易条件是成立买卖合同所不可缺少的交易条件，是交易磋商的主要内容。

第二节 订立国际货物买卖合同的法律步骤

磋商交易可通过来往函电进行，也可以通过双方面谈。一般有四个环节：询盘—发盘—还盘—接受。其中发盘和接受是达成交易、合同成立的不可缺少的两个基本环节和必经的法律步骤。

一、询盘

询盘（inquiry）也称询价，是准备购买或出售商品的人向潜在的供货人或买主探询该商品的成交条件或交易可能性的业务行为，它不具有法律上的约束力。询盘内容可详可略，可以询问价格，也可询问某种商品的品质、规格、数量、包装、装运等成交条件，还可以索取样品。发出询盘的目的，除了探询价格或有关交易条件外，有时还表达了与对方进行交易的愿望。询盘不是每笔交易必经的程序。询盘多由买方做出，也可由卖方做出。

（一）买方询盘，也称"邀请发盘"（invitation to offer）

如：拟订购买美加净牙膏大号1000罗，请电告最低价格最快交货期。

BOOKABLE MAXAM DENTAL CREAM LARGE SIZE 1000 GROSS PLEASE CABLE LOWEST PRICE EARLIEST DELIVERY.

（二）卖方询盘，也称"邀请递盘"（invitation to bid）

如可供美加净牙膏3月装如有兴趣请电告。

CAN SUPPLY MAXAM DENTAL CREAM MARCH SHIPMENT CABLE IF INTEREST.

询盘通常用下列词句："请告"（please）、"请电告"（please cable advice）、"对……有兴趣，请（interest in … please）、"请报价"（please quote）、"请发盘"（please offer）等。

二、发盘

发盘（offer）又称发价或报价（quotation），在法律上称为要约。《联合国国际货物销售合同公约》（以下简称《公约》）规定："凡向一个或一个以上特定的人提出的订立合同的建议，如果其内容十分确定并且表明发盘人有在其发盘一旦得到接受就受其约束的意思，即构成发盘。"

发盘可由卖方发出，也可由买方发出。卖方发盘，也称"售货发盘"（selling offer）。买方发盘也称购货发盘（buying offer），习惯上称"递盘"（bid）。

（一）发盘应具备的条件

1. 发盘应向一个或一个以上特定的人（specific persons）提出

向特定的人提出是指向有名有姓的公司或个人提出。提出此项要求的目的在于，把发盘同普通商业广告及向广大公众散发的商业价目单等行为区别开来。对广大公众发出的商业广告是否构成发盘的问题，各国法律规定不一，须慎重使用。

2. 发盘内容必须十分确定（sufficient definite）

根据《公约》规定，发盘应至少包括三项基本要素：

（1）标明货物的名称与质量。

（2）明示或默示地规定货物的数量或规定数量的方法。

（3）明示或默示地规定货物的价格或规定价格的方法。

构成一项发盘应包括的内容，各国法律规定不尽相同。《公约》的规定只是构成发盘的起码要求。在实际业务中，如发盘的交易条件太少或过于简单，会给合同的履行带来困难，甚至容易引起争议。因此，最好将品名、品质、数量、包装、价格、交货时间、地点和支付办法等主要交易条件一一列明。

3. 必须表明发盘人对其发盘一旦被接受即受约束的意思

发盘是订立合同的建议，这个意思应当体现在发盘之中。否则，不能认为是一项发盘。

4. 发盘必须送达受盘人

发盘于送达受盘人（offeree）时生效。在此之前，即使该受盘人已通过其他途径知道了发盘的内容，也不能主动对发盘表示接受。所谓"送达"对方，是指将发盘的内容通知对方或送交对方来人、其营业地或通讯地址。

以上是构成有效发盘的四个条件，也是考查发盘是否具有法律效力的标准。若不能同时满足这四个条件，即使在发盘上注明"实盘"（firm offer）或类似字样，也不能使发盘具有法律约束力。

【案例 8-1】 香港某中间商 A，就某商品以电传形式邀请我方发盘，我方于 6 月 8 日向 A 方发盘并限 6 月 15 日复到有效。12 日我方收到美国 B 商人按我方发盘规定的各项交易条件开来的信用证，同时收到中间商 A 的来电称："你 8 日的发盘已转美国 B 商。"经查该商品的国际市场价格猛涨，于是我方将信用证退回开证银行，再按新价向美国 B 商发盘，而美国 B 商以信用证于发盘有效期内到达为由，拒绝接受新价，并要求我方按原价发货，否则将追究我方的责任。问：对方的要求是否合理？为什么？

分析 对方的要求不合理。根据《公约》规定，构成一项接受应具备的必要条件之一是：接受由特定的受盘人作出。本案中，我方发盘中特定的人是香港某中间商 A，其发出的接受通知才具有接受的效力。12 日我方收到美国 B 商人开来的信用证可视作一项发盘，该发盘必须得到我方的接受，合同才成立。在合同未成立的情况下，B 方就要求我方发货是不合理的。

（二）发盘的有效期（validity of offer）

发盘都是有有效期的，其表现形式如下。

1. 明确规定发盘的有效期

（1）规定最迟的接受期限。如：发盘限 10 月 5 日复到（OFFER SUBJECT REPLY HERE OCTOBER 5TH）；发盘有效期至 6 月 10 日下午 4 时（OFFER VALID TILL JUNE FOUR P.M.）。

（2）规定一段接受的期限。如：发盘有效期为 8 天（OFFER VALID 8 DAYS）；发盘 10 天内复（OFFER REPLY IN TEN DAYS）。这种规定方法必须明确一段时间的起止问题。

按《公约》的规定，从电报交发时刻或信上载明的发信日期起算。如未载明发信日期，则从邮戳的日期起算。采用电话、电传发盘时，则从发盘送达受盘人时起算。如果由于时限的最后一天在发盘人营业地是正式假日或非营业日，则应顺延至下一个营业日。

2．合理时间

对于"合理时间"，各国法律都没有明确的规定或解释，一般须根据具体情况而定。这种对有效期的规定方法较笼统，极易使交易双方产生争议，因此在实际操作中应尽量不用或少用。如：发盘即复（OFFER REPLY PROMOTELY）；发盘电复（OFFER CABLE REPLY）；发盘急复（OFFER REPLY URGENTLY）；发盘速复（OFFER REPLY IMMEDIATELY）。

根据《公约》的规定，采用口头发盘时，除了发盘人发盘时另有声明外，受盘人只能当场接受，方为有效。

（三）发盘的撤回与撤销

1．发盘的撤回（withdrawal）

根据《公约》规定，一项发盘（包括注明不可撤销的发盘）只要在其尚未生效之前，都是可以修改和撤回的。发盘人只要用更快捷的通讯方式，将撤回或修改的通知赶在受盘人收到该发盘之前或同时送达受盘人，则发盘即可撤回或修改。

2．发盘的撤销（revocation）

撤销不同于撤回，撤销是发盘生效后，发盘人再取消发盘，削除其效力的行为。对于发盘生效后能否撤销的问题，各国合同法的规定有很大的分歧。《公约》采取了折中的办法，它规定，在发盘已送达受盘人，即发盘已生效，但受盘人尚未表示接受之前这一段时间内，只要发盘人及时将撤销通知送达受盘人，就可以将发盘撤销。但下列两种情况下的发盘，一旦生效，则不得撤销。

（1）在发盘中规定了有效期，或以其他方式表示该发盘是不可撤销的。

（2）受盘人有理由信赖该发盘是不可撤销的，并本着对该发盘的信赖采取了行动，如寻找客户、组织货源等，发盘不得撤销。

【案例8-2】 我某对外工程承包公司于5月3日以电传请意大利某供应商发盘出售一批钢材。我方在电传中声明：要求这一发盘是为了计算一项承造一幢大楼的标价和确定是否参加投标之用；我方必须于5月15日向招标人送交投标书，而开标日期为5月31日。意大利供应商于5月5日用电传就上述钢材向我发盘。我方据以计算标价，并于5月15日向招标人递交投标书。5月20日意供应商因钢材市价上涨。发来电传通知撤销他5月5日的发盘。我方当即复电表示不同意撤盘。于是，双方为能否撤销发盘发生争执。及至5月31日招标人开标，我方中标，随即通知意供应商我方接受该商5月5日的发盘。但意商坚持该发盘已于5月20日撤销，合同不能成立。而我方则认为合同已经成立。对此，双方争执不下，遂协议提交仲裁。试问：如你为仲裁员，将如何裁决？说明理由。

分析 如果我是仲裁员，将裁决如下：合同已成立，理由是：（1）意大利和中国均是

《公约》的缔约国，双方当事人交换的电传也未排除《公约》的适用。因此，本案应受《公约》的制约。（2）意商的发盘是不可撤销的：我方询盘中已明确告知对方邀请发盘的意图；意商知悉我方意图后向我方发盘，我方有理由相信该项发盘是不可撤销的，并已本着该信赖行事，参与了投标；该发盘未规定有效期，应视为合理时间有效，本例合理时间应为开标后若干天。（3）意商5月20日来电撤销发盘，我方立即拒绝，撤销不能成立。《公约》规定，一项发盘，受盘人有理由相信是不可撤销的并已本着该信赖行事，该项发盘不能撤销。（4）我方中标后立即通知意方接受，接受生效，双方合同成立。

（四）发盘效力的终止（termination）

任何一项发盘，其效力均可在一定条件下终止。其终止的原因，一般有以下几个方面。

（1）过期，指发盘在规定的有效期内未被接受，或虽未规定有效期，但在合理时间内未被接受，则发盘的效力即告终止。

（2）发盘被发盘人依法撤销。

（3）被受盘人拒绝或还盘后，即拒绝或还盘通知送达发盘人时，发盘的效力即告终止。

（4）发盘人发盘之后，发生了不可抗力事件，按出现不可抗力可免除责任的一般原则，发盘的效力即告终止。

（5）发盘人或受盘人在发盘被接受前丧失行为能力，则该发盘的效力也可终止。

发盘一般采用下列术语：发盘（offer）、发实盘（firm offer）、报价（quote）、订货（ordering）和递盘（bid）等。

三、还盘

还盘（counter-offer）又称还价，在法律上称为反要约，指受盘人不同意或不完全同意发盘提出的各项条件，并提出了修改意见，建议原发盘人考虑，即还盘是对原发盘条件进行添加、限制或其他更改的答复。还盘是对原发盘的拒绝（rejection），也是受盘人做出的一项新的发盘。如你方10日电悉，还盘装运期5月D/P远期30天，请电复（Your cable 10TH counter offer may shipment D/P 30 days cable reply）。

根据《公约》规定，受盘人对货物的价格、付款、品质、数量、交货时间与地点、一方当事人对另一方当事人的赔偿责任范围或解决争端的办法等条件提出添加或更改，均作为实质性变更发盘条件。受盘人的答复如果在实质上变更了发盘的条件，就构成对原发盘的拒绝，其法律后果是否定了原发盘，原发盘即告失效，原发盘人就不再受其约束。

还盘不是交易磋商的必经阶段，但多数情况下，一笔交易的达成离不开还盘。

【案例8-3】 A商向B商发盘，发盘中说："供应50台拖拉机，100匹马力，每台CIF香港3500美元，不可撤销信用证付款，收到信用证后30天内装运，请电复。" B商收到发盘后,立即电复说:"我接受你的发盘,在订立合同后立即装船。"但 A 未作任何答复。问:双方的合同是否成立?为什么?

分析 双方的合同不成立。因为 B 商的接受不能成立,他修改了 A 发盘里的货物装运时间,属实质性变更发盘内容,实际上是一种还盘。B 还盘后,A 发盘即失效。A 对 B 未作任何答复也就是没有接受,所以双方的合同不成立。

四、接受

接受(acceptance)在法律上称为承诺,指受盘人在发盘规定的有效期内,以声明或行为表示同意发盘提出的各项条件。接受如同发盘一样,既属于商业行为,也属于法律行为。一般情况下,发盘一经接受,合同即告成立,对买卖双方都将产生约束力。

(一)有效接受应具备的条件

(1)接受必须由受盘人作出。这一条件与构成发盘的第一项条件是相互对应的。发盘必须向特定的人发出,接受只能由受盘人作出才具有效力。受盘人包括其本人或授权代理人。

(2)接受必须是完全同意发盘所提出的交易条件。根据《公约》规定,一项有效的接受必须完全同意发盘所提出的交易条件,只接受发盘中的部分内容、对发盘条件提出实质性的修改或提出有条件的接受,均不能构成接受,而只能视作还盘。但是,若受盘人在表示接受时,对发盘内容提出某些非实质性的添加、限制和更改(如要求增加重量单、装箱单、原产地证明或某些单据的份数等),除非发盘人在不过分延迟的时间内表示反对其间的差异外,仍可构成有效的接受,从而使合同得以成立。在此情况下,合同成立的条件就以该项发盘的条件以及接受中所提出的某些更改为准。

【案例 8-4】 进口商甲收到出口商乙就某商品的发盘,其中写明:"PACKING IN SOUND-BAGS"。在发盘有效期内,甲复电称:"REFER TO YOUR TELEX FIRST ACCEPTED PACKING IN NEW BAGS"。乙收到复电后,即着手备货。数日后该商品的国际市场价格猛跌。甲又来电称:"我方对包装条件作了变更,你方未确认,合同并未成立"。而乙坚持认为合同已经成立。

分析 按照《公约》的规定,合同已经成立,甲所称对包装条件作了变更,并不属于实质性变更,只是因为价格猛跌会给其造成损失,才以此为由坚持合同并未成立。

【案例 8-5】 我某进出口公司向国外某商人询购某商品,不久,我方收到对方 8 月 15 日的发盘,发盘有效期至 8 月 22 日。我方于 8 月 20 日向对方复电:"若价格能降至 56 美元/件,我方可以接受。"对方未作答复。8 月 21 日我方得知国际市场行情有变,于当日又向对方去电表示完全接受对方 8 月 15 日的发盘。问:我方的接受能否使合同成立?为什么?

分析 我方的接受不能使合同成立。因为我方在 8 月 20 日曾向对方复电:"若价格能降至 56 美元/件,我方可以接受",属实质性变更发盘条件,该复电已构成了还盘。还盘一经作出,原发盘即告失效。所以,当我方 8 月 21 日得知国际市场行情有变,向对方表示的接受不具有法律效力。因此,我方的接受不能使合同成立。

(3) 接受必须在发盘规定的时限内作出。

(4) 接受的传递方式应符合发盘的要求。如发盘没有规定传递方式,则受盘人可按发盘所采用的,或采用比其更快的传递方式将接受通知送达发盘人。

(二) 接受生效的时间

接受是一种法律行为,何时生效,各国法律有不同的规定。英美法采用"投邮生效"的原则,即接受通知一经投邮或交给电报局发出,则立即生效。大陆法系采用"到达生效"的原则,即接受通知必须送达发盘人时才能生效。《公约》规定,接受通知送达发盘人时生效。此外,接受还可以在受盘人采取某种行为时生效。

(三) 逾期接受 (late acceptance)

接受通知未在发盘规定的时限内送达发盘人,则该项接受称作逾期接受或迟到的接受。它不是有效接受,只能视作一个新的发盘,但《公约》对此作了灵活的处理:

(1) 一般的逾期接受。它不是有效的接受,但只要发盘人毫不迟延地用口头或书面通知受盘人,就认为该项逾期接受可以有效,合同仍可于接受通知送达发盘人时成立。

(2) 特殊的逾期接受。依照正常情况,若该接受能够及时送达发盘人的,则此项逾期接受应当有效,合同同于接受通知送达发盘人时成立。除非发盘人毫不迟延地用口头或书面通知受盘人该逾期接受无效。

【案例 8-6】 我出口企业对法国某商发盘限 10 日复到有效。9 日法商用电报通知我方接受该发盘,由于电报局传递延误,我方于 11 日上午才收到对方的接受通知。而我方在收到接受通知前已获悉市场价格已上涨,对此,我方应如何处理?

分析 中国和法国均系《公约》的缔约国,双方当事人均受《公约》的约束。按《公约》规定,如果载有逾期接受的信件或其他书面文件表明,它是在传递正常能及时传送到发盘人的情况下寄发的,则该项逾期接受有效,除非发盘人毫不迟延地用口头或书面通知受盘人,他认为发盘已经失效。据此,我方于 11 日收到法商的接受电报属于因传递延误造成的特殊的"逾期接受"。因此,我方可以有两种选择:第一,我方可以不同意这项接受,应即复电通知对方:我方原发盘已经失效。第二,如我方鉴于其他原因,愿按原发盘达成交易,订立合同,可回电确认,也可不予答复,予以默认。

(四) 接受的撤回或修改

《公约》规定:"如果撤回通知于接受原发盘应生效之前或同时送达发盘人,则接受得予撤回。"根据这一规定，受盘人发出接受之后，如想反悔，可撤回其接受，但必须采取比接受更加快速的传递方式，将撤回通知赶在接受通知之前送达发盘人，或者最迟与接受通知同时送达发盘人，才能撤回。如果撤回通知迟于接受送达发盘人，就不能撤回了。因为接受通知一经到达发盘人，立即生效。而接受通知生效后，就不是撤回的问题了，而是撤销，但已生效的接受是不得撤销和修改的。因为接受一生效，合同就成立，对交易双方都产生了约束力，撤销一项已生效的接受就等于撤销一项已生效的合同。

如采用函电方式表示同意发盘的内容，可在电文中使用"接受"（accept、accepted）、"同意"（agree、agreed）、"确认"（confirm、confirmed）等字样。

第三节　合同成立的时间和合同生效的要件

一、合同成立的时间

根据《公约》的规定，接受送达发盘人时生效。在实际业务中，有时双方当事人在洽商交易时约定，合同成立的时间以订约时合同上所写明的日期为准，或以收到对方确认合同的日期为准。此外，根据我国法律和行政法规规定，应当由国家批准的合同，在获得批准时方才成立。

二、合同成立的要件

买卖双方就各项交易条件达成协议后，并不意味着此项合同一定有效，还须具备下列条件。

1. 当事人必须具有签订合同的行为能力

未成年人和精神病人等不具有行为能力的人签订的合同无效。

2. 合同必须有对价或约因

对价（consideration）和约因（cause）均属于法律用词。英美法认为，**对价**是指当事人为了取得合同利益所付出的代价，即合同当事人的"相互给付"（counterpart）。如在货物买卖合同中，卖方交货是为了取得买方支付的货款，而买方支付货款是为了得到卖方提交的货物，这种买方支付货款和卖方提交货物就是双方的"相互给付"，即买卖合同中的"对价"。

法国法认为，**约因**是指当事人签订合同所追求的直接目的。按照这些法律的规定，合同只有在有对价或约因时，才是法律上有效的合同，否则得不到法律的保障。

3. 合同的内容必须合法

各国法律都要求合同的内容必须合法，广义上包括不得违反法律、不得违反公共秩序或公共政策,以及不得违反善良风俗或道德三个方面。

4. 合同必须符合法律规定的形式

《公约》第 11 条明确规定,货物买卖合同无须以书面形式订立或书面证明,在形式方面也不受任何其他条件的限制。买卖合同可以用包括证人证言在内的任何方式来证明,并规定,所谓"书面",可以包括电报和电传。但《公约》考虑到一些国家有关法律的特殊规定和习惯做法,允许缔约国对《公约》第 11 条提出声明并予以保留。我国对此条款作出了声明并予以保留。我国《合同法》规定,我国对外订立、修改和终止合同,必须以书面方式进行。

5. 合同当事人的意思表示必须真实

绝大多数国家的法律都作了这项规定。我国《合同法》第 10 条明确规定"一方以欺诈、胁迫的手段订立的合同无效"。

第四节 书面合同的形式及其基本内容

一、签订书面合同的意义

根据国际贸易的习惯做法,交易双方通过口头或来往函电磋商达成协议后,还必须签订一定格式的正式书面合同。它具有以下四方面的意义。

1. 合同成立的证据

合同是否成立,必须要有证明,而书面合同能起到"立字为据"的证明。交易过程中也经常会出现关于口头合同是否有效的争议,处理这些争议时受到人为的干扰因素也较多,书面合同就可以避免此类事件的发生。

2. 合同生效的条件

交易双方在发盘或接受时,如声明以签订一定格式的正式书面合同为准,则在正式签订书面合同时,合同方为成立。

3. 合同履行的依据

交易双方通过口头谈判或函电磋商达成交易后,把彼此磋商一致的内容,集中订入一定格式的书面合同中,双方当事人可以此书面合同为准,作为合同履行的依据。

4. 解决双方争议的重要依据

在履行合同的过程中,双方当事人一旦发生争议,将争议提交仲裁或诉讼,仲裁员或法官首先要求提供证据,而书面合同就是重要的证据。

二、书面合同的形式

在国际上,对书面合同的名称并无统一规定,其格式的繁简也不一致。繁式的称为"合同书"(contract)、简式的称为"确认书"(confirmation),此外还有"协议书"(agreement)、"订单"(order)和"备忘录"(memorandum)等形式。在我国对外贸易中,书面合同主要采用前两种形式。

正式的合同书内容比较全面,对双方的权利、义务及争议后的处理办法,一般都作了详细的规定。大宗交易或成交金额较大的交易,多采用这种形式的合同。具体包括品名、品质、数量、包装、价格、装运、保险、支付、商检、索赔、仲裁和不可抗力等条款。

确认书是合同的简化形式。它包括的条款比合同书简单,一般只就主要的交易条件作出规定,对买卖双方的义务描述不是很详细。它适合于金额不大,批数较多的商品,或者已订有代理、包销等长期协议的交易。

下面是我国对外贸易活动中经常使用的两种合同的范本。

(一)正式合同书范本

正　　本　　　　　　　合　　同
(ORIGINAL)　　　　　CONTRACT

合同号码 No._____
签约日期 Date:_____
签约地点 Place:_____

卖　　方：中国矿产进出口公司
The Sellers: CHINA NATIONAL MINERALS IMPORT ＆ EXPORT CORPORATION
地　　址：北京二里沟
Address:　　Erh Li Kou, Beijing
电报挂号：
Cable Address: MINMETALS BEIJING
电　　传：
Telex: 22774 MIMNET CN 22190 MIMNET CN
传　　真：
Fax: 8315079

买方 The Buyers:　　_____
地址 Address:　　_____
电报挂号 Cable Address:　　_____
电传 Telex:　　_____
传真 Fax:　　_____

双方同意按下列条款由卖方出售,买方购进下列货物:
The Sellers agree to sell and the Buyers agree to buy undermentioned goods on the terms and donditions stated below:

（1）货物名称、规格、包装及唛头 Name of Commodity, Specifications, Packing Term and Shipping Marks	（2）数量 Quantity	（3）单价 Unit Price	（4）总金额 Total Amount
检验：以中国商品检验局的品质质量证书作为付款依据。 Inspection: The Certificates of Quality and Weight issued by the China Commodity Inspection Bureau are to be taken as the basis for effecting payment.	卖方有权在　　　　%内多装或少装 Shipment 　　% more or less at Sellers' option		

（5）装运期限：

Time of Shipment：

（6）装运口岸：

Port of Loading：

（7）目的口岸：

Port of Destination:

（8）保险：由卖方按发票金额110%投保_____险

Insurance: To effected by the Sellers for 110% of invoice value covering _____

（9）付款条件：凭保兑的、不可撤销的、可转让的、可分割的即期信用证在中国见单付款。信用证以卖方为受益人，并允许分批和转船，该信用证必须在装运月若干_____天前开到卖方，并在装船后在上述装运港继续有效 15 天。否则卖方无须通知即可取消本销售合同，并向买方索赔因此而产生的一切损失。

Terms of Payment: By confirmed, irrevocable, transferable and divisible Letter of Credit in favor of the Sellers payable at sight against Presentation of shipment documents in China，with partial shipment and transshipment allowed. The covering Letter of Credit must reach the Sellers_____ days before the contracted month of shipment and remain valid in the above loading port until the 15th day after shipment, failing which the Sellers reserve the right to cancel the contract without further notice and to claim against the Buyers for the loss resulting therefore.

（10）单据：卖方应向议付银行提供已装船清洁提单、发票、中国商品检验局或工厂出具的品质证明、中国商品检验局出具的数/质量鉴定书；如果本合同按 CIF 条件，应再提供可转让的保险单和保险凭证。

Documents: The Sellers shall present to the negotiating bank, Clean on Board Bill of Loading, Invoice Quality Certificate issued by the China Commodity Inspection Bureau or the Manufactures, Survey Report on Quantity/Quality issued by the China Commodity Inspection Bureau, and Transferable Insurance Certificate when this Contract is made on CIF basis.

（11）装运条件：

Terms of Shipment:

1．装运船由卖方安排，允许分批装运并允许转船。

The carrying vessel shall be provided by the Sellers. Partial shipments and transshipment are allowed.

2．卖方于货物装船后，应将合同号码、品名、数量、规格、船名、装船日期以电报通知买方。

After loading is completed, the Sellers should notify the Buyers by cable of the contract number, name of commodity, quality, name of the carrying vessel and date of shipment.

（12）品质与数量、重量的异议与索赔：货到目的口岸后，买方如发现货物品质及/或数/重量与合同规定不符，除属于保险公司及/或船公司的责任外，买方可以凭双方同意的检验机构出具的检验证书向卖方提出异议，品质异议须于货到目的口岸之日起 30 天内提出，数/重量异议须于货到目的口岸起 15 天内提出。卖方应于收到异议后 30 天内答复买方。

Quality/Quantity Discrepancy and Claim:

In case the quality and/or quality/weight are found by the Buyers to be not in conformity with Contract after arrival of the goods at the port of destination, the Buyers may the lodge claim with Sellers supported by survey report issued by an inspection orgnization agreed upon by both parties, with the exception, however, of those claims for which the insurance company and/or the shipping company are to be held responsible. Claims for quality discrepancy should be filed by the Buyers within 30 days after arrival of the goods at the port of destination , while for quantity / weight discrepancy claim should be filed by the Buyers within 15 days after arrival of the port of destination. The Sellers shall, within 30 days after receipt of the notification of the claim, send reply to the Buyers.

（13）人力不可抗拒：由于人力不可抗拒事故，使卖方不能在本合同规定期限内交货或者不能交货，卖方不负责任。但卖方必须立即电报通知买方。如买方提出要求，卖方应以挂号函向买方提供由中国国际贸易促进委员会或有关机构出具的发生事故的证明文件。

Force Majeure: In case of Force Majeure, the Sellers shall not be held responsible for late delivery or non-delivery of the goods, but shall notify the Buyers by cable. The Sellers shall deliver to the Buyers by registered mail, if so requested by the Buyers, a certificate issued by the

China Council for the Promotion of Trade or/and competent authorities.

（14）仲裁：凡因执行本合同或与本合同有关事项所发生的一切争执，应由双方通过友好方式协商解决。如果不能取得协议，则在被告国家根据被告仲裁机构的仲裁程序规则进行仲裁。仲裁决定是终局的，对双方具有同等的约束力。仲裁费用除仲裁机构另有规定，均由败诉方负担。

Arbitration: All disputes in connection with Contract or the execution thereof shall be settled by negotiation between two parties. If no settlement can be reached, the case in dispute shall then be submitted for arbitration in the country of defendant in accordance with the arbitration regulations of the arbitration organization of the defendant country. The decision made by the arbitration organization shall be taken as final and binding upon both parties. The arbitration expenses shall be borne by the losing party unless otherwise awarded by arbitration organization.

（15）备注：
Remarks:

卖方：   买方：
Sellers: Buyers:
                                                  (签章)

中国矿产进出口公司
CHINA NATIONALS MINERALS IMPORT & EXPORT CORPORATION
 (签　章)

（二）确认书范本

正　本　　　　　销　货　确　认　书
(ORIGINAL)　　　　SALES CONFIRMATION

合同号码 No._____
签约日期 Date:_____
签约地点 Place:_____

卖　　　方：中国矿产进出口公司
The Sellers: CHINA NATIONAL MINERALS IMPORT & EXPORT CORPORATION
地　　　址：北京二里沟
Address:　　Erh Li Kou, Beijing
电报挂号　　Cable Address: MINMETALS BEIJING
电　　传　　Telex: 22774 MIMNET CN 22190 MIMNET CN
传　　真　　Fax: 8315079

买方 The buyers: _____
地址 Address: _____
电报挂号 Cable Address: _____
电传 Telex: _____
传真 Fax: _____

兹经双方同意按下列条款成交：
The undersigned Sellers and Buyers have agreed to close the following transaction according to terms and conditions stipulated below:

1.

货　号 Art No.	品名及规格 Description	数量 Quantity	单价 Unit Price	金额 Amount

　　数量和总值均得有　　%的增减，由卖方决定。
　　With　　% more or less both in amount and quantity allowed at Sellers' option.
2．总值：
Total Value:
3．包装：
Packing:
4．装运期：
Time of Shipment:
5．装运口岸和目的地：
Loading port ＆ Destination:
6．保险：由卖方按发票全部金额110%投保至_____为止的_____险。
Insurance: To be effected by Sellers for 110% of full invoice value covering _____ up to _____only.
7．付款条件：买方须于　　年　月　日前把不可撤销的、即期信用证开到卖方，议付有效期延至上述装运期后15天在中国到期，该信用证中必须注明允许分运及转运。
Terms of payment: By Irrevocable Letter of Credit to be available by sight draft to reach the Sellers before _____ and to remain valid for negotiation in China until the 15th day after aforesaid Time of Shipment. The L/C must specify that transshipment and partial shipment are allowed.
8．装船标记：
Shipping Mark:
9．开立信用证时请注明我成交确认书号码。
When opening L/C, please mention our S/C number.

10. 备注：
Remarks:

　　　　　卖方　　　　　　　　　　　　　　　　买方
　　　THE SELLER　　　　　　　　　　　　THE BUYER

....　　　　　　..............................

本确认书请签署后寄回一份
Please sign and return one copy of this sales confirmation to us at your earlist convenience

三、合同的基本内容

在我国，不论采取哪种形式的买卖合同，都是调整交易双方经济关系和规定彼此权利与义务的法律文件。其内容包括约首、基本条款和约尾三部分。

1. 约首部分

一般包括合同名称、合同编号、缔约双方名称和地址、缔约时间、电报挂号、传真号码等项内容。

2. 基本条款

这是合同的主体，它包括品名、品质规格、数量（或重量）、包装、价格、交货条件、运输、保险、支付、检验、索赔、不可抗力和仲裁等项内容。

3. 约尾部分

这是合同的结尾部分，包括合同的份数、使用的文字和效力以及双方当事人签字等项内容。

为了提高履约率，在规定合同内容时应考虑周全，力求使合同中的条款明确、具体、严密和相互衔接，且与磋商的内容相一致，以利于合同的履行。

【本章小结】

国际货物买卖合同的商订是一项十分重要的工作。要做好此项工作，洽商交易的人员必须具有良好的政治和业务素质。在事前应充分做好各项准备，要熟悉交易磋商各个环节的操作方法和法律意义，在磋商过程中要善于应变，多谋善断。争取在平等互利的基础上达成协议和签订书面合同，并使约定的合同条款既公平合理，又切实可行。

【本章关键词】

交易磋商（Business Negotiation）　　　　对价（consideration）

约因（cause） 发盘（offer）
还盘（counter-offer） 接受（acceptance）

【复习与思考】

（一）不定向选择题

1．交易磋商必不可少的环节是（　　）。
A．询盘　　　　　B．发盘　　　　　C．还盘　　　　　D．接受
2．下列条件中，（　　）不是构成发盘的必备条件。
A．发盘的内容必须十分确定　　　B．主要交易条件必须十分完整齐全
C．向一个或一个以上特定的人发出　　D．表明发盘人承受约束的要旨
3．我某公司15日向日商发盘，限20日复到有效，日商于19日用电报表示接受我方15日电，我方于21日中午才收到对方的接受通知，此时（　　）。
A．合同已经成立
B．若我方毫不迟延地表示接受，则合同成立
C．若我方于21日才收到接受通知是由于电讯部门的延误，则我方缄默，合同成立
D．若我方于21日才收到接受通知是由于电讯部门的延误，则合同一定成立

（二）判断题

1．还盘一经作出，原发盘即告失效。　　　　　　　　　　　　　（　　）
2．根据《公约》的解释，一项发盘，在受盘人发出接受通知前可以撤销，但有两种例外情况。　　　　　　　　　　　　　　　　　　　　　　　　（　　）
3．我国对外贸易合同要求必须采用书面合同。　　　　　　　　　（　　）

（三）简答题

1．一份具有法律效力的合同应具备哪些条件？
2．合同成立的要件有哪些？
3．发盘应具备的条件有哪些？

（四）实训题

1．让学生分别拟写一份询盘、发盘、还盘和接受。
2．将学生分成两组，给定资料，模拟一笔商务谈判，并撰写一份完整的书面合同。

（五）技能训练题

卖方 SINOCHEM GUANGDONG IMPORT AND EXPORT CORPORATION, 58, ZHAN QIAN ROAD, GUANGZHOU, CHINA 与买方 METCH THAI ELECTRICAL APPLANCES

COMPANY, 45-7 MAITRICHITR RD., BANKKOK, THAILAND 经过多次磋商，于 2006 年 4 月 22 日达成一笔交易，内容主要有：空调机（AIR CONDITIONER KFR25-GW）每台 180.80 美元 CIF BANGKOK，即期不可撤销保兑信用证付款，数量有 5%的溢短装，纸箱装，信用证须于 5 月 15 日前开到中国，证开到 30 天后出运，不允许分批装运，投保水渍险。根据上面内容，卖方已草拟好下面的售货合同，请审核并修改合同（提示：注意检查合同的主要条款内容和所给材料是否一致）。

售 货 合 同
SALES CONTRACT

Sellers： SINOCHEM GUANGDONG IMPORT AND EXPORT CORPORATION
Contract No.: 98SGQ468001
Date: ARP. 22, 2006
Signed at: GUANGZHOU
Address: 58, ZHAN QIAN ROAD, GUANGZHOU, CHINA
Telex: 0835
Fax: 83556688

Buyers: METCH THAI ELECTRICAL APPLANCES COMPANY
Address: 45-7 MAITRICHITR RD., BANGKOK, THAILAND
Telex: _____
Fax: _____

This Contract is made and between the Sellers and the Buyers, whereby the sellers agree to sell and the buyers agree to buy the under-mentioned goods according to the terms and conditions stipulated below:

（1）货号、品名及规格 Name of Commodity and Specifications	（2）数量 Quantity	（3）单位 Unit	（4）单价 Unit Price	（5）金额 Amount
AIR CONDITIONER KFR25-GW	200	PC	USD 180.00	USD 36,000.00
% more or less both in amount and quantity allowed	Total Amount			USD 36,000.00

（6）Packing: CARTON

(7) Delivery from GUANGZHOU to BANGKOK

(8) Shipping Marks: N/M

(9) Time of Shipment: Within 30 days after receipt of L/C, allowing shipment and partial shipment.

(10) Term of Payment: By 100% Transferable Irrevocable Letter of Credit in favor of Sellers to be available by sight draft to be opened and to reach China before MAY 1, 2006 and to remain valid for negotiation in China until the 15th day after the aforesaid time of shipment. L/C must mention this contract number L/C advised by BANK OF CHINA GUANGZHOU RANCH. TLX: 444U4K GZBC. CN. All banking charges outside China (the mainland of China) are for account of the Drawee.

(11) Insurance: To be by Sellers for 110% of full invoice value covering FPA up to BANGKOK To be effected by the buyers.

(12) Arbitration: All dispute arising from the execution of or in connection with this contract shall be settled amicably by negotiation. In case of settlement can be reached through negotiation, the case shall then be submitted to China International Economic & Trade Arbitration Commission. In Shenzhen (or in Beijing) for arbitration in act with its sure of procedures. The arbitration award is final and binding upon both parties for setting the Dispute. The fee, for the procedures of arbitral shall be borne by the losing party unless otherwise awarded.

The Seller 张三 The Buyer _____

第九章　国际货物买卖合同的履行

【学习目标】

要求学生通过本章的学习，掌握进出口合同履行的各环节的要求和做法；通晓主要结汇单据的缮制和处理；协调好各个环节所涉及的相关部门的业务工作。

【案例索引】

我国 A 公司向加拿大 B 公司以 CIF 术语出口一批货物，合同规定 4 月份装运。B 公司于 4 月 10 日开来不可撤销信用证。此证规定按《跟单信用证统一惯例》办理。证内规定：装运期不得晚于 4 月 15 日。此时我方已来不及办理租船订舱，于是立即要求 B 公司将装船期延至 5 月 15 日。随后 B 公司来电称：同意展延船期，有效期也顺延一个月。我 A 公司于 5 月 10 日装船，提单签发日 5 月 15 日，并于 5 月 14 日将全套符合信用证规定的单据交银行办理议付。试问：我国 A 公司能否顺利结汇？为什么？

在国际贸易中，国际货物买卖合同一旦依法有效成立，双方当事人必须各自履行合同规定的权利和义务。对进出口贸易合同的签订和履行，有国际性的章程可循：如根据《联合国国际货物合同销售公约》的规定，卖方必须按合同和公约，交付货物，移交一切与货物有关的单据并转移货物所有权。履行合同是一项极为严肃的工作，必须谨慎对待，因为任何一方违反了合同中的某一条款，违约方就要承担相应的经济责任和法律责任。与此同时，履行合同还是衡量企业资信状况的一个重要指标。如果依法订立了合同却不履约，势必带来信誉上的损失。此外，在履约过程中，还必须严格地贯彻我国的对外贸易方针政策，在平等互利的基础上，做到"重合同，守信用"，确保我国的对外贸易信誉。由此可见，严格履行合同具有十分重要的意义。

第一节　出口合同的履行

出口销售合同一旦成立，出口方就应立即履行合同规定的义务，以期顺利取得货款。履约的全部过程，由于环节多，涉及的部门多、单据多，手续也较复杂，很容易产生这样那样的问题。这就要求出口方不仅要有强烈的责任心，也要加强同各有关部门的协作和配合,十分细致地处理每一个环节,尽量避免工作脱节、延误装运期限及影响安全收汇等事件的发生,以保证履约过程的顺利进行。

目前,我国的出口交易大多采用 CIF 或 CFR 贸易术语,并且凭信用证支付方式付款。履行这类合同时的主要环节包括备货、报验、催证、审证、改证、办理货运、报关、投保(CFR 条件下省略此环节)、制单结汇等。概括起来就是货(备货、报验)、证(催证、审证和改证)、船(办理货运手续、报关、投保)、款(制单结汇)四个环节。在这一错综复杂的过程中,还要及时解决履约中所发生的各种问题,若处理不当,就会造成违约行为,从而造成经济上的重大损失。因此,卖方应做好出口合同的科学管理,力争各环节环环相扣,以提高履约率和经济效益。

下面以按 CIF 成交、凭信用证方式付款的合同为例,从货、证、船、款四个环节,分述出口合同履行所涉及的各项业务。

一、备货

出口合同的履行,备货是关键。所谓**备货**,是指根据出口合同所规定的商品品质、规格、数量、重量、花色品种、包装等要求,按时保质保量准备好货物。其主要内容包括:及时向供货部门或生产企业进行逐一的交代、检查和督促,核实应交货物的品质、规格、数量和交运时间,并进行必要的包装以及刷制唛头等项工作。为了使履约的各个环节有条不紊,在获得信用证之后,应立即根据出口贸易合同和来证的各项规定,向生产、加工、仓储等部门填发预先印制好的加工通知单(也称要货合同、工作联系单等),该通知单上的各栏目必须填写清楚,做到各栏内容与信用证和合同条款完全一致,作为确保各有关备货交运部门严格执行的共同依据。在备货交运过程中,应注意以下几点。

(1) 对所备货物的品质、规格、花色品种要严格核对,使所交运的货物完全符合合同和信用证的规定。对于那些不符合要求的货物必须重新加工或调换。

(2) 备货数量可适当有余,以备不测,在短缺时可以补足,避免短交。

(3) 所备货物的包装必须符合出口合同规定,包括内外包装的方式方法、用料、重量等。由于运输公司按重量或体积计算运费,出口企业应尽量选择重量轻的小体积包装,以节省运输费用。随着技术的进步,自动仓储环境处理的货物越来越多,货物在运输和仓储过程中,通常由传送带根据条形码自动扫描分拣。因此,应注意根据仓储要求,严格按统一尺寸对货物进行包装或将货物放置标准尺寸的牢固托盘上,并预先正确印制和贴放条形码。

(4) 运输包装的刷唛,要按买卖双方约定的式样要求,图形和文字清晰、醒目,位置适当,涂料不易脱落和防止错刷。唛头式样一般由卖方自行制定,并及时通知买方,或在合同上加以说明,以便及时刷唛和货到时提货无误。如果在合同上仅规定由买方决定,则要求买方在开出的信用证上注明或发运前 10 至 15 天通知卖方,否则卖方可自行决定,并在货物运往装运港前刷唛完毕。

（5）货物备妥的时间应结合信用证规定的装运期限和船期安排，做到船货相衔接。

二、报验

在出口货物备齐后，要根据合同或信用证要求向中国进出口商品检验检疫局申请检验，领取出口商品检验证书。报验的方法可根据商品的不同情况采取送样检验和邀请到产地或仓库检验。商品检验的主要内容有：商品的外观和内在质量，如包装、数量、重量、安全性能、卫生等检验。

申请报验的手续是：凡需要法定检验出口的货物，应填制"出口检验申请单"，向商检局办理申请报验手续。申请报验后，如出口公司发现"申请单"内容填写有误，或因国外进口人修改信用证以致货物规格有变动时，应提出更改申请，并填制"更改申请单"，说明更改事项和更改原因。

货物经检验合格，即由商检局发给检验证书，进出口公司应在检验证书规定的有效期内将货物出运。如超过有效期装运出口，应向商检局申请展期，并由商检局进行复验，经复验合格货物才能出口。对于一个合同分批装运的商品，一般要分批报验。若商品品质均匀划一，可进行一次性报验，经检验合格后分批装运。在取得商检证书后，随同报关单送交海关，海关凭以放行。经检验不合格的货物，一般不得出口。

三、催证

催证是指买方不按合同规定及时开立信用证，卖方以书面或口头形式向买方催促开证的情况。在通常情况下，国外客户能按时开证，但如果国外行市发生变化或进口商资金发生短缺，往往会拖延开证或不开证，甚至故意不开证。这对我方极为不利。鉴于此，我们应催促对方迅速办理开证手续。催证可在以下情况下进行：

（1）在合同规定的开证期之前催证，以提醒客户注意开证时间即将来临。

（2）在客户未按时开证的情况下催证或连续催证，以示必须立即开证，否则将延误装运期。

（3）在装运期已到客户仍不开证的情况下催证。在这种情况下，如果经催证客户开来了信用证，则应在来证符合合同规定的条件下予以接受，但应注意装运期和信用证效期必须以我方能接受为条件。

四、审证

审证是指收到国外客户开来的信用证之后，对来证的各项条款逐一核对和审查，这是信用证业务中极其重要的一个环节。从理论上讲，信用证是依据买卖合同开立的，其内容应与合同条款保持一致。但在实际业务中,由于种种原因,如工作的疏忽、电文传递的错误、贸易习惯的不同、市场行情的变化或买方有意利用开证的主动权加列对其有利的条款等,往往会出现合同条款与信用证不符。若在审证中发现"不符点",应立即要求开证人进行修改,否则会影响到出口方收汇的安全。

在实际业务中,银行(指通知行)和出口企业共同承担审核信用证的任务,但其分工不同。就银行而言,侧重于政策性及信用证真实性的审核,如开证银行的政治背景、资信能力、付款责任和索汇路线等方面的内容。出口企业则侧重于信用证条款的审核。审证要点如下。

(一)来证性质

我国一般只接受"不可撤销的"信用证。如果加注限制性条款或保留条款者,我们不能立即受理,必须待解除后才能受理。如果是属于"可以撤销的"信用证,则不予接受。因为加注附加条款或可以撤销字样的信用证,开证行可以不承担付款的责任或随时可以撤销,若受理则货款无保障。

对于合同上规定"保兑的"信用证,信用证上必须有"保兑"字样,否则不能接受,因为之所以在合同上规定保兑,说明开证银行资信存在问题,需要有另一个银行进行保证付款。

(二)开证银行的付款责任

为了保证收汇安全,对于开来的不可撤销信用证,应注明开证行保证付款的责任文句。如果来证中对开证银行保证付款责任方面加列了限制或保留条件,如"以领到进口许可证后通知卖方方能生效"、"在付款人拒付货款时,不承担付款责任"或类似加注,则不予接受。

(三)信用证条款

来证所列条款必须符合出口合同的各项条款,要特别注意品名、规格、数量、包装、计价货币、单价及价格术语、总金额、装运期、目的港、险别等必须与出口合同规定相符。在成交数量方面,有的商品有进出口"配额",应注意配额使用情况。

(四)信用证金额和支付货币

来证中的金额和支付货币应与合同规定相一致。单价与总值要填写正确,大、小写并用。如合同订有溢短装条款,信用证中也应包括溢短装部分的金额。此外,还必须注意信用证中所采用的支付货币与合同的规定是否相同。如果两者规定得不一致,则应按国家外汇管理部门公布的人民币外汇牌价,将来证中的支付货币折算成合同货币,在不低于或相当于合同货币金额时方可接受。

(五)信用证装运期、有效期、到期地点、交单期

信用证应注明装运期,且装运期必须与合同规定一致。如国外来证晚,无法按期装运,应及时电请国外买方延展装运期限。

信用证的有效期与装运期之间有一定的合理间隔,一般规定在装运期限后15天,以便在装运货物后有足够的时间办理制单结汇工作,从而保证如期安全收汇。

关于信用证的到期地点,通常规定在中国境内到期,如信用证将到期地点规定在国外,一般不宜轻易接受。因为出口方到议付行提示单据议付货款后,银行寄单到开证行需要较长一段时间,若单据不能及时到达开证行,超过了信用证规定的时效,则被视为"逾期",就会遭到拒付。同时也很难知道开证行何时收到单据,货款得不到保障。因此,信用证到期地点必须在中国。如:信用证付款……交货后 15 天内在中国议付为有效(Payment be effected by L/C…valid for negotiation in China until 15 days after shipment),以保证按时收汇。

通常情况下,信用证还须规定一个在装运日后若干天必须向银行提交单据的特定期限,即交单期。信用证的受益人应至少有21天的交单时间。如果信用证中未规定交单期,必须在不迟于提单签发日期的21天内,同时不超过信用证到期日,向银行提交单据,否则,银行有权拒付货款。如果信用证规定的交单期过短,以致无法在规定的期限内交单,则必须及时提出修改。

(六)信用证规定的单据

对于来证中要求提供的单据种类、份数及填制方法等,要进行仔细审核,如发现有不正常规定,例如要求产地证书、检验证书或其他任何单据必须由国外第三者签证,则不能接受。在实际业务中,客户往往规定商品检验证书由买方出具,这就失去了检验商品和发运的主动权。对于这种要求,要力争摆脱,争取卖方的主动权。有的信用证还规定在提单上的目的港后面加上指定的卸货码头,这就难以控制能否卸货或及时卸货,故须慎重对待。

(七)当事人的名称

对于当事人的名称,如开证人、付款人、开证行、通知行、议付行、受益人等,必须逐一查核,不能有错,一字之差,名称就改变了,对货、款两个方面均会带来极大的影响或损失。

(八)特殊条款

国外来证往往受到开证行所在国的政策和法律的限制,规定了一些出口合同上未规定的条款,如指定船公司、船籍、船龄、船级等条款,或不准在某个港口转船等。对此我出口公司一般不应轻易接受,但若对我方无关紧要,而且也可办到,则也可酌情灵活掌握。

五、改证

在对信用证进行了全面细致的审核以后,如果发现问题,应区别问题的性质,分别同银行、运输、保险、商检等有关部门联系,做出恰当妥善的处理。凡是不影响收汇的,可给予通融，不必修改信用证；凡是间接或直接影响交货和收汇的，应由受益人立即要求开证申请人通过原开证行对已开出的信用证进行必要的书面修改、解释或删除。如开证申请人同意修改，通常先直接通知受益人，然后由原开证行通过原通知行转递正式信用证修改书。当受益人接受修改内容以后，修改书即成为原信用证不可分割的组成部分，信用证就此生效，当事人必须坚决执行。

在办理改证工作中，凡需要修改的各项内容，应做到一次向国外客户提出，尽量避免由于我方考虑不周而多次提出修改要求，否则，不仅会增加双方的手续和费用，而且会导致拖延交货。如遇收到的信用证修改书中仍有不能接受之处，可以再次或多次要求修改，直到完全接受为止。但要注意：多次修改势必有多张修改书，这时要注意修改书的编号，不能出现漏号，凡是对修改书的再修改，必须将原修改书在三个工作日内退回银行，超过三个工作日则视为接受。退回修改书的意思是对整个修改书表示不接受，不能只要求再修改其中的某一个问题。

关于信用证和合同之间存在的"不符点"，必须修改的，坚决要求修改；可改可不改的或对我有利的，可不要求修改。例如，合同规定同意转船，而信用证规定禁止转船，如果可以订到直达船的舱位，则不要求修改；又如合同规定"不同意分批装运"，而信用证规定"同意分批装运"，这对我有利，可以不要求修改。但要防止望文生义。例如信用证的金额为 100 000 英镑，而合同金额只有 10 000 英镑，明明是疏忽造成的错误，却认为对我有利，可以多出口，多收汇，即发运 100 000 英镑的货物。曾有类似实例发生，结果造成被动，在经济上受到很大损失，信誉上也受到一些影响。

此外，对来证不符合合同规定的各种情况，还需要作出具体分析，只要来证内容不违反政策原则并能保证我方安全迅速收汇，我们也可灵活掌握，不一定坚持要求对方办理改证手续。

总之，对国外来证的审核和修改，是保证顺利履行合同和安全迅速收汇的重要前提，我们必须给予足够的重视，认真做好审证工作。

六、办理货运

在实际业务中，出口企业往往在备齐货物并审核信用证无误后，即开始着手办理租船或订舱、报关和投保等事宜。下面我们仍以 CIF 为例，了解出口企业办理出口货物托运的程序。

出口企业在履行 CIF 出口合同时，对于数量大需要整船装运的货物，可办理租船手续；对于数量小的零散货物，则洽订班轮舱位。办理出口货物班轮的基本程序如下。

（1）查看船期表，填写出口货物托运单。
（2）船舶公司或其代理人签发装货单。
（3）在取得出口许可证后，提货装船，获取大副收据。

（4）缴纳运费，换取提单。

（5）向进口方发装运通知。

办理货物发运手续前，出口企业应了解和掌握装运港的情况，如港口是否拥挤等，密切注意国际运输的动向。在整个发运过程中，要与外运公司经常取得联系，密切配合，发现问题，共同研究解决，保证如期装船。外运公司定期编制的船期表上载有船名、航线、国籍、抵港日期、截止收单期（简称截单期）、受载日期、停挂港口等内容，是船、货衔接的依据，可以作为参考。如果出口货物具有自身的特点（如易腐、易燃、易爆），需要租用特种舱位或船舶，应在托运单上加以表明，以便使货物安全装运。

七、报关

报关是指出口货物出运前，由发货人或其代理在规定的期限内向海关交验有关单证，办理出口货物申报手续的法律行为。按照我国海关法规定：凡是进出国境的货物，必须通过设有海关的港口、车站、国际航空站进出，接受海关的监管，经过海关查验、放行后，货物才可提取或者装运出口。

目前，我国的出口企业在办理报关时，可以自行办理报关手续，也可以通过专业的报关经纪行或国际货运代理公司来办。无论是自行报关，还是由报关行来办理，都必须填写出口货物报关单，必要时，还须提供出口合同副本、发票、装箱单或重量单、商品检验证书及其他有关证件，向海关申报出口。办理出口货物报关一般须经过以下程序。

1. 申报

出口企业按照实际出口的货物，根据"外销出仓通知单"填写"出口货物报关单"，连同出口许可证、出口合同副本、发票、装货单、装箱单、出口收汇核销单、商品检验证及其他有关证件，一并向装运口岸海关申报出口。

2. 查验

海关对各种申报单据进行核实，必要时要拆箱（包）查验货物种类、品质、数量、包装等项目。查验时货物所有人或其代理人必须在场，以便及时处理发现的问题。经核查确定，出口货物符合国家有关法令，海关在有关货运单据上签署放行。

3. 纳税

纳税指出口货物的发货人或其代理人在规定的期限内向海关缴纳税款。按照我国《海关法》的规定，发货人应在海关填发"税款缴纳证"次日起的14日内缴纳税款；逾期缴纳的由海关征收滞纳金。超过3个月未缴纳的，海关可以责令担保人缴纳税款，或者将货物变价抵缴；必要时通知银行在担保人或者发货人存款内扣缴。

4. 放行

放行指海关经审核单证和查验货物未发现问题，在应纳税货物完成出口纳税或提供担保后，由海关在有关报关单证和查验货物记录上签章，并在装货单上加盖放行印章，准予货物出境。海关放行后，出口企业或其代理即可提取和发运货物。

八、投保

按 CIF 条件成交的出口合同，应由出口企业为货物办理保险。在货物装船前，须及时向保险公司办理投保手续，投保时要防止漏保和错保，以免遭受不必要的损失。投保的一般程序是：首先，由出口企业填写投保单，根据信用证规定，逐项如实地表明货物名称、数量、险别、保额、起讫地点、保险期限、投保人名称等，然后交由保险公司签发正式保险单。货物投保后，在运输途中遇到不测风险，投保人即可按照保险单规定的权利和义务向保险公司提出索赔。该保险单既是索赔的主要依据，也是向银行议付货款必不可少的单据。

九、信用证项下制单结汇

出口企业在货物装运后，应立即按照信用证的要求，正确缮制各种单据，并在信用证规定的有效期和交单期内，将单据及有关证件送交银行，通过银行收取外汇，并将所得外汇出售给银行换取人民币的过程即为**出口结汇**。结汇在不同的支付方式下，其程序有所差异。信用证支付方式下的结汇，出口企业只需将符合信用证要求的所有单证交给议付行，后续工作均由银行负责。目前，我国银行采取的出口结汇方式有三种。

（一）收妥结汇

收妥结汇又称"先收后付"，是指议付行收到出口企业的出口单据后，经审查无误，将单据寄交国外付款行索取货款，待收到付款行将货款拨入议付行账户的通知书时，即按当时外汇牌价，折成人民币拨给出口企业。

（二）定期结汇

定期结汇是指议付行根据向国外付款行索偿所需时间，预先确定一个固定的结汇期限（7 到 14 天不等），到期后主动将票款金额折成人民币付给出口企业。

（三）出口押汇

出口押汇也称"买单结汇"或"议付"，是指议付行在审单无误的情况下，按信用证条款买入受益人（出口企业）的汇票和单据，从票面金额中扣除从议付日到估计收到票款之日的利息，将余款按议付日牌价，折成人民币拨给出口公司。议付行向受益人垫付资金，买入跟单汇票后，即成为汇票持有人，可凭票向付款行索取票款。银行同意作出口押汇，是为了对出口公司提供资金融通，有利于出口公司的资金周转。

出口押汇方式下，出口地银行买入跟单汇票后，面临开证行自身的原因或对单据的挑剔而拒付的风险。因此，目前我国银行只对符合以下条件的出口信用证业务作押汇：开证行资信良好；单证相符的单据；可由议付行执行议付、付款或承兑的信用证；开证行不属于外汇短缺或有严重政治经济危机的国家和地区。

出口方对合同履行的一般程序如图9-1所示。

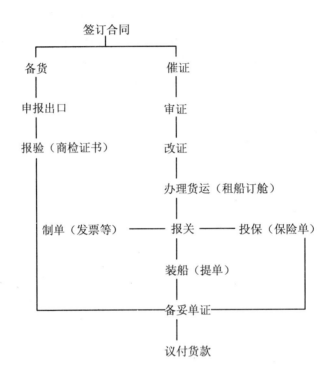

图9-1 出口方对合同履行的一般程序

第二节 进口合同的履行

进口合同经双方签字成立以后，即构成法律性文件，交易双方均受其制约。任何一方若有违约行为发生，都必须承担由此而造成的全部直接损失。因此进口合同签字后，买方应履行合同条款所规定的义务，及时开证，卖方应按合同规定履行交货义务。

在我国的进口业务中，一般按FOB价格条件成交的情况较多，如果是采用即期信用证支付方式成交，则履行这类进口合同的一般程序是：开立信用证、派船接运货物、投保货运险、审单和付汇、报关、纳税、验收和拨交。这些环节的工作，是由进出口公司、运输部门、商检部门、银行、保险公司及用货部门等各有关方面分工负责、紧密配合而共同完成的。现将履行进口合同的主要环节分别介绍和说明如下。

一、开立信用证

进口合同签订后,根据合同规定办理开证手续。首先填写开证申请书(Application for Letter of Credit),向银行办理开证手续。进口商申请开立信用证,应向开证银行交付一定比率的押金(Margin)或抵押品,同时按规定向开证银行支付开证手续费。

申请开立信用证一般应注意以下几点。

(1) 有充足的、可使用的外汇是进口方向银行申请开立信用证的前提。

(2) 申请开证的时间要符合合同规定。

信用证的开证时间应按合同规定办理,如合同规定由卖方确定交货期,买方应在接到卖方交货期通知后开证;如合同规定卖方获得出口许可证或提交履约保证金后开证,则买方应在收到卖方已领到许可证的通知,或银行转知保证金已照收后开证。

由于信用证的开证时间会影响装运期(有时甚至直接影响出口方的加工生产),出口方只有在收到信用证后才可以放心地安排生产和装运。进口方一定要在规定的装运期前开出信用证,以便出口方有足够的时间安排货物出运。

(3) 信用证的措辞和内容要与合同规定相符。

信用证应以合同为依据。信用证的内容,例如品质、规格、数量、价格、交货期、装运条件及装运单据等,应与合同条款一致。有些信用证为了准确地表述合同的内容,在信用证上写明"参阅××合同",这种做法是不科学的。因为这样容易造成合同和信用证的细微差别,从而使出口方无所适从。

在我国,中国银行为进口企业开立信用证时还有以下规定和做法。

(1) 不开立可转让信用证。一般情况下,开证行无法对第二受益人的情况进行调查,尤其是对于跨地区或国家的转让活动更难了解和掌握。在这种情况下,一旦信用证被转让出去,开证行就很难控制。

在实际业务中,如果存在大额货物涉及多家出口商时,我国银行可以在所开立的信用证中表明"汇票和单据若由某厂商提供可以接受"或"第三者出具的装运单据可以接受",以标明厂商可以作为本证的受益人。

(2) 不接受由开证人或出口方指定通知行的信用证。信用证中的通知行是开证行在国外业务的延伸,两家银行合作是信用证安全运行的基础。因此,一般银行在其他国家都有其相对固定的合作银行。比如中国银行在为国内进口企业开立信用证时,就规定通知行由中国银行指定。如果国外出口方执意指定通知行,那么中国银行也接受进口企业在开证申请书上注明"该银行在中国银行选择通知行时供参考"。

(3) 不开立载有 T/T 偿付条款的信用证。T/T 偿付条款是指在该条款下,出口地的议付行在收到出口方提交的与信用证条款一致的单据后,即可直接向开证行发电索汇。在这种信用证中,出口方比一般信用证早十多天就可以取得货款,有利于其资金周转。但对于开证行来说,如果在议付后审单过程中发现不符再向议付行交涉、追讨货款时,就会面临许多困难。因此，我国银行不接受开立该条款的信用证。

信用证开出后，若卖方对信用证提出修改意见，应视其具体情况，考虑是否应给予修改。最常见的修改内容有：延展装运期和信用证有效期、变更装运港口等。

二、派船接运货物

国外装船后，卖方应及时向买方发出装船通知，以便买方及时办理保险和做好接货等项工作。在 FOB 术语下的派船接货活动主要包括以下过程。

（1）进口方必须在合同规定的装运期以前向船公司提出租船订舱的申请，并告诉船公司预计的装船期和装运港。如果船公司可以接受该笔货物的运输业务，进口方就可与其签订租船合同。在办好租船订舱手续后，进口方向出口方提供船名、船期等信息，以便出口方就备货及装船方面的情况与船方保持联系。

根据《2000 通则》对 FOB 术语的解释，进口方必须在合同规定的装运期内订妥船只，并派船接货。如果由于进口方租船订舱不及时或所订船只不适航、不适载等问题造成出口方在装货方面的损失，均由进口方承担。因此，进口方按合同规定租船订舱非常重要。

（2）为了保证进口方所派船只与出口方的备货活动相衔接，在 FOB 合同中通常会规定，出口方须在装运期前、备好货后向进口方发出货物备妥通知，以便进口方通知船公司在最短时间内前往装运港装货。

（3）如果进口方在出口国设有办事处或代办处，进口方还会要求在合同中规定，由进口方派人到装运港验货、监装。这时，进口方可通过其代理在装运港履行监督的职责，以维护自身权益。

（4）在装运过程中，进口方需要与船公司和出口方随时保持联系，以掌握装船的进度。当货物完成装货时，进口方可以及时向保险公司投保。因为有时会发生出口方在货物上船以后，没有及时发装运通知而造成货物漏保或迟保的现象。

三、投保货运险

FOB 或 CFR 交货条件下的进口合同，保险由买方办理。进口商（或收货人）在向保险公司办理进口运输货物保险时，有两种做法：一种是逐笔投保方式，另一种是预约保险方式。

逐笔投保方式是收货人在接到国外出口商发来的装船通知后，直接向保险公司填写投保单，办理投保手续。保险公司出具保险单，投保人缴付保险费后，保险单随即生效。

预约保险方式是进口商或收货人同保险公司签订预约保险合同，其中对各种货物应投保的险别作了具体规定，故投保手续比较简单。按照预约保险合同的规定，所有预约保险合同项下的按 FOB 及 CFR 条件进口货物保险，都由该保险公司承保。因此，每批进口货物，在收到国外装船通知后，即直接将装船通知寄到保险公司或填制国际运输预约保险起运通知书，将船名、提单号、开船日期、商品名称、数量、装运港、目的港等项内容通知保险公司，即作为已办妥保险手续，保险公司则对该批货物负自动承保责任，一旦发生承保范围内的损失，就由保险公司负责赔偿。

四、审单和付汇

在信用证支付方式下，进口方在确认对方已完成发货义务后，将凭出口方提交的符合信用证规定的单据进行付款。

在我国，一般情况下出口方提供的全套单据会通过信用证的开证行——中国银行转让给进口方，由进口方负责对单据进行全面的审核。进口方在审核单据时一定要把单据与信用证逐字逐句地进行核对。

（一）审核的单据

出口方在完成出口义务之后缮制并提交的单据就是进口方需要审核的单据。审单的内容主要包括：单据是否齐全；单据的名称、份数、内容等与信用证是否一致；各单据之间是否矛盾；各种单据签发的日期之间是否存在矛盾（比如装运期早于货物检验日期等）等。

（二）审单的时间限制

根据 UCP 600 第 14 条的规定："按指定行事的指定银行、保兑行（如有的话）及开证行各有从交单次日起的至多五个银行工作日用以确定交单是否相符。这一期限不因在交单日当天或之后信用证截止日或最迟交单日届至而受到缩减或影响。"即开证行和进口方进行的审单活动不得超过 UCP 600 所规定的时间。如果超过了时间限制，则认为开证行已接受了所有单据，开证行必须无条件付款。因此，我国的进口企业在得到单据后一定要抓紧时间审单，以免超过审单期限而被动。

（三）审单的结果

在信用证支付方式下，进口方审单是一项非常重要的工作。进口方审单的目的是要保证"单单相符、单证相符"。只有做到这点，才能基本保证出口方提交的货物符合合同和信用证的需要，符合进口方的进货要求。

进口方的审单可能出现如下两种结果。

（1）进口方把出口方提交的单据与信用证条款进行严格对比，发现单据正确无误后，进口方即可通知开证行对外付款。

（2）进口方通过审单，发现单据和信用证规定存在不符。如果不符点对货物交付没有严重影响，进口方可以通知开证行暂时拒绝付款，并要求出口方进行修改；如果进口方发现不符点影响到合同履行的核心内容，如货物规格、数量、品质等重要条款与信用证不符，则进口方可拒绝付款提货，并可对由此造成的损失向对方提出索赔。

银行收到国外寄来的汇票及单据后，对照信用证的规定，核对单据的份数和内容。如内容无误,即由银行对国外付款。同时进出口公司按照国家规定的有关外汇牌价向银行买汇赎单。进出口公司凭银行出具的"付款通知书"向用货部门进行结算。如审核国外单据发现单、证不符时,应做出适当处理。如停止对外付款;相符部分付款、不符部分拒付;货到检验合格后再付款;凭卖方或议付行出具担保付款;要求国外改正单据;在付款的同时,提出保留索赔权等。

五、报关

进口货物到港后,应及时向海关填送"进口货物报关单",并提交合同副本、正本提单、发票及其他有关单据,办理报关手续。若属于许可证管理的进口商品,还应递交有关进口许可证。若进口货物为"来料加工"或"进料加工",则无须提交进口许可证,但要办理免税手续,海关根据提交的各类单据对照进口货物,查验无误后放行。报关手续一般由外贸进出口公司委托国际货运代理公司代为办理。海关放行后,则根据委托人的要求,将货转运至收货人。一切费用均由国际货运代理公司向外贸公司结算,再由外贸公司与用户办理最终结算手续。有时也可经外贸公司提出证明,由用户自提货物。

六、纳税

海关按照《中华人民共和国海关关税税则》的规定,对进口货物计征进口税。货物在进口环节由海关征收(包括代征)的税种有:关税、增值税、消费税、进口调节税等。它们的计算方法介绍如下。

(一)关税

进口关税是货物在进口环节由海关征收的一个基本税种。进口关税的计算是以 CIF 价为基数来计算。如果是 FOB 价格进口,应加上国外运费和保险费。其公式为:

$$进口关税税额 = CIF 价格 \times 关税税率$$

(二)增值税和消费税

增值税是指以企业生产的产品中新增加的价值额或劳务中的增值额为课税对象征收的一种税。**消费税**是指以消费品或消费行为的流转额为课税对象的税种。消费税的计算公式为:

$$消费税 = (进口商品完税价格 + 关税) \times 消费税税率 / (1 - 消费税税率)$$

对于不征消费税的商品,增值税计算公式为:

$$增值税 = (进口商品完税价格 + 关税) \times 增值税税率$$

对于征收消费税的商品,增值税计算公式为:

$$增值税 = (进口商品完税价格 + 关税 + 消费税) \times 增值税税率$$

（三）进口调节税

进口调节税是国家对限制进口的商品或其他原因加征的税种。其计算公式为：

$$进口调节税 = CIF 价格 \times 进口调节税税率$$

七、验收和拨交货物

（一）验收货物

进口货物运达港口卸货时，港务局要进行卸货核对。如发现短缺，应及时填制"短卸报告"交由船方签认，并根据短缺情况向船方提出保留索赔权的书面声明。卸货时如发现残损，货物应存放于海关指定仓库，待保险公司同商检机构检验后作出处理。对于法定检验的进口货物，必须向卸货地或到达地的商检机构报验，未经检验的货物不准投产、销售和使用。如进口货物经商检机构检验，发现有残损短缺，应凭商检机构出具的证书对外索赔。对于合同规定的卸货港检验的货物，或已发现残损短缺有异状的货物，或合同规定的索赔期将届满的货物等，都需要在港口进行检验。

一旦发生索赔，有关的单证，如国外发票、装箱单、重量明细单、品质证明书、使用说明书、产品图纸等技术资料、理货残损单、溢短单、商务记录等，都可以作为重要的参考依据。

（二）办理拨交手续

在办完上述手续后，如订货或用货单位在卸货港所在地，则就近转交货物；如订货或用货单位不在卸货地区，则委托货运代理将货物转运内地并转交给订货或用货单位。关于进口关税和运往内地的费用，由货运代理向进出口公司结算后，进出口公司再向订货部门结算。

进口方对合同履行的一般程序如图 9-2 所示。

图 9-2 进口方对合同履行的一般程序

第三节 主要进出口单据

凡是采用信用证支付的合同，结汇单据必须按照信用证规定的单据种类及份数严肃认真地进行缮制。对所有的议付单据，要求做到正确、完整、及时、简明和整洁。通常需要缮制的单据有：报验单、报关单、投保单、货物托运单、大副收据、出口收汇核销单、汇票、发票、海运提单、保险单、产地证明书、普惠制单据、装箱单和重量单、检验证书等。现将各种单据的缮制要点介绍如下。

一、报验单

报验单也称检验申请单,是指根据我国《进出口商品检验法》规定,针对法定检验的进出口货物向指定商检机关填制和申报货物检验的申请单,其内容一般包括:品名、规格、数量(或重量)、包装、产地等项。如须有外文译文时,应注意使中、外文内容一致。

在填制和提交"出口检验申请单"时,要注意按一种商品、一次出运、一个收货人为一批,填写一张出口检验申请单。一般还应附上合同和信用证副本等有关凭据,供商检局检验和发证时参考。

在填写和提交"进口检验申请单"时,国内外贸企业一般应随货物买卖合同、国外发票、提单、装箱单、重量明细单、质量保证书和国外检验证书等资料。

二、报关单

报关单是进出口企业在货物装运前或到货后向海关申报货物进出口的单据,是海关征收关税的主要凭证,由我国海关总署统一印制,经过进出口地海关审核、签发以后生效。根据货物进出口的情况,又分为《出口货物报关单》和《进口货物报关单》。其主要填写项目为:经营单位、贸易性质、贸易国别(地区)、原产国别(地区)、货名、规格及货号、成交价格、数量等。

在提交进出口货物报关单时,一般还须按规定随附如下文件或单证:进出口许可证或批准文件、进出口货物提货单、装货单或运单;进出口货物发票、进出口货物装箱单、减税、免税或免验的证明文件,必要时还须附上货物买卖合同、产地证明等有关单证。

三、投保单

投保单是进出口企业向保险公司对运输货物进行投保的申请书,也是保险公司据以开立保险单的凭证,保险公司在收到投保单后缮制保险单。

投保单一般是在逐笔投保方式下采用的做法。进出口企业在投保单中要填制的内容包括货物名称、运输标志、包装及数量、保险金额、保险险别、运输工具、开航日期、提单号等。

四、货物托运单

货物托运单是指托运人根据买卖合同或信用证条款内容填写的向承运人办理货物托运的单证。不同运输方式或运输工具使用不同格式的托运单,现分别介绍如下。

(一)海运托运单

出口企业填写托运单(Booking Note),作为向船方申请租船订舱的依据。承运人根据托运单内容，并结合船舶的航线挂靠港、船期和舱位等条件考虑，认为合适后，即接受这一托运，并在托运单上签章。留存一份，退回托运人一份。至此，订舱手续即告完成，运输合同即告成立。货运服务机构、船公司或其代理人在接受托运人的托运单证后，即发给托运人装货单（Shipping Order）。

海洋运输按运输工具不同有两种运输方式：一种是传统的散货运输，另一种是现代化的集装箱运输。海运托运单又根据这两种不同运输方式分为以下两种。

（1）散货运输托运单。这是在装货单和大副收据基础上发展而成的一种多功能单据，一套12联。其内容包括目的港、运输标志、件数和包装式样、货名、运费到付或运费预付、重量、尺码、可否转船、可否分批、装运期和有效期等。

（2）集装箱货物托运单。这是指集装箱运输专用出口单证。标准格式一套共12联，性质与散装运输托运单相同。此套单据的核心是装货单和场站收据（Dock Receipt），其内容与散装运输托运单基本相同。

（二）陆运托运单

陆运托运单指陆上火车运输，主要分沪港联运和国际联运。两者都纳入货运代理人，如外运公司的货运代理业务范围。为简化工作，各出口单位一般以发票代托运单，但发票上必须加注必要的项目，如编号、装运期、有效期、可否分批等，并随附出口报关单、出口收汇核销单、出仓（提货）单等报关的有关单证。

（三）空运托运单

中国民用航空局制订有统一的国际货物托运书（Shipper's Letter of Instruction），其内容与海运托运单大同小异，也与陆运托运单类似。

五、大副收据

大副收据（Mate's Receipt）指货物装船后，由船长或大副签发给托运人的，表示已收到货物并已装船的临时收据，又称为收货单。托运人凭收货单向外轮代理公司交付运费并换取正式提单。收货单上如有大副批注，则在换取提单时，将该项大副批注转注在提单上。

六、出口收汇核销单

1991年1月1日起，我国实施出口收汇核销制度，即对出口货物实行"跟踪结汇"。出口收汇核销单是"跟踪结汇"的管理手段。进出口企业在货物出口前应事先向当地外汇管理局申请领取出口收汇核销单。出口企业在办理出口货物报关时，必须向海关出示填妥内容的核销单，凭填有核销单编号的报关单办理手续。经逐票核对并查验货物无误后，海关在核销单和有核销单编号的报关单上加盖"验讫"章并签注日期，然后将它们交还出口企业。由出口单位将核销单存根随附发票等单据送当地外汇管理部门备案。

出口企业在货物报关后，到银行办理货款的结算，将注有核销单编号的发票随同单据交受托行。若为信用证或托收项下的出口，出口企业在向受托行交单、要求议付或托收时，必须提供一联注明核销单编号的发票交银行查存，盖有海关"验讫"章的核销单由出口企业保存。若为汇付方式出口，出口企业应事先向国外进口商告知该批出口货物的核销单编号。当货款汇至银行后，银行将款项解付给出口企业。对一票出口多笔收汇者或多票出口一笔收汇者，应将对应的核销单编号全部填上。如为自行寄单索汇的，由出口企业在结汇后将核销单编号填入结汇水单或收账通知。然后，向外汇管理部门办理核销。外汇管理部门按规定办理核销后，在核销单上加盖"已核销"章，并将其中的出口退税专用联交出口企业办理出口退税之用。

七、汇票

汇票（Draft/Bill of Exchange）是出口商凭以向进口商要求付款的收款工具，是各种结汇方式中都使用的主要单据之一。一般开具一式两份，两份具有同等效力，在使用中通常注明"付一不付二"或"付二不付一"字样，即其中一份付讫，另一份自动失效。

由于汇票是一种要式的有价证券，所以对其缮制要求不得有误和涂改，否则汇票将无效，从而会影响到安全收汇。出口商开具汇票时，首先要明确如下事项。

1. 出票依据或出票条款（Drawn Under）

信用证项下包括开证行名称、地点、信用证号码及开证日期；托收项下留空不填或填写"For Collection"。

2. 出票地点及出票日期

出票地点为出口方所在地，出票日期为交单议付期，一般出口方向银行交单时由银行填写。

3. 汇票编号

填发票号码或其他有利于识别的号码。

4. 汇票金额

此即汇票上的灰色区域，分为小写和大写两部分。小写部分填货币代号和阿拉伯数字，大写部分由小写金额翻译而成。

5. 收款人（Payee）

除了个别情况另有规定外，无论是信用证付款方式，还是其他付款方式，如托收，汇票的收款人一般做成"凭指示抬头"（Pay to order），都由收款银行指示将货款汇入出口公司的银行账号。

6. 付款人（Payer）

信用证项下为开证行或指定的付款行，托收项下为进口商。

7. 出票人

此即签发汇票的人，应写明出口人名称，并由负责人签字，否则无效。

八、发票

发票（Invoice）是进出口贸易结算中使用的最主要的单据之一。我国进出口贸易中使用的发票主要有商业发票、海关发票、形式发票、领事发票及厂商发票等。

商业发票（Commercial Invoice）是出口商对所装运货物的情况进行的详细描述，并凭以向买方收取货款的一种价目总清单，是全套进出口单据的核心。通过发票，进口商对货物的品名、规格、单价、数量、总价等能够有较全面的了解，并凭以对货物进行验收与核对。同时，商业发票也是出口商计账、收付汇、进出口报关及海关统计的依据。在不需要出具汇票时，它还可以作为买方支付货款的依据。

海关发票（Customs Invoice）是根据某些国家（地区）海关的规定，由出口商填制的供进口商凭以报关使用的特定格式的发票，同时也供进口国海关核定货物原产地国，以采取不同的国别政策。

形式发票（Pro forma Invoice）是出口商向进口商发出的有关货物名称、规格、单价等内容的非正式的参考性发票，供进口商申请进口批汇用。它只能算是一种简式合同，不能用于托收和议付。

领事发票（Consular Invoice）是拉美、菲律宾等国为了解进口货物的原产地、有无倾销行为等情况而规定的，由进口国驻出口国领事签证的发票，作为征收进口关税的依据，同时签证费用也是领事馆的经费来源之一。

厂商发票（Manufacture's Invoice）是进口国为确定出口商有无倾销行为以及为了进行海关估价、核税和征收反倾销税，而由出口货物的制造厂商所出具的以本国货币计算的，用来证明出口国国内市场出厂价的发票。

现就商业发票的基本内容及制单要点介绍如下。

1. 抬头人

在商业发票的抬头人一栏内，一般为开证申请人。有时信用证规定了特定的抬头人，则应在抬头人栏内填上特定人的名称。

2. 对货物的名称、规格、数量、单价、包装等项内容的填制

凡属于信用证方式，均须与来证所列各项要求完全相符，不能有任何遗漏或改动。若外文少了或多了，或错了一个字母，银行都不予接受。即使信用证记载的英文品名有拼错的地方，如将 Bicycle 误写为"Bicicle"，发票上也只能将错就错；若品名作了改动或价格条件按习惯进行简化，都是不能允许的。例如，信用证记载"Chinese leather shoes"，不能改为"Footwear"。又如，信用证记载"CIF London including 3% Commission"不能简化为"CIFC3London"。如来证内没有定详细品质或规格，必要时可按合同加注一些说明，但不

能与来证的内容有抵触,以防国外银行挑剔而遭到拖延或拒付货款。

3. 日期

商业发票一般不能迟于汇票日期,如果在信用证项下不用汇票索取货款时,应在发票上加注开证行名称、证号和开证日期。

4. 金额

填写发票金额要正确,发票金额一般不能超过信用证规定的最高金额。按照银行惯例的解释,开证银行可以拒绝接受超过信用证所许可金额的商业发票。在货物允许分批装运的情况下,每批发货的商业发票金额,应与发货量成相应比例。

5. 佣金与折扣

佣金与折扣来证和合同规定的单价含有"佣金"(Commission)的情况,在发票处理上应照样填写,不能以"折扣"字样代替。如来证和合同规定有"现金折扣"(Cash Discount)的字样,在发票上也应全名照列,不能只写"折扣"或"贸易折扣"(Trade Discount)等字样。

6. 各种说明

由于各国法令或习惯不同,有的来证要求在发票上加注"证明所列内容真实无误"(或称"证实发票"(Certified Invoice)),"货款已经收讫"(或称"收妥发票"(Receipt Invoice)),或加注有关出口企业国籍、原产地等证明文句,出口商应在不违背我国方针、政策和法令的情况下,酌情办理。出具"证实发票"时,应将发票的下端通常印有的"有错当查"(E.&O.E)字样删去。

九、海运提单

海运提单(Bill of Lading)是承运人确认已收到托运人的货物,已装船或待装船,从而签发给托运人的货物收据。由于它由承运人单方面签发,所以也是承运人与托运人之间的运输合同的证明,具有物权凭证的作用,卖方可以通过掌握海运提单来控制货物。

海运提单的制单要点如下。

1. 承运人(Carrier)

提单上必须表明以轮船公司身份注册的承运人,以防欺诈,否则银行不予接受。

2. 托运人(Shipper)

托运人即发货人。除信用证另有规定外,托运人一般为受益人;托收方式下为托收的委托人。

3. 收货人(Consignee)

提单的种类较多,其收货人(即抬头人)的填制内容,必须根据信用证的规定。在实务中绝大多数制成指示性提单,即在收货人栏内制成"凭指定"和"凭托运人指定"。凡指示性提单均须进行背书才能有效转让。

4．被通知人（Notify Party）

信用证方式下按规定填写。该栏必须要有详细的名称和地址。

5．商品名称（Description of Goods）

提单上的货名，可以简单表明，不必表明其详细规格。例如，信用证或合同上规定为"Chinese mild steel I—Beams 10 or 12 meters length"可以概括为"mild steel I—Beams"即可。但不能把"Chinese Leather Shoes"统称为"Shoes"，因为这样的统称改变了商品的特性。

6．提单签发份数

提单一般由船公司签发一式三份正本，如托运人请求，也可超过三份，具有同等效力。其中一份提货生效时，其他各份立即失效。信用证上要求的所谓"全套提单"是指要求的正本份数，需要多少副本，除按信用证规定外，托运人可根据需要而定。

7．提单签发日期

提单的日期不得迟于信用证规定的装运期限，一般亦不得早于开证日期。

8．提单形式

提单有全式提单和简式提单两种。应采用哪一种形式的提单，除信用证另有规定外，可自行选择。

9．毛重和体积（GW & Measurement）

若信用证无特别规定，则只填总毛重和总体积。若为集装箱货，毛重包括货物的毛重和集装箱的皮重，体积则按集装箱计。

10．运费（Freight & Charges）

提单上的运费支付问题，要根据合同或信用证规定的价格条款而定。以FOB成交的运费，应注明"运费到付"（Freight Collect）；以CFR、CIF成交的运费，应注明"运费预付"（Freight Prepaid）。

11．修改或更正

凡是在需要修改或更正的地方，均须由船公司或其代理人在更改处签字。

12．承运人签章

提单必须由船公司或其代理人签字才有效。若信用证要求手签，也须照办。

十、保险单

保险单（Insurance Policy）俗称大保单，是一种正规的保险合同。它如同指示性的海运提单一样，也可由投保人按照信用证规定或由被保险人背书后随物权的转移而转让。目前国内保险公司均出具保险单作为出口贸易的保险凭证。

保险单也是议付货款不可缺少的装运单据之一。在填制保险单时，应注意以下问题。

1．险别

投保险别必须按合同或信用证规定填列。

2．保险金额

保险金额一般按发票金额的110%核定，不得低于CIF总金额。大小写金额必须一致。如果买方临时提出加保其他附加险或提高保险金额，如将上述百分比提高到120%或130%，只能在保险公司同意后，可予以接受，但增加的超额保险费用不得列入发票金额，应另行由买方汇付给卖方。

3．船名、起讫港、开航日期等

按惯例，必须与提单记载一致。

4．货物名称、数量等

按惯例，应与提单、商业发票以及其他单据相符。

5．币别

投保和赔付货币应与货物计价货币相同。

6．赔款地点

一般按信用证规定地点填列；以托收方式支付货款的，应以目的口岸或邻近地作为赔款地点。

7．份数

保险单一般一式两份，如信用证另有规定者，则按信用证规定份数填列，并注明需要副本若干份。

8．背书

保险单应由投保人作一次性的背书。

十一、产地证明书

产地证明书（Certificate of Origin）是因进口人的要求，由出口国有关政府部门——商检局、国际贸易促进委员会，或按信用证指定的部门签发的证明书，以证明出口货物的原产地。作为装运单据的一种，有的进口国把该证书作为海关按互惠约定征税的依据，有的进口国因国别政策或限制性政策的需要，规定进口人必须提供产地证明书。缮制时应注意以下问题。

（1）收货人的名称及地址，必须准确无误地按信用证记载填列。

（2）品名、品质、数量、价格等必须与其他有关单证完全一致。

（3）要以醒目的字样表示商品的原产地。

例如：兹证明该货的原产地为中华人民共和国

(This is to certify that the origin of the goods is the People's Republic of China.)

（4）签发日期不得迟于有关货物的提单日期。

（5）所需份数应与信用证规定相符。

十二、普惠制单据（Genernalized System of Preferences Documents）

普遍优惠制（简称普惠制），是发达国家对发展中国家出口的产品实行普遍的、非互惠的、非歧视性的一种优惠制度，即在给惠国进口商品时，减免进口关税，提高发展中国家的商品竞争能力，它比最惠国待遇更优惠。现有欧盟、日本、新西兰、比利时、澳大利亚、加拿大等十多个国家给我国以普惠制待遇。美国尚未给我国以普惠制待遇。

凡是享受普惠制待遇的国家，在产品出口时要提供普惠制单证。现常用的普惠制单证有：

（1）Form A 产地证（GSP Certificate of Origin Form A）。适用于一般商品，由出口公司填制，并经国家出入境检验检疫局签证出具。

（2）纺织品产地证（Certificate of Origin of Textile Products）。适用于纺织品类，由中国进出口商品检验局签发。

（3）纺织品出口许可证（Export Licence of Textile Products）。适用于配额纺织品，限额品种控制严格，由出口地外贸主管部门签发。

（4）手工制纺织品产地证（Certificate in regard to Handlooms, Textile Handcrafts and Traditional Textile Products of the Cottage Industry）。适用于手工制纺织品类，由国家出入境检验检疫局签发。

（5）纺织品装船证明（Shipment Certificate of Textile Products）。适用于无配额的毛呢产品，由出口地外贸主管部门签发。

上述单据内容的填制，力求做到正确，并符合各个项目的要求，一旦填错，就可能丧失享受普惠制待遇的机会。因此，在填制普惠制单证时，应注意以下问题。

（1）必须按表内容如实填写，不得弄虚作假。

（2）各表内容与商业发票记载相符。

（3）凡属于配额商品，都要列明海关税则和配额年度。

（4）凡是以 CFR、CIF 价成交的货物，都应根据要求分解各种费用，以 FOB 价填列，并注意计价货币的换算。

（5）普惠制各单证的签发日期不迟于提单日期。

（6）单证应以手签为准。

（7）凡是出口货物含进口成分的均须填明进口成分的百分比（如对加拿大出口的产品，进口成分不超过 40%），并提交《含进口成分受惠商品成本明细单》。

（8）在签证或给惠国要求查询时，应提供合同、信用证、来往函电及有关单据。

十三、装箱单和重量单（Packing List and Weight Memo）

装箱单又称花色码单，列明每批货物的逐件花色搭配；重量单则列明每件货物的毛、净重。装箱单和重量单又称包装单，用以证明装运货物的详细情况。它们与商业发票有密切的关系。商业发票上货物的数量和重量可以是笼统的，而装箱单、重量单上的数量和重量要详细具体。这两种单据是用来补充商业发票内容的不足,既是交接运输货物的凭证,又是计算运费、海关验货、商检、索赔的依据。

缮制包装单时应注意以下问题。

1. 编号

装箱单和重量单的编号可以与有关商业发票号一致,并注明"Relating to Invoice No."字样。一般不再另行编号。

2. 日期

制单日期要与商业发票日期相符。

3. 商品说明

单内商品名称、规格、数量、包装等必须与出口合同和信用证规定相一致,不能从简。

4. 唛头和件数

唛头必须是买卖双方商量的,不能任意改变,更不能错刷或漏刷;发运货物的件数必须有连续编号。例如"C/S No.s 1~50"。如果在发现漏装或刷唛后发现漏编号,或其中有一件或数件发生问题,须经退关而不能装船时,应在本单和提单上的件数编号前同时注明"Ex",以表示有缺号。

5. 包装类型

货物的包装必须根据合同和信用证规定如实填列,并与实际包装相符。

6. 签署

包装单应由发货人签署。

十四、检验证书

商品检验证书是由中国出入境检验检疫局以国家行政机构的身份,对进出口商品进行检验和鉴定后对外签发的、具有法律效力的证书。它是证明卖方所交货物与合同规定是否相符的依据,也是报关验放的有效凭证。

我国对进出口商品的检验有法定检验和鉴定业务两类。对于需要检验的商品,均要在出口报关前到商检机构申请商品检验。否则,凡属法定检验的商品,若报关单上没有"商品检验放行"章,海关将不接受申报;而非法定检验但必须要商品检验并出具证明的商品,若未经商检机构检验和发证的,有关银行将不予以结汇。

商检证书有品质检验证书、重量或数量检验证书、兽医检验证、卫生证、熏蒸消毒证等,分别用以证明货物的品质、数量、重量和卫生条件等,应注意证书的名称及所列项目或检验结果,并与合同及信用证规定相同。

十五、制单结汇的基本原则

如前所述,开证行只有在审核单据与信用证表面完全相符后,才承担付款的责任。开证行如发现出口商所提交的单据与信用证有任何不符，均有可能出现拒付货款的情况。因此，结汇单据的缮制是否正确完备与安全迅速收汇有着十分重要的关系。对于结汇单据，一般都要本着"正确、完整、及时、简明、整洁"的原则来制作和审核。

1. 正确

制作单据只有做到内容正确，才能保证及时收汇，单据应做到两个一致，即"单证一致"（指单据与信用证一致）、"单单一致"（指单据与单据一致）。此外，还应注意单据对货物的描述与实际装运货物相一致。这样，单据才能真实地代表货物，以免发生错装错运事故。

2. 完整

单据的完整是指信用证规定的各项单据必须齐全，不能短缺，单据的份数和单据本身的项目等都必须完整。

3. 及时

制作单据必须及时，并应在信用证规定的交单期或 UCP 600 规定的交单有效期内将各项单据送交指定的银行办理议付、付款或承兑手续。如有可能，最好在货物装运前，先将有关单据送交银行预审，以便有较充裕的时间来检查单据，及早发现其中的差错并进行改正。如有必要，也可及早联系国外买方办理修改信用证，以免在货物出运后不能收汇。

4. 简明

单据内容应按信用证规定和有关的国际惯例填写，力求简单明了，切勿加列不必要的内容，以免弄巧成拙。

5. 整洁

单据的布局要美观大方，缮写或打印的字迹要清楚，单据表面要整洁，更改的地方要加盖校对图章。有些单据，如提单、汇票以及其他一些重要单据的主要项目，如金额、件数、数量、重量等，不宜更改。

（以上有关单据见本章末附件）

【本章小结】

国际货物买卖合同成立后，双方就各自享有合同所规定的权利和承担约定的义务。我国的出口交易多以 CIF 或 CFR 价格条件为主。在此条件下，出口合同的履行环节主要包括货（备货、报验）、证（催证、审证和改证）、船（办理货运手续、报关、投保）、款（制单结汇）四个环节。

我国的进口交易多以 FOB 价格术语、即期信用证支付方式成交为主，其履行程序是：开立信用证、派船接运货物、投保货运险、办理保险、审单和付汇、报关、纳税、验收和拨交等。

凡是采用信用证支付的合同，结汇单据均须按照信用证规定的单据种类及份数严肃认真地进行缮制。对所有的议付单据,要求做到正确、完整、及时、简明和整洁。通常需要缮制的单据有:报验单、报关单、投保单、货物托运单、大副收据、出口收汇核销单、汇票、发票、海运提单、保险单、产地证明书、普惠制单据、装箱单和重量单、检验证书等。

要重点学习和掌握进出口合同履行中所涉及的各项业务的内容及各类单据的缮制要点。

【本章关键词】

开证申请书(Application for Letter of Credit)　　托运单(Booking Note)
装货单(Shipping Order)　　大副收据(Mate's Receipt)
场站收据(Dock Receipt)　　汇票(Draft/Bill of Exchange)
发票(Invoice)　　海运提单(Bill of Lading)
保险单(Insurance Policy)　　产地证明书(Certificate of Origin)
普惠制单据(Generalized System of Preferences Documents)
装箱单和重量单(Packing List and Weight Memo)

【复习与思考】

(一)选择题

1. 在出口业务中,对信用证的审核单位是( )。
   A. 银行　　　　　　　　　　　　B. 出口商
   C. 出口商和银行　　　　　　　　D. 保险公司
2. 出口企业在收到信用证后,应对照合同和( )对信用证内容进行审核。
   A.《联合国国际货物销售合同公约》　　B.《跟单信用证统一惯例》
   C.《2000通则》　　　　　　　　　　　D. 我国的《合同法》
3. 出口方审证后有不能接受之处应向( )提出进行修改。
   A. 开证行　　　　　　　　　　　B. 开证申请人
   C. 通知行　　　　　　　　　　　D. 付款行
4. 议付信用证的汇票的收款人通常为( )。
   A. 受益人　　　　　　　　　　　B. 通知行
   C. 出口商　　　　　　　　　　　D. 议付行
5. 出口报关的时间应是( )。
   A. 备货前　　　　　　　　　　　B. 装船前
   C. 装船后　　　　　　　　　　　D. 货到目的港后
6. 在贸易实践中,信用证的装运期和有效期的确定最好是( )。

A. 不在同一日期　　　　　　　　B. 装运期应该早于有效期
　　C. 有效期应该早于装运期　　　　D. 同一日期
7. 海运提单收货人栏内显示"TO ORDER"，表示该提单（　　）。
　　A. 不可转让　　　　　　　　　　B. 经背书后可以转让
　　C. 不经背书即可转让　　　　　　D. 可以由持有人提货
8. 班轮运输中的收货单由（　　）签署。
　　A. 托运人　　　　　　　　　　　B. 收货人
　　C. 船长　　　　　　　　　　　　D. 大副
9. 进口方有权拒绝付款赎单的理由为（　　）。
　　A. 货物与合同不符　　　　　　　B. 信用证与合同不符
　　C. 单据与信用证不符　　　　　　D. 单据与合同不符

（二）简答题

1. 采用 CIF 条件和信用证支付方式的出口合同履行过程中一般包括哪些环节？
2. 出口企业在备货过程中应注意哪些事项？
3. 当前我国出口结汇有哪几种方式？
4. 请写出进口交易的合同履行全过程，贸易条件为 FOB 条件和即期信用证付款。
5. 申请开立信用证时，应注意哪些问题？
6. 制单结汇过程中应做到哪几点？

（三）技能实训

请根据下述条件写出一笔出口交易的货款结算流程。
　　　　出口商：美国麦肯贸易公司　　往来银行：花旗银行旧金山分行
　　　　进口商：北京惠捷进出口公司　　往来银行：中国银行北京分行
合同主要内容如下。
　　签约日：2005 年 8 月 15 日
　　合同金额：USD 47 250.00
　　装运条款：收到信用证后 1 个月内装船
　　支付条款：不可撤销远期承兑信用证，签约后 30 天内开到
　　　　　　见票后 45 天付款，15 天内交单

（四）案例分析

　　某出口商通过中国银行××分行收到新加坡某银行电开信用证一份，金额为 100 万美元，购买我方花岗岩石块，目的港为巴基斯坦卡拉奇。证中有下述条款：
1. 检验证书于货物装运前开立并由开证申请人授权的签字人签字，该签字必须由开证

行检验。

2. 货物只能待开证申请人指定船只并由开证行给通知行加押电通知后装运，而该加押电必须随同正本单据提交议付。

请问：该信用证可不可以接受？为什么？

（分析提示：从两项条款对受益人是否有利的角度来分析。）

★附件（本章第三节中的部分单据实样）

汇　票

```
                          BILL OF   EXCHANGE

凭                                           信用证或购买证
Drawn under_____L/C or A/P No._____
日期         年     月     日   支取  按    年    息    付    款
Dated_____Payable with interest @_____% per annum
号码              汇票金额              中国，合肥    年     月     日
No._____Exchange for_____Hefei, China_____
                  见票              日后（本汇票之副本未付）付
                  At _____ sight of this FIRST of exchange (Second of exchange
being   unpaid) pay to the order of _____

金额
the sum of _____
此致
To _____

                                       安徽省包装进出口有限公司
                             ANHUI PROVINCE PACKING IMP. & EXP. CO., LTD.
```

发 票

ZHENGCHANG TRADING CO., LTD.
NO. 168 XUSHI ROAD HUZHOU ZHEJIANG

Commercial Invoice

To: Date:
                                       Invoice No.:
                                       Contract No.:

From: to: Letter of Credit No.:

Issued by:

Marks & Numbers	Quantities and Descriptions	Unit Price	Amount

ZHENGCHANG TRADING CO., LTD.

海 运 提 单

BILL OF LADING	
SHIPPER	B/L NO. CARRIER:
CONSIGNEE	**COSCO** 中国远洋运输（集团）总公司 CHINA OCEAN SHIPPING (GROUP) CO.
NOTIFY PARTY	
PLACE OF RECEIPT / OCEAN VESSEL	*ORIGINAL*
VOYAGE NO. / PORT OF LOADING	COMBINED TRANSPORT BILL OF LADING
PORT OF DISCHARGE / PLACE OF DELIVERY	
MARKS　　NOS. & KINGS OF PKGS.　　DESCRIPTION OF GOODS　　G.W.　　MEAS(M3)	
TOTAL NUMBER OF CONTAINERS OR PACKAGES (IN WORDS)	

FREIGHT & CHARGES	REVENUE TONS	RATE	PER	PREPAID	COLLECT
PREPAID AT	PAYABLE AT			PLACE AND DATE OF ISSUE	
TOTAL PREPAID	NUMBER OF ORIGINAL B(S)L				
LOADING ON BOARD THE VESSEL DATE　　　　　　BY					

保 险 单

中国人民保险公司
THE PEOPLE'S INSURANCE COMPANY OF CHINA

总公司设于北京 Head office: BEIJING　　1949 年创立 Established in 1949

保 险 单　INSURANCE POLICY

发票号码　INVOICE NO.：_____

保险单号次　POLICY NO.：_____

中国人民保险公司（以下简称本公司）根据 _____（以下简称为被保险人）的要求由被保险人向本公司缴付约定的保险费，按照本保险单承保险别和背后所载条款与下列特款承保下述货物运输保险，特立本保险单。

THIS POLICY OF INSURANCE WITNESSES THAT THE PEOPLE'S INSURANCE COMPANY OF CHINA (HERINAFTER CALLED "THE COMPANY") AT THE REQUEST OF _____ (HEREINAFTER CALLED "THE INSURED") AND IN CONSIDERATION OF THE AGREED PREMIUM BEING TO THE COMPANY BY THE INSURED, UNDERTAKES TO INSURE THE UNDERMENTIONED GOODS IN TRANSPORTATION SUBJECT TO THE CONDITIONS OF THE POLICY AS PER THE CLAUSES PRINTED OVERLEAF AND OTHER SPECIAL CLAUSES ATTACHED HEREON.

标　记 MARKS & NOS.	包 装 及 数 量 QUANTITY	保险货物项目 DESCRIPTION	保 险 金 额 AMOUNT INSURED

总保险金额 TOTAL AMOUNT INSURED: _____

保费 PREMIUM AS ARRANGED　费率 RATE AS ARRANGED　装载工具 PER CONVEYANCE S.S.____

开航日期 SLG ON OR ABT._____ 自 FROM _____ 至 TO _____

承保险别 CONDITIONS:

　　所保货物，如遇风险，本公司凭本保险单及其有关证件给付赔款。所保货物，如发生保险单项下负责赔偿的损失或事故，应立即通知本公司下述代理人查勘。

　　CLAIMS, IF ANY PAYABLE OF SURRENDER OF THIS POLICY TOGETHER WITH OTHER RELEVANT DOCUMENTS.IN THE EVENT OF ACCIDENT WHEREBY LOSS OR DAMAGE MAY RESSULT IN A CLAIM UNDER THIS POLICY IMMEDIATE NOTICE APPLYING FOR SURVEY MUST BE GIVEN TO THE COMPANY'S AGENT AS MENTIONED HEREUNDER:

　　　　　　　　　　　　中国人民保险公司　　THE PEOPLE'S INSURANCE CO. OF CHINA

　　　　　　　　　　　　　　　　　　　　_____
　　　　　　　　　　　　　　　　　　　　　　(GENERAL MANAGER)

　　赔款偿付地点 CLAIM PAYABLE AT/IN _____
　　出单公司地址 ADDRESS OF ISSUING OFFICE _____
　　出单日期 DATE _____

原产地证明书

ORIGINAL	
Exporter(full name and address)	Certificate No. **CERTIFICATE OF ORIGIN** **OF** **THE PEOPLE'S REPUBLIC OF CHINA**
Consignee (full name, address, country)	
Means of transport and route	For certifying authority use only
Destination port	

Marks and Numbers of package	Description of goods: number and kind of package	H.S. Code	Quantity or weight	Number and date of invoice

Declaration by the exporter The undersigned hereby declares that the above details and statements are correct; that all the goods were produced in China and that they comply with the Rules of Origin of the People's of China. Place and date. Signature and stamp of authorized signatory	Certification It is hereby certified that the declaration by the exporter is correct. Place and date, signature and stamp of certifying authority

普惠制产地证明书

GSP FORM A

Goods consigned from (Export's business, address, country)	Reference No. **GENERALIZED SYSTEM OF PREFERENCES** **CERTIFICATE OF ORIGIN** (Combined declaration and certificate) **FORM A** Issued in THE PEOPLE'S REPUBLIC OF CHINA (country) See Notes overleaf
Goods consigned to (Consignee's name, address, country)	
Means of transport and route (as far as known)	For official use

Item number	Marks and number of packages	Number and Kind of packages; description of goods	Origin criterion (see Notes overleaf)	Gross weight or other quantity	Number and date of invoices

Certification It is hereby certified, on the basis of control carried out, that the declaration by the exporter is correct. Place and date, signature and stamp of certifying authority	Declaration by the exporter The undersigned hereby declares that the above details and statements are correct; that all the goods were produced in _____ (country) and that they comply with origin requirements specified for those goods in the Generalized System of Preferences for goods exported to _____ (importing country) Place and date, signature of authorized signatory

装 箱 单

YITIAN TRADING CO., LTD.

NO. 233 DANGSHAN ROAD HEFEI ANHUI

PACKING   LIST

Date:
Invoice No.:
Contract No.:

Marks & Numbers	Descriptions	Quantity	Weight		Measurement
			Net	Gross	

YITIAN TRADING CO., LTD.

检 验 证 书

中华人民共和国上海出入境检验检疫局

SHANGHAI IMPORT & EXPORT COMMODITY INSPECTION BUREAU OF THE PEOPLE'S REPUBLIC OF CHINA

检 验 证 书

INSPECTION CERTIFICATE OF QUALITY

编号 **No.:**_____

日期 **Date:**_____

正本 **ORIGINAL**

地址：上海市中山东一路 13 号
Address: 13.Zhongshan Road (E.I.), Shanghai

电报：　　上海 2914　　　　　　　　电话：
Cable:　　2914, SHANGHAI　　　　Tel:

发货人：
Consignor: _____

收货人：
Consignee: _____

品名：　　　　　　　　　　　　　　标记及号码：
Commodity _____ **Marks & No.** _____

报验数量/重量：
Quantity/Weight Declared _____

检验结果：
RESULTS OF INSPECTION:

主任检验员
Chief Inspector

第四篇

国际贸易方式

第十章　国际贸易方式

【学习目标】

要求学生了解和掌握国际货物买卖中除常用的逐笔销售以外的其他贸易方式的概念、特点，各种贸易方式的内容、运行过程及其适用条件，以及使用各种贸易方式应注意的问题。

【案例索引】

某公司研制出一种产品，为了打开产品的销路，公司决定将产品运往俄罗斯，采用寄售方式出售商品。在代售方出售商品后，我方收到对方的结算清单，其中包括商品在寄售前所花费有关费用的收据。问：寄售方式下，商品寄售前有关费用由谁承担？为什么？

国际贸易方式是国际贸易中所采用的各种具体交易办法的总称，即通过什么渠道、途径、方法和形式，迅速有效地将商品销售出去，或买进合适的商品。目前进行交易的方式多种多样，除逐笔销售外，还有经销、代理、寄售、展卖、招标和投标、拍卖、对销贸易及加工贸易等。本章重点阐述这些灵活多样的贸易方式。

第一节　经　销

一、经销的概念和性质

1. 经销的概念

经销（Distribution）是指出口商（supplier）就某一种商品的售价、数量、销售地区、期限和其他主要事项与国外经销商（distributor）达成书面协议，利用国外经销商推销商品的一种做法。

2. 经销的性质

经销商利用自己的信誉和资金进行买卖业务，与出口商的关系是买卖关系。经销商自付资金购买出口人的货物，自行销售，自负盈亏，自担风险。

二、经销的种类

经销的具体做法有两种：一种是一般经销，也称定销，指经销商不享受独家经营权，供货商可在同一时间、同一区域内确定几个商家经销同类商品。

另一种是**独家经销**（Sole Distribution），也称包销（Exclusive Sales），指出口商就指定商品，授予经销商在一定期限内，在指定区域范围内独家经营的权利。出口商承诺在协议有效期内不向包销地区内的其他客户出售包销商品。

定销与包销方式的相同点是：出口人与定销人之间同出口人与包销人之间一样，都是售定性质的买卖关系，因而协议的内容基本相同。定销与包销方式的不同之处在于：包销人享有独家专营权，而定销人无此权利，可能同一种商品在同一时间同一地区有多个定销人。

包销方式的优缺点如下。

1．优点

（1）通过专营权的给予，有利于调动包销商经营的积极性，利用包销商的销售渠道，巩固和扩大市场。因为在包销协议的约束下，出口商和经销商有着共同的目标和利益，出口商通常要在价格、支付条件等方面给予经销商一定程度的优惠，从而能促使对方专心销售指定的商品，也能在广告促销和售后服务中作较多的投入。

（2）可减少多头经营产生的自相竞争的弊端，更有效地实现一定的价格管理和销售目标。

（3）有利于有计划地组织生产和供货。双方有着稳定的利益关系，出口商就能够对市场销售作全面、系统和长期的规划和安排，制定近期和远期的销售策略。

2．缺点

（1）包销商可能利用其垄断地位操纵价格和控制市场。有的包销商利用自己多年来独家专营所形成的特殊地位，反过来制约出口商，如故意压低价格、在其他方面讨价还价等，使对方蒙受损失。

（2）包销商可能还经营其他出口企业的商品，使其不能专心经营约定的商品。

（3）若包销商经营能力差，会出现"包而不销"的情况，出口商又不能向其他商人销售，从而减少了销量，失掉了客户。由于包销是包销商买断商品后再自行销售，所以包销商要有一定的资金投入和承担销售风险，若包销商资金不足或销售能力差，则有可能形成"包而不销"的局面。因此，对出口商来说，选择一个合适的包销商是成功采用这一贸易方式的关键所在。

三、经销协议的基本内容

经销协议（Distributorship Agreement）是经销商和供货商规定双方权利与义务，确定双方关系的法律性文件。一般来说，经销协议主要包括以下内容：经销商品的范围；经销数量和金额；经销的区域；作价的方法；经销期限和终止条款；经销商的其他义务，如广告宣传、市场调研和维护供货商的合法权益等。

四、采用经销方式出口应注意的问题

采用经销方式出口应注意以下几个问题。

（1）慎重选择独家经销商。选择独家经销商时，既要考虑其政治态度，又要注意资信情况、经营能力及其在该地区的商业地位。

（2）包销地区要根据包销商的经营规模和经营能力来确定，一般来说包销范围不宜过大。

（3）首次合作时，可订立一定时间段的试销期。一般规定为3个月，期满后视情况再续约。

（4）明确规定经销人承购的最低限额。规定独家经销数量或金额的大小，应参照我方组织货源的可能和市场的容纳量以及我们的经营意图来决定。为了扩大推销某类商品，还可允许独家经销商超额承购，并对超额完成部分给予对方一定比例的奖金。

（5）在规定专卖权的同时，一定要明确专买权。即包销商承诺只向协议出口方购买该项商品，不得向第三者购买同类商品或有竞争性的替代品。

第二节 代 理

一、代理的种类

所谓代理（Agency），是指代理人按照委托人（principal）的授权（authorization），代表委托人与第三人订立合同或从事其他法律行为，由此产生的权利和义务由委托人直接负责。

代理的种类很多，按照委托人授权的大小，可以分为总代理、一般代理和独家代理；按照代理业务的性质，可以分为销售代理、采购代理、运输代理、保险代理、广告代理、投标代理和诉讼代理等。国际贸易中的代理主要指的是销售代理。

1. 总代理

总代理是（general agent）在指定地区内委托人的全权代表。他除了能代表委托人签订买卖合同、处理货物外，还有权代表委托人指派分代理，并可分享分代理的佣金。

2. 一般代理或佣金代理

一般代理（agent）又称佣金代理（commission agent），是指在同一地区和期限内，委托人可以同时委托几家为代理人，委托人自己也可以直接向该地区发货销售。委托人按代理协议规定或以实际推销商品额的百分比向代理人计付佣金。委托人向该地区直接发货销售，代理人不能计取酬金。

3. 独家代理

独家代理（solo agent or exclusive agent）是指在约定地区和时期内，其独家代表委托人从事营销活动，享有指定商品的专营权。按照协议，委托人在该地区不得再找第二代理

人。代理人也不应再做其他委托人的代理人。为保证独家代理的利益，一般协议规定委托人向指定代理地区的买主达成协议，直接供货，不论是否经过代理人居间活动，都应向独家代理人计付佣金。

二、代理的性质与特点

国际贸易中的代理方式，双方当事人是委托人和代理人的关系，双方的权利义务均由代理协议规定，这与经销方式中经销商和供货商之间的买卖关系有着本质的区别。代理人是接受委托人的指示，并根据其指示行事的；代理商只能在委托人给予的权限范围内以委托人名义进行贸易活动；代理人有积极推销指定商品的义务，但没有必须购买指定商品的责任；代理人只居间介绍，所获得的酬劳是佣金，并非赚取差价；因此，代理人不承担贸易风险，对经营上的盈亏不负任何责任。

三、销售代理协议

代理协议是明确协议双方委托人与代理人之间权利与义务的法律文件。其主要内容包括下列几项。

1. 协议双方当事人的基本关系

通常代理协议的双方为委托人及代理人，代理人以货主的名义从事业务活动。协议双方当事人是独立的、自主的法人或自然人，协议中要明确每一方的全称、地址、法律地位、业务种类以及注册日期和地点等。

2. 指定的代理商品

在协议中应明确说明代理商品的品名、种类、规格、牌号和型号等。

3. 指定的代理地区

代理地区是指代理人有权开展代理业务的地区。独家代理同独家经销一样，代理的范围不宜过大。

4. 授予代理的权利

该条款的内容差异程度较大，取决于不同性质的代理人。独家代理拥有专营权。是否授予专营权是独家代理和一般代理的主要区别。

5. 协议有效期及中止条款

按照国际市场的一般习惯做法，代理协议既可以是定期，也可以是不定期的。定期的有1~5年。如不规定期限的话，双方当事人在协议中规定，其中一方不履行协议，则另一方有权中止协议。

6. 代理人佣金条款

关于代理人的佣金条款，是代理协议的重要条款之一。其中包括下列内容：

（1）代理人有权索取佣金的时间。实际上，该内容明确了代理人在完成何种代理业务活动时，委托人收取佣金。一般做法是，只要代理人履行了其代理职责，即有权收取佣金。

（2）佣金率。佣金率的大小，直接关系协议双方的利益。因此，在协议中必须明确约定佣金率，通常为1%～5%，高者可达10%。

（3）计算佣金的基础。计算佣金的基础，可以有不同的做法。例如，在销售代理协议中，有些以实际出口的数量为准，有些则以发票总金额作为计算佣金的基础，也有的以FOB总值为基础计算佣金，不论采取何种办法，都应先在协议中订明。

（4）支付佣金方法。支付佣金的方法有几种。有些可按约定时间根据累计的销售数量或金额，按累计的佣金汇总支付；有些则在委托人收汇后逐笔结算或从货价中直接扣除。

7. 非竞争条款

所谓非竞争条款是指代理人在协议有效期内无权提供、购买与委托人的商品相竞争的商品，也无权为该商品组织广告。代理人也无权代表协议地区内的其他相竞争的公司。

8. 关于最低成交额条款

所谓最低成交额条款是指代理人要承担签订不低于规定数额的（最低成交额）买卖合同。如果代理人未能达到或超过最低成交额时，委托人对代理人的报酬可作相应的调整。

9. 关于向委托人提供市场情报、广告宣传和保护商标等条款

代理人在代理协议有效期内，有义务定期向委托人提供市场趋势、外汇、海关规定以及本国有关进口的相关规定的资料，还应在委托人的指令下组织广告和宣传工作，与委托人磋商广告内容及广告形式。在代理协议中，委托人一般要明确货主保留对通过代理人销售的商品的商标注册权。

在我国进出口业务中，尽管也习惯采用代理方式，但我国实际业务中对代理的运用与某些国家有关代理法律的规定和商业惯例的解释并不完全一致。因此，签订代理协议时，必须注意某些国家的有关法律和商业惯例，以及国际上有关代理商方面的公认的准则。

出口商委托代理人销售商品，主要是利用代理人熟悉销售地市场，有广泛的销售渠道。特别需要指出的是，代理人的商誉对商品的销售乃至出口企业的形象有举足轻重的作用。选择一个代理商，不仅要着眼于他的销售能力，也应重视代理商已有的商誉。当前国际市场上，有不少跨国公司进入了销售代理的领域，如何借助跨国公司的信誉去开拓市场，是一个值得研究的课题。

第三节 寄　售

一、寄售的概念和性质

1. 寄售的概念

寄售（consignment）是一种委托代销的形式，是寄售人（consignor）把货物运往国外，委托事先约定的代销人（consignee）按照寄售协议规定的条件，在当地市场代为出售，货物出售后，由代销人向委托人结算货款的一种做法。

在寄售业务中，寄售人就是委托人，也就是出口人，代销人是受托人，即指接受委托从事寄售业务的商号或公司。

在我国进出口业务中，寄售方式运用并不普遍，但在某些商品的交易中，为促进成交，扩大出口，也可以灵活运用这种方式。

2. 寄售的性质

寄售业务是按寄售人和代销人签订的寄售协议进行的。寄售协议属于信托合同性质。寄售协议与买卖合同有别，买卖合同中的双方当事人是买卖关系，但寄售协议中的双方当事人却不是卖断或买断的买卖关系，而是委托和受托的关系。寄售业务的代销人介于委托人与实际买主之间。代销人有权以自己的名义与当地购货人签订购销合同，合同双方当事人之间的关系不涉及寄售人，如当地购货人不履行合同，代销人有权以自己的名义起诉。因此寄售方式中代销人的权限往往大于代理方式中代理人的权限。关于委托人与代销人的权利和义务，由寄售协议做出具体规定。

二、寄售的特点

在国际贸易中采用的寄售方式，与一般的出口业务相比较，它具有下列几个特点。

（1）一般出口是先成交，后交货；而寄售则是先交货，后成交。寄售人先将货物运至目的地市场（寄售地），然后经代销人在寄售地向当地买主销售，它是凭实物进行买卖的现货交易。

（2）风险及费用的划分也不同于一般出口。在寄售方式下，只有当货物在寄售地卖出时，风险才由寄售人转移给买方，风险转移前的各种费用一般都由寄售人负担。

（3）寄售人与代销人之间是委托代售关系，而非买卖关系。代销人只能根据寄售人的指示处理货物，除非另有规定。他对货物具有控制权而不享有所有权，在货物卖出之前，所有权一直属于寄售人。

（4）寄售货物装运出口后，在到达寄售地前也可采用出售路货的办法先行销售，即当货物尚在运输途中，即由代销人寻找买主出售。

三、寄售协议及其主要内容

寄售协议（Agreement of Consignment）是规定委托人和代销人权利、义务的法律文件。一般应包括以下内容。

（1）明确寄售人与代销人之间的委托关系。

（2）寄售人有权监督代销人执行协议中的各项条款。

（3）寄售商品的作价办法有三种：第一，委托人规定随行就市；第二，协议中规定最低限价（不低于或等于当地市场价）；第三，代销人在销售前要征得委托人的同意。最后一种做法较为普遍。

（4）明确双方当事人的义务。代销人提供仓储和进口许可证，保证在仓储期间的货物质量，代垫付售出前保管、仓储和保险费用，进行广告宣传并及时向寄售人进行市场情况通报和提供售后服务；寄售人应保证按协议规定按时、按质、按量地提供寄售商品和偿付代销人的一切费用。

（5）协议中要明确佣金提取办法。佣金既可以根据累计的数量和金额汇总支付，也可逐笔结算或从货价中直接扣除。

四、寄售的利弊

1. 寄售的优点

（1）寄售货物出售前，寄售人持有货物的所有权。因此，尽管货物已经运往寄售地，但对货物的销售处理和价格确定等大权，仍操在寄售人手中，有利于随行就市。

（2）寄售方式是凭实物买卖，货物与买主直接见面，有利于促进成交。

（3）代销人不负担风险与费用，一般由寄售人垫资，代销人不占用资金，可以调动其经营的积极性。

2. 寄售的缺点

（1）寄售方式要占用寄售人的资金，不利于其资金周转。

（2）出口方承担的风险较大，寄售货物的货款回收较缓慢，一旦代销人不遵守协议，可能遭到货款两空的危险。

五、采取寄售方式应注意的问题

采取寄售方式应注意以下几个问题。

（1）在调查研究的基础上选好寄售地点。

（2）审慎选择合适的代销人。

（3）要选择适销对路的商品作为寄售的商品。

（4）适当掌握寄售商品的数量。

（5）要注意收汇的安全。

第四节 展 卖

一、展卖的含义与做法

展卖（fairs）又称展销，是利用展览会、博览会及其他交易会形式，对商品实行展销结合的一种贸易方式。展卖是进出口贸易的重要方式之一。

展卖的做法主要有两种：一是将货物通过签约的方式卖断给国外客户，双方是一种买卖关系，由客户在国外举办或参加展览会，货价有所优惠，货款可在展览会后或定期结算。另一种方式是由双方合作，展卖的货物所有权不变，展品出售的价格由货主决定。国外客户承担运输、保险、劳务及其他费用，货物出售后收取一定手续费作为补偿。

无论采取哪一种方式，展卖作为商品推销的主要手段之一，其基本特点是：把出口商品的展览和推销有机地结合起来，边展边销，以销为主。其优越性主要表现在下列几个方面。

（1）有利于宣传出口商品，扩大影响，招揽潜在买主，促进交易。
（2）有利于建立和发展客户关系，扩大销售地区和范围。
（3）有利于开展市场调研，听取消费者意见，改进产品销售，增强出口竞争能力。
（4）能够起到技术交流的作用。

二、我国开展展卖的方式

在我国的进出口贸易中也采用各种展卖方式，一方面参加国际博览会，每年出国展览的项目有 300 多个，展出面积达 8 万平方米，现场交易金额达 15 亿美元，这对协助企业走出国门，宣传和促进外交和外贸起着举足轻重的作用。另一方面，在国内举办各种形式的交易会，也大大促进了我国商品的出口。

1. 国际博览会

国际博览会（International Fair）也称国际集市，是指在一定地点定期举办的，由一国或多国联合组办，邀请各国商人参加展出的贸易形式。被邀请到会的各国，除了同主办国进行交易外，相互之间也可以进行交易。

国际博览会大致可以分为综合性和专业性两种类型。各类商品均可展出和交易的博览会被称为"综合性"的，又称"水平型博览会"，比较著名的有智利的圣地亚哥和叙利亚的大马士革的国际博览会，其展出时间长、规模大，对普通公众也开放；只限于某类专业性产品参加交易的博览会被称为是"专业性"的，又称"垂直型博览会"，如德国的科隆国际博览会每年举行两次，一次为纺织品博览会，一次为五金制品博览会。

世界上定期举办国际博览会的城市主要有：米兰、维也纳、莱比锡、里昂、波兹南、赫尔辛基、布鲁塞尔、汉诺威、科隆、萨格勒布、蒙特利尔、乌德烈、悉尼和大马士革等。

我国曾多次参加各国举办的国际博览会，并于 1985 年 1 月在北京建成了自己的博览会，即中国国际展览中心。近年来，我国出口商频繁地参加各种形式的博览会，这对提高我国产品的知名度、促进招商引资和对外经济贸易的发展起到了重要的作用。

2. 中国出口商品交易会

中国出口商品交易会（Chinese Export Commodities Fair）由中国各进出口公司联合创办于1957年，它是我国开展对外贸易的一种特殊形式，采用展览和交易相结合的办法，当面洽谈，看样成交，一方面出售我国的商品，另一方面也购买我国需要的物资。因举办地点在广州，故简称为"广交会"。实践证明，中国出口商品交易会越来越受到世界各国的重视，极大地促进了我国的对外经济联系。

3. 小型出口交易会

小型出口交易会（Minifair），简称为"小交会"，是我国各地进出口公司在各大口岸城市和商品产地举办的专业性小型展销会，一般在"广交会"闭幕期间举办。如服装交易会、药品交易会、工艺品交易会和地毯交易会等。"小交会"具有专业性强、成交集中、时间短、规模小和灵活性大等特点，对于推销小商品和新产品起到了积极作用。

三、我国开展展卖业务应注意的事项

展卖作为我国对外交易的一种重要方式，为我国扩大产品销路和发展贸易关系起到了重要的作用。展卖所带来的经济效益不能单纯地从一次展卖会的销售额来看，还要综合考虑通过它所建立起来的宝贵的客户资源以及所起到的广告宣传效应。为有效地开展展卖业务，应注意以下问题。

（1）选择合适的合作伙伴，合作伙伴应该在当地有良好的商业信誉和地位，有一定的业务联系网络和销售渠道，具有较强的经营能力。

（2）选择适当的展卖商品。确定展卖商品时应选择具有世界先进水平和竞争优势的产品，要能反映出现代科技发展的新趋势。

（3）做好宣传组织工作。展卖是一种将宣传、推销和市场调研结合在一起的贸易方式。要利用博览会和交易会充分发挥广告宣传的效果，在期间除散发和张贴各种宣传图片外，还可以放映广告性影片、安装灯光广告、分发和出售小包装的商品样品，以扩大所经营商品的品牌影响力和知名度。

（4）选择适当的展销时机，这对于一些季节性商品尤为重要。应选择旺季展销，每次展出时间不宜太长。

第五节 招标与投标

一、招标、投标的含义

招标（Invitation to Tender）是指招标人（买方）在规定的时间、地点发出招标公告或

招标单，提出准备买进商品的品种、数量和有关买卖条件，邀请卖方投标的行为。

投标（Submission of Tender）是指投标人（卖方）应招标人的邀请，根据招标公告或招标单的规定条件，在规定投标的时间内向招标人递盘的行为。

可见招标、投标是一种竞卖的方式，是一种贸易方式的两个方面。一般大型的政府采购、利用国际金融组织贷款采购的物资等，大部分采用竞争性的公开招标办法。

二、招标与投标的特点

招标与投标方式与一般进出口贸易不同，其特点主要表现在：

（1）招标与投标不经过交易磋商环节，招标人在招标公告中规定各种交易条件，由多家卖主投标，最后由招标人从中选择出对他最有利的供货商，这无形中就缩短了交易时间。

（2）招标与投标是由招标人邀请递价，投标人应邀递价，中标与否、是否具有竞争性、能否被招标人所接受，均取决于投标人所报的条件，一般没有讨价还价的余地。

（3）招标与投标一般是在规定的时间和地点公开进行的，由于国内外多家卖主同时参加投标，投标人竞争激烈，往往都报出最优惠的条件，以争取中标，招标人可以争取到比较有利的条件。

三、招标投标的基本做法

世界各国由于法令和习惯的差异，招标的条件不同，但基本程序相似，主要包括招标、投标、开标和评标、中标签约四个环节。

1. 招标

一项理想的国际招标，其成败的关键往往在此环节。主要包括发布招标公告、资格预审、编制招标文件三项基本工作。

（1）刊发招标通告。国际公开招标通常均在权威性的报刊或有关专业刊物上公布招标通告，比如我国对外发行的《人民日报》、世界银行出版的援助项目的招标月刊等。

（2）资格预审。投标人应填写招标人编制的"资格预审表"，包括投标人的经营规模、人员设施概况、财务状况、经营能力和信誉等，并提供有关证明文件和资料。招标人凭此判断其是否具有投标能力。资格预审是保证招标工作成败的关键步骤。

（3）编制招标文件（bidding documents）。招标人要组织有关人员制订招标书，列明采购商品的各项交易条件和具体要求。

2. 投标

参加投标要做好以下工作：

（1）投标的准备工作。投标人取得标书后，应严格按照招标条件对商品所要求的质量、技术标准和交货期限等进行核算，客观估计自己能否完全满足招标要求，又能在保持一定利润空间的前提下，提出有竞争性的报价。

（2）编制投标书和落实担保。投标书对招标文件中的贸易条件和技术要求都不得更改和修正，无论是独家还是联合投标，投标名义人只能是一个；招标人为防止投标人中标后拒不签约，通常要求投标人提交投标保证金，一般为总价的 3%～10%。也可以银行保函（L/G）或备用信用证（standby credit）代替现金作保，未中标的可以在评标后全部退回。故投标人应在投标前落实担保人。

（3）递送投标文件。投标文件包括投标书、投标保函或备用信用证、关于投标书中单项说明的附件，以及其他必要文件。投标文件应密封后在规定期限内送达招标人规定的地点。

3. 开标和评标

（1）**开标**指招标人在指定日期、时间和地点将寄来的投标书中进行综合比较，择优选定中标人的做法。开标日期、时间和地点通常在招标文件中予以规定。根据投标人是否监视开标，可分为公开开标和不公开开标两种方式。国际招标一般采用公开开标的方式。招标人当众开启密封的投标文件，宣读内容，允许在场的投标人做记录或录音，但并不当场确定中标人。

（2）**评标**是指招标人组织人员从不同角度对投标人进行评审和比较，最后择优的过程。评标的主要内容为：第一，审查投标文件。其内容是否符合招标文件的要求，计算是否正确，技术是否可行等。第二，比较投标人的交易条件，可逐项打分、集体评议或投票表决，以确定中标人选。初步确定的中标人选，可以是一个或若干个替补人选。第三，对中标人选进行资格复审，审查候选人的生产能力和信贷能力，进而判断其履约能力。

凡出现下列情况之一者，招标人可宣布招标失败，重新组织第二轮招标：参加投标人太少，缺乏竞争性；所有投标书和招标要求不符；投标价格均明显超过国际市场平均价格。

4. 中标签约

确定中标人后，招标人以书面通知中标人在规定的期限内到招标人所在地签订合同，并缴纳履约保证金或以银行保函作履约担保。如中标人没有在规定的时间内签约又未事先提出延期请求，可视其违约，招标人有权没收其投标保证金，并决定重新招标或将标授予其他合适的投标人。

第六节 拍　卖

一、拍卖的概念及做法

1. 拍卖的概念

拍卖（Auction）是由经营拍卖业务的拍卖行接受货主的委托，在规定的时间和场所，按照一定的章程和规则，以公开叫价的方法，把货物卖给出价最高的买主的一种现货交易方式。拍卖是一种竞买的方式。

通过拍卖成交的商品通常是品质难以标准化、难以久存或有拍卖传统的商品，如裘皮、茶叶、烟草、羊毛、木材、鱼类、蔬菜、水果及古玩、艺术品等。

2．拍卖的做法

拍卖一般是由从事拍卖业务的专门组织，在一定的拍卖中心市场，在一定的时间内按照当地特有法律和规章程序进行的。

二、拍卖的出价方法

拍卖的出价方法有以下三种。

1．增价拍卖

增价拍卖也称为买方叫价拍卖。这是最常用的一种拍卖方式。拍卖时，由拍卖人（auctioner）宣布拍卖货物的预定最低价格，然后由竞买者（bidder）相继加价，有时规定每次加价的金额额度，直到无人再出更高的价格时，拍卖人用击槌动作表示竞买结束，将这批商品卖给最后出价最高的人。

2．减价拍卖

减价拍卖也称卖方叫价拍卖或荷兰式拍卖（Dutch Auction），这种方法先由拍卖人喊出最高价格，然后逐渐减低叫价，直到有某一竞买者表示接受为止。这种方式成交迅速，经常用于拍卖鲜活商品和水果、蔬菜等。

以上两种方法都是公开叫价并当时成交。

3．密封递价拍卖

密封递价拍卖（Sealed Bids）也称招标式拍卖。采用这种方法时，先由拍卖人公布拍卖商品的具体情况和拍卖条件，然后由竞买者在规定时间内将自己的出价密封递交拍卖人，拍卖人进行审查比较，将该货物卖给最合适的买者。这种方法不是公开竞买，拍卖人往往要考虑除价格以外的其他因素。有些国家的海关在处理没收货物时采用这种方法。

三、拍卖的一般程序

拍卖业务进行的程序，一般可分为三个阶段。

1．准备阶段

参加拍卖的货主先要把货物运到拍卖地点，存入仓库，然后委托拍卖行进行挑选、分类、分级和分批，编制目录并招揽买主。买主在规定的时间内可以到仓库查看货物，有些还可抽取样品，使其提前了解货物的品质状况，确定自己的出价标准。

2．正式拍卖

拍卖会在规定的时间和地点开始，并按照拍卖目录规定的先后顺序进行。拍卖主持人作为货主的代理人掌握拍卖业务的进程。拍卖一般采用由低到高的增价拍卖方式。从法律上讲，拍卖过程中也包含有发盘和接受两个环节。买方喊价相当于发盘，当另一买主喊出更高价格时，该发盘即失效。主持人落槌则属于接受，交易达成。

3. 成交与交货

拍卖以其特有的方式成交后，买方要在成交确认书上签字，表明交易正式达成。拍卖商品的货款，通常都以现汇支付。货款付清后，货物的所有权随之转移。买方凭拍卖行开出的栈单（Warrant）或提货单（Delivery Order）到指定的仓库提货。提货也必须在规定的期限内进行。

四、拍卖的相关规范

1980年《联合国国际货物销售合同公约》第2条规定，本公约不适用于某些的销售，其中包括经由拍卖的销售。

自2005年1月1日起施行的《中华人民共和国拍卖法》（简称《拍卖法》）对中华人民共和国境内拍卖企业和外商投资拍卖企业的设立、变更和终止等分别作了详细的规定——该办法第7条规定境内设立拍卖企业，应当具备下列条件：有100万元人民币以上的注册资本；有自己的名称、组织机构和章程；有固定的办公场所；有三名以上取得拍卖业从业资格的人员，其中至少有一名是拍卖师，并有与主营业务密切联系的行业从业资格的专职或兼职人员。

设立外商投资拍卖企业除应符合上述规定外，还应当符合下列条件：符合外商投资企业注册资本和投资总额的有关规定；外商投资拍卖企业的经营期限一般不超过30年，在中西部设立外商投资拍卖企业的经营期限一般不超过40年。

商务部是拍卖行业主管部门，对全国拍卖业实施监督管理。拍卖经营批准证书由商务部统一印制。

《拍卖法》第29条规定，下列物品或者财产权利禁止拍卖：法律、法规禁止买卖的；所有权或者处分权有争议，未经司法、行政机关确权的；尚未办结海关手续的海关监管货物。

另外，《拍卖法》还规定，拍卖企业应当在拍卖会前展示拍卖标的，为竞买人提供查看拍卖标的的条件并向竞买人提供有关资料，展示时间应不少于两日，鲜活物品或其他不易保存的物品除外。拍卖企业有权查明或者要求委托人书面说明拍卖标的的来源和瑕疵，拍卖企业应当向竞买人说明其知道或者应当知道的拍卖标的的瑕疵。

第七节 对销贸易

一、对销贸易的含义和基本特征

1. 对销贸易的含义

对销贸易（Counter Trade），又称对等贸易、抵偿贸易或反向贸易，是指在互惠的前提下，由两个或两个以上的贸易方达成协议，规定一方的进口产品可以部分或者全部以相对的出口产品来支付。

2. 对销贸易的基本特征

对销贸易不同于单边的进口和出口，实质上是进口与出口相结合的方式，一方商品或劳务的出口必须以进口为条件，体现了互惠的特点，即相互提供出口机会。另外，在对销贸易方式下，一方从国外进口货物不是用现汇支付，而是用相对的出口产品来支付，有利于保持国际收支平衡。

3. 对销贸易的优点

（1）它是一种可以不动用外汇或少动用外汇就可以发展一国对外贸易的有力手段。

（2）在贸易保护主义盛行的当代，通过对销贸易，能够打破西方国家的贸易壁垒，为本国产品，尤其是发展中国家的工业制成品打开市场，且在不增加外债的情况下，换取急需的技术、设备和物资。

（3）有些方式，如产品回购（补偿贸易）或抵消贸易，除了具有一般对销贸易所具有的平衡国际收支的作用外，还具有融通资金和吸收外国资本流入的功能。

（4）由于对销贸易采用的是进出口结合的做法，故核算其经济效益，可从进出口两方面结合起来通盘考虑，例如，进口盈利，出口亏损，但只要前者大于后者，还是有利可图的。加之，对销贸易是由交易双方私下进行的，这就更增加了决定价格时的灵活性和隐蔽性，而不易被他人所察觉，从而起到补贴出口而不遭报复的作用。

（5）从发达国家角度看，通过对销贸易，承诺一定的回购，提供信贷或投资，不仅可以增强其市场竞争能力，而且有助于推销一些用现汇难以销售的产品、技术，争取到一些廉价的原材料或零部件供应。

4. 对销贸易的不足

（1）对销贸易带有浓厚的双边性，选择交易对象和达成交易都比较困难。

（2）对销贸易具有很强的封闭性，这种以限制性措施来反对保护主义的做法，其结果是增加了贸易保护主义的气氛。

（3）决定交易的主要因素不是商品的价格和质量，而是取决于回购的承诺。市场机制的作用受到了限制，价格往往偏离正常市场价格。

对销贸易的最主要的做法有三种：易货贸易（Barter Trade）、互购（Counter Purchase）和补偿贸易（Compensation Trade）

互购，也称平行贸易（Parallel Trade），是指出口商在出售货物给进口商时，承诺在规定期限内向进口商购买一定数量或金额的商品。互购涉及两个既独立又互相联系的合同，每个合同都以货币支付，金额不要求等值。

二、易货贸易

1. 易货贸易的形式

易货贸易是一种古老的贸易方式，有狭义和广义之分。狭义的易货贸易是指纯粹的以货换货的方式,不用货币支付,也不涉及第三者,所交换商品的价值相等或相近,并且是一次性交易,履约期往往较短。但这种方式操作起来具有很大的局限性,在现代国际贸易中很少使用。

广义的易货贸易方式比较灵活,已改为货款支付清算的方式,也被称为一揽子易货,在现代易货贸易中常见。具体有两种主要做法:

一种是记账易货贸易,即交易双方都将货值记账互相抵冲,既可笔笔平衡,也可定期结算,综合平衡,无须用现汇支付(若出现逆差,再以现汇或商品支付)。采用这种方式时,进出口可同时进行,也可有先有后,但相隔并不长。

另一种是采用对开信用证方式,这是指进口与出口同时成交,金额大致相等,双方都采用信用证方式支付货款。开立的信用证都以对方为受益人。由于分别结算,开证又有先后,因此往往规定一方的信用证在收到另一方的信用证时才生效。

2. 易货贸易的优缺点

易货贸易有利于外汇支付能力差的国家和企业开展对外贸易,调剂余缺,实现以出带进和以进带出。但弊端是易货贸易的开展情况取决于两国经济的互补性。由于所交换的商品无论在品种、数量、规格和交货期上都必须尊重对方的需要,所以达成交易非常困难和烦琐。比如,我国同前苏联和东欧国家采取这种交易方式来解决双方的外汇紧缺问题,在采取记账方式下,我货物先出口,而对方的货物供不上或所供非所求,势必造成我方外汇积压,经济上蒙受损失。

三、补偿贸易

1. 补偿贸易的含义

补偿贸易,是指交易的一方在对方提供信贷的基础上进口机械设备、技术或原材料,不用现汇支付,而用向对方回销产品或劳务所得,分期全额或部分偿还价款及利息的一种贸易做法。

2. 补偿贸易的种类

在当前我国开展的补偿贸易中,按照用来偿付的标的物的不同,大体上可分为三类:

(1) 直接产品补偿(Direct Compensation)。即双方在协议中约定,由设备供应方向设备进口方承诺购买一定数量或金额的由该设备直接生产出来的产品。这是补偿贸易最基本的做法,设备进口方大多愿意采用这种方式。这种补偿形式一般适用于购买机器设备和技术贸易。比如前苏联曾经从日本引进价值 8.6 亿美元的采矿设备,以 1 亿吨煤偿还。

(2) 间接产品补偿(Indirect Compensation)。如果交易的设备本身不生产有形产品,或设备所生产的直接产品非对方所需或在国际市场上不好销时,双方可以约定,进口方用其他一种或几种非直接产品来分期进行偿付。比如前苏联曾经从意大利购进一批大口径钢管,65%的货款用废金属、煤和铁矿石分期偿还。

（3）劳务补偿（Labour Compensation）。这种做法常见于同来料加工或来件装配相结合的中小型补偿贸易中。双方根据协议，一方提供技术和设备的同时，提供原材料，委托另一方加工装配，对方用所得工缴费收入来分期偿还设备款。

在实践中，上述三种做法可根据需要结合使用，即进行综合补偿。既可以用部分直接产品、部分其他产品或劳务补偿；也可以用部分产品、部分劳务、部分现汇支付，等等。

四、补偿贸易的特征和作用

（一）补偿贸易的特征

（1）信贷是进行补偿贸易的前提条件。这里的信贷主要指商品信贷，即设备的赊销。

（2）设备供应方必须同时承诺回购设备进口方的产品或劳务，为进口方提供偿还能力。

（3）补偿贸易客观上可以起到通过商品交换利用外资的作用。

（4）补偿贸易是一些跨国公司采用多种经营、获取双重利润的重要手段。跨国公司在国内外有着广泛的销售代理或者已经建立了自己的销售公司，使生产企业有能力销售相关的返销产品，从而把补偿贸易作为一种扩大销售资本货物的手段，以此来获取双重的利润。

（二）补偿贸易的作用

1．补偿贸易对设备技术进口方的作用

（1）企业通过补偿贸易引进设备技术，可解决其缺少资金进行设备更新和技术改造的难题，从而使产品得以升级换代，增强市场竞争能力（包括国际市场和国内市场）。

（2）设备技术进口方将产品返销，在抵偿设备技术价款的同时，也利用了设备出口方在国外的销售渠道，使产品进入国外市场。以进口设备技术来带动产品的出口，称之为"以进带出"，是当代中小型补偿贸易的一大特点。20世纪80年代波兰向西方出口的电子和机械产品中，属于补偿贸易返还的占40%~50%。

2．补偿贸易对技术出口方的作用

（1）出口方在提供信贷的基础上，扩大设备和技术的出口。

（2）补偿贸易也是出口方产业转移的需要。通过补偿贸易方式，出口方将部分技术和资本密集型产业向发展中国家转移，既获得了转让设备和技术的价款，又从返销商品的销售中获取利润，可谓是一举两得。

五、补偿贸易合同的主要内容

补偿贸易既涉及设备和技术的进口，又涉及补偿产品的出口，而且是一种为期较长的贸易方式。在双方协商一致后，一般要签订正式的补偿贸易合同。补偿贸易合同和协议涉及内容较多，既要对引进的设备和技术作出具体的规定（质量、交货期、价款、技术规格、检验等），又要对返销产品作出具体规定。

六、采用补偿贸易方式应注意的事项

采用补偿贸易方式应注意以下事项。

（1）选择合适的项目。补偿贸易项目要选择生产型的项目，要保证返销数量，企业要达到自身的外汇平衡。在签约前要对每个经济效益指标进行论证和评估。

（2）尽量利用设备出口国的出口信贷。补偿贸易的显著特点就是利用出口信贷引进外国先进的机器设备或技术，引进方不需要用现汇支付；如果在规定设备或技术进口的支付方式时违背了这个原则，就脱离了补偿贸易的内涵，有可能导致外商先使用我国外汇资金的现象。

（3）选择合适的客户对象。应当选择信用好、融资能力强、有稳定的销售渠道的客户对象。

（4）选择合适的补偿产品。补偿产品应兼顾双方利益，畅销产品和滞销产品搭配，防止补偿产品冲击本国同类产品的正常出口。

（5）认真核算贷款成本，合理安排偿还期。

（6）草拟补偿贸易协议或合同时应注意：文件的合法性、有无对自己不利的限制条款以及是否与其他协议相违背。例如，在产品返销方面，如对方只接受直接产品的一部分而非全部，而在补偿贸易协议中却规定，该设备生产的全部产品出口必须用对方的商标牌号，并且只能通过对方出售等，会使自己在剩余产品的出口上处于完全无能为力的境地。再如，某种产品，我方与某一商号早已签有独家代理或包销协议，在进行补偿贸易时，如果又与该国别的商号签订该种产品的返销或互购合同，就会与原代理或包销协议相抵触。

七、对销贸易在国际贸易中的作用

对销贸易这种以进养出的做法是用来弥补贸易逆差和克服外汇困难的一种较好的贸易方式，由于它对西方发达国家及外汇和技术都短缺的发展中国家都有益处，越来越受到世界各国的重视。

第八节 加 工 贸 易

一、加工贸易的含义

从广义上讲，加工贸易是外国的企业（通常是工业发达国家和新兴工业化国家或地区的企业）以投资的方式把某些生产能力转移到东道国或者利用东道国已有的生产能力为自己加工装配产品，然后运出东道国境外销售。这种跨越国界的生产加工和销售，成为加工贸易的显著特征。加工贸易同国际投资及国际贸易紧密相连，体现了商品和资本交换的国际化。根据加工地点的不同，可分为境内加工和境外加工。

从狭义上讲，加工贸易就指境内加工，是从境外保税进口全部或部分原辅材料、零部件、元器件、包装物料，经境内企业加工或装配后，制成品复出口的经营活动。加工贸易包括来料加工和进料加工。来料加工和进料加工的共同点是"两头在外"，即原材料来自国外，成品又销往国外。

近几年，我国加工贸易发展很快。自 1996 年加工贸易进出口总额在我国进出口总额中的比重超过 50%后，一直呈增长态势，占据我国对外贸易的半壁江山。

二、加工贸易的特点

加工贸易的特点主要体现在与一般贸易的区别上。

（1）从参与贸易的货物来看，一般贸易货物主要是来自本国的要素资源，符合本国的原产地规则；而加工贸易的货物主要来自国外的要素资源，不符合东道国的原产地规则，而只是在其国内进行了加工或装配。

（2）从参与贸易的企业收益来源来看，从事一般贸易的企业获得的收益主要来自生产成本或收购成本与国际市场价格之间的差价；而从事加工贸易的企业实质上只收取了加工费。

（3）从纳税方面看，一般贸易的进口要缴纳进口环节税，出口时在征收增值税后退还部分税款；加工贸易进口料件不征收进口环节税，而实行海关监管保税，出口时也不再征收增值税。

三、来料加工

1. 来料加工的含义

来料加工（Processing with Customer's Material），在我国又称为对外加工装配业务，是指由外商提供一定的原材料、零部件、元器件，由我方按照对方的要求进行加工装配，我方按约定收取一定的加工费作为报酬。

2. 来料加工的性质

这种业务虽有物的移动，但不论是原材料或零部件的"进口"，还是成品的"出口"，都没有发生所有权的转移问题，原料、零部件和成品始终属于委托方所有。因此，就来料加工的性质而言，属于劳务贸易范围，它是以商品为载体的劳务出口，不属于货物买卖范围。

3. 我国开展对外加工装配业务的意义

对外加工装配业务，是一种较受欢迎的国际经济合作方式，对我方的积极作用主要体现在以下几方面。

（1）有利于发挥我国劳动力资源优势，增加就业机会，稳定和繁荣地方经济。

（2）在引进国外先进技术和设备的同时，可以促进我国企业生产技术和管理水平的提高。

（3）通过对外加工装配业务可及时掌握出口商品在国际市场上的信息，从而改进我国出口商品的质量、设计和款式，提高出口商品的竞争力。

（4）有利于发挥我国的生产潜力，并带动相关产业的发展，增加外汇收入。如理光公司复印机的装配，目前本地化的程度较高，国内为其配套的工厂达 80 家，配套厂配件产品占其复印机的 68%。

4．来料加工合同的主要内容

来料加工在性质上不同于国际货物销售，因此，两者在贸易合同上也有诸多不同之处，一般来说，来料加工合同应包含以下主要内容。

（1）对来料来件和成品的规定。在合同中必须明确规定来料、来件的质量要求、具体数量以及到货时间。为保证成品的销路，外商对成品的质量要求很严格，对成品的品质规格、数量和交货期也要在合同中明确规定，有特殊要求的产品还要订立详细的技术条款。

（2）对耗料率和残次品率的规定。耗料率又称原材料消耗定额，指每个单位成品消耗原材料的数额。残次品率是指不合格产品占全部产品的比率，同加工成本成正比关系。这两个指标订得太高，委托方势必会增加成本，降低效益；订得太低，承接方达不到要求，影响合作。因此，要根据具体情况，合理规定。

（3）对工缴费的规定。工缴费直接关系到双方当事人的经济利益，确定工缴费标准是加工装配业务的核心问题之一。工缴费的规定应以国际劳务价格作为参照标准。对我国来说，则以东南亚地区的工资水平为计算标准，参照加工企业所提供的劳务质量和生产效率，这样计收的工缴费既有利可图，又有竞争力。

（4）对运输和保险的规定。在来料加工过程中，料件和成品的所有权始终为委托方所有。因此，原则上运输和保险的责任由委托方承担。在具体业务中，对出口成品的运输和保险，以及料件进口和存仓的保险，可由承接方代办，费用由委托方另行支付或加入工缴费内。

此外，来料加工合同还应对违约和赔偿、不可抗力以及工业产权保证等条款作出明确规定。

四、进料加工

1．进料加工的含义

进料加工（Processing with Imported Material），又称为"以进养出"，是指从国外购进原料和辅料，利用本国的技术、设备和劳动力，加工出成品后再销往国外市场的做法。我国开展进料加工业务涉及的行业很多，包括轻工、纺织、机械、电子和农、牧、渔等。

进料加工的主要做法有三种。

（1）先签进口原料的合同，加工出成品后，再寻找市场和买主。

（2）先签订出口成品合同，根据国外买方的订货要求，再从国外购进原料，加工生产。

（3）对口合同方式，即与对方签订原料进口合同的同时签订出口成品的合同。两个合同相互独立,分别结算。

2．开展进料加工的意义

（1）可有效利用国外资源,弥补国内资源的不足,发展出口创汇性生产,增加就业机会。我国一些沿海省市,进料加工出口占当年出口的比例已达30%～60%。

（2）进口国外较优质的原材料和半成品进行生产加工,可促进加工企业产品的升级换代,增强产品的国际竞争力。

（3）开展进料加工是我国企业参与国际分工的一种形式,可以充分发挥我国劳动力资源的比较优势,促进我国外向型经济的发展。

（4）可带动相关企业生产的发展,产生较大的社会综合效益。以家电、办公设备加工贸易项目为例,其所用零部件有70%～80%属于境内加工贸易配套产品。

3．进料加工和来料加工业务的区别

（1）交易双方的关系不同。进料加工业务的双方是一种买卖关系；而来料加工业务的双方是一种委托与被委托的关系。

（2）产品的所有权不同。进料加工的产品所有权归原料进口方即产品的出口方所有；来料加工的产品归原料提供方所有。

（3）原料的来源不同。进料加工是加工方自行进口原料进行生产加工；而来料加工是委托方提供原料。

（4）所得利润不同。进料加工的利润是成品销售收入减去原料外汇成本的差额；而来料加工的利润是工缴费的净收入。

（5）产品质量和技术标准的确定者不同。进料加工由原料进口方根据市场需求自行确定；来料加工由委托方确定。

五、境外加工

1．境外加工贸易的含义

境外加工贸易是指我国企业以现有设备及成熟技术投资为主,在境外以加工装配的形式,带动和扩大国内设备、技术、原材料、零配件出口的国际经贸合作方式。境外加工贸易的实质是境外投资。

境外加工贸易是我国经济发展、生产力水平提高的标志,是企业经济实力增强的表现,是我国参与国际分工的积极举措,也是我国积极扩大出口的具体方式。

我国境外加工贸易比较成功的是家电业和纺织业。家电行业是我国改革开放以来发展最迅速的行业,家电产品属于典型的加工组装产品,在劳动密集型行业中技术含量较高,家电行业境外生产对零部件的出口带动作用较大。我国的海尔、小天鹅、春兰、康佳等,都在海外投资设厂,并取得了良好的经济效益；纺织服装行业是我国传统的劳动密集型产业和具有国际比较优势的产业,目前境外加工贸易的区域分布比较分散,发展中国家和发达国家,都有我国的海外企业。进一步加强该行业的境外投资,可以突破我国纺织品出口的壁垒问题,减少贸易摩擦。

2. 我国境外加工贸易的特点

境外加工贸易是我国经济领域的新生事物,是我国参与经济全球化最有代表性的方式。目前处在初期发展阶段,归纳起来具有以下特点。

(1) 与我国境内的加工贸易比较,境外加工贸易是我国充分发挥自身比较优势、自己走出去利用国际市场和资源的经济活动,其产生和发展的根本原因在于我国生产力水平的提高和国际市场的需求;境内加工贸易主要是外商到中国来从事加工贸易,通过利用我国劳动力成本优势和一定的工业基础优势获得产品的竞争优势。

(2) 与我国的一般贸易相比较,境外加工贸易的社会效益更大。它不仅真正实现了扩大商品出口的目的,而且还带动了技术、劳务及服务贸易的出口。通过境外加工贸易,可以绕过国外贸易壁垒,增强我国产品的竞争能力,扩大销售。

(3) 同世界大型跨国公司的国际直接投资相比较,境外加工贸易适合我国企业的发展水平,有利于我国企业的国际化经营,通过境外加工贸易逐步适应国际市场的竞争,从而发展我国自己的跨国公司。

3. 我国境外加工贸易的发展趋势

现阶段,我国从技术力量和资金运作上还存在着不足,不可能像西方发达国家那样,大规模地进行境外加工贸易。我国境外加工贸易的发展将是循序渐进的,贸易对象也主要是以发展中国家为主。但是,从长远来看,我国境外加工贸易有很强的生命力和巨大的发展前景,是我国"走出去"战略的重要组成部分,而战略的实现要依靠国家宏观政策的支持和企业自身实力的增强。

【本章小结】

国际贸易方式是国际商品流通的做法和形式,了解各种交易方式的特点和操作方法以及相关规范是外贸业务的人员必须具备的技能。寄售是一种委托代售方式,货物先出口,后成交,寄售协议属于信托合同性质;经销商利用自己的信誉和资金进行买卖业务,与出口商的关系是买卖关系;委托人与代理商之间是一种委托代理关系,双方的权利义务均由代理协议规定;展卖是利用展览会和博览会及其他交易形式,对商品实行展、销结合的一种贸易方式;招标与投标属于竞卖方式,是一种贸易方式的两个方面,多用于政府机构或公用事业单位的物资或设备的采购和国家承包工程中;拍卖是用于某些商品现货买卖的一种传统的交易方法,拍卖的出价方法有增价拍卖、减价拍卖和密封递价拍卖三种,以增价拍卖方式使用最广泛;对销贸易充分体现了交易双方的对等性,操作起来比较复杂,但能起到以进养出的作用,越来越受到世界各国的普遍重视;来料加工、进料加工和境外加工都属于加工贸易范畴,但有着本质的区别,开展加工贸易有助于促进国际分工的深化,加强国与国之间经济上相互渗透。

【本章关键词】

经销（Distribution）　　　　　　独家代理（Sole Agent）
投标（Submission）　　　　　　寄售（Consignment）
补偿贸易（Compensation Trade）

【复习与思考】

（一）选择题

1. 对外加工装配业务的承接方，无论是采用来料加工，还是采用来件装配方式，其赚取的是（　　）。
　　A．商业利润　　　　　　　　B．工缴费用
　　C．佣金　　　　　　　　　　D．手续费

2. A公司在国外物色了B公司作为其代销人，并签订了寄售协议。货物在运往寄售地销售途中，遭遇洪水，使30%的货物被洪水冲走。因遇洪水后道路路基需要维修，货物存仓发生了6000美元的仓储费，以上损失的费用应由（　　）承担。
　　A．A公司　　　　　　　　　B．B公司
　　C．运输公司　　　　　　　　D．B公司所在国家的保险公司

3. 按国际惯例，出现（　　）的情况，招标人可拒绝全部投标。
　　A．投标人未发出标书　　　　B．最低标价大大超过国际市场价格水平
　　C．所有投标书内容与招标要求不符　D．在国际竞争性招标时投标人数太少

（二）判断题

1. 政府采购物资，大部分采用非竞争性的招标方法。　　　　　　　　　（　　）
2. 我某公司与外商洽商一笔补偿贸易，外商提出以信贷方式向我方提供一套设备，并表示愿意以被委托人的身份为我方代销商品，对此，我方可以同意。　（　　）
3. 招标人在招标过程中，认为不能选定中标人，可以宣布招标失败而拒绝全部投标，这种行为称为拒绝投标。　　　　　　　　　　　　　　　　　　（　　）

（三）简答题

1. 出口业务中独家代理和独家经销的区别是什么？
2. 来料加工和进料加工的异同点是什么？
3. 对销贸易和正常进出口贸易的差别是什么？
4. 招标的程序是怎样的？
5. 我国出口企业在进行补偿贸易时应注意什么事项？
6. 我国境外加工贸易的特点是什么？

(四)案例分析题

1. 某机构拟通过招标、投标方式选定工程队,为该机构建造办公大楼。该机构在发出的招标书中规定,投标人在投标时,要提供合同金额10%的履约保证金。经筛选,A工程队中标,取得为该机构办公大楼的承建权。取得承建权后,A工程队却因种种原因不履行合同,并向该机构提出,退回全部保证金的请求,遭到拒绝。问:该机构拒绝退款是否有道理?为什么?(分析提示:双方合约是否成立,A工程队是否违约)

2. 香港A公司与日本B公司签订一份独家代理协议,指定由香港A公司为独家代理。订立协议时,日本B公司正试验改进现有产品。不久,日本B公司试验成功,并把这项改进后的同类产品,指定香港另一家公司作独家代理。问:日本B公司有无这种权利?为什么?(分析提示:代理协议中应明确代理商品的改进对协议是否适用,若未明确,易引起纠纷。)

(五)实训题

假定你是一家公司的业务员,要开辟一个新地区的市场,你准备采取哪种贸易方式?为什么?如何做?

参 考 文 献

[1] 黎孝先. 国际贸易实务（第三版）[M]. 北京：对外经济贸易大学出版社，2000.
[2] 庄英，等. 进出口业务[M]. 北京：中国林业出版社，1996.
[3] 潘忠. 国际贸易实务[M]. 北京：中国劳动社会保障出版社，2004.
[4] 安徽. 国际贸易实务教程案例与习题集[M]. 北京：北京大学出版社，2005.
[5] 广银芳. 进出口单证实训教程[M]. 南京：东南大学出版社，2005.
[6] 许谨良. 保险学[M]. 上海：上海财经大学出版社，2003.
[7] 曾立新. 国际运输货物保险[M]. 北京：中国人民大学出版社，2004.
[8] 李虹. 涉外保险[M]. 成都：西南财经大学出版社，2003.
[9] 邓晶. 国际贸易实务[M]. 南京：东南大学出版社，2003.
[10] 余世明. 国际贸易实务——练习题及分析解答[M]. 广州：暨南大学出版社，2004.
[11] 2005版报关员资格全国统一考试辅导教材[M]. 北京：中国海关出版社，2005.
[12] 张亚芬. 国际贸易实务与案例[M]. 北京：高等教育出版社，2003.
[13] 张建华. 国际贸易实务模拟[M]. 北京：高等教育出版社，2002.
[14] 祝卫. 出口贸易模拟操作教程[M]. 上海：上海人民出版社，2002.
[15] 任丽萍，陈伟. 国际贸易实务[M]. 北京：清华大学出版社，2005.
[16] 宫焕久，许源. 进出口业务教程[M]. 上海：上海人民出版社，2003.
[17] 项义军. 国际贸易理论与实务[M]. 北京：中国物资出版社，2002.
[18] 吴百福. 进出口贸易实务教程[M]. 上海：上海人民出版社，2003.
[19] 仲鑫. 国际贸易实务[M]. 北京：机械工业出版社，2005.
[20] 乔莱贞. 国际贸易实务试题与参考答案[M]. 北京：对外经济贸易大学出版社，2001.
[21] 韩玉珍. 现代国际贸易实务[M]. 北京：首都经济贸易大学出版社，2000.

联编学校名单(以字母排序)

安徽工商职业学院
安阳工学院
北京工业大学通州分校
常熟理工学院
广州民航职业技术学院
杭州万向职业技术学院
河北能源职业技术学院
河南济源职业技术学院
湖南生物机电职业技术学院
湖州职业技术学院
金华职业技术学院
丽水学院
内蒙古农业大学职业技术学院
平原大学
青岛酒店管理学院
青岛职业技术学院
沙洲职业工学院
山西旅游职业学院
石家庄信息工程职业学院
石家庄职业技术学院
四川天一学院
苏州经贸职业技术学院
太原大学
太原理工大学阳泉学院
唐山职业技术学院
天狮职业技术学院
浙江东方职业技术学院
浙江交通职业技术学院
浙江经济职业技术学院
中州大学
淄博职业学院